21世纪高等教育系列规划教材·人文素质类

新编应用写作实训教程（第2版）

XINBIAN YINGYONG XIEZUO SHIXUN JIAOCHENG

杨 靖 傅 样/编著

图书在版编目(CIP)数据

新编应用写作实训教程 / 杨靖, 傅样编著. —2 版. —合肥:安徽大学出版社, 2017.8

ISBN 978-7-5664-1278-2

Ⅰ.①新… Ⅱ.①杨… ②傅… Ⅲ.①汉语－应用文－写作－高等学校－教材 Ⅳ.①H152.3

中国版本图书馆 CIP 数据核字(2016)第 318195 号

新编应用写作实训教程(第 2 版)　　杨　靖　傅　样　编著

出版发行:	北京师范大学出版集团 安 徽 大 学 出 版 社 (安徽省合肥市肥西路 3 号 邮编 230039) www.bnupg.com.cn www.ahupress.com.cn
印　　刷:	合肥华苑印刷包装有限公司
经　　销:	全国新华书店
开　　本:	170mm×240mm
印　　张:	21.75
字　　数:	356 千字
版　　次:	2017 年 8 月第 2 版
印　　次:	2017 年 8 月第 1 次印刷
定　　价:	39.00 元

ISBN 978-7-5664-1278-2

策划编辑:马晓波　　　　　　　　　　装帧设计:李　军
责任编辑:马晓波　李月跃　沙　莎　　美术编辑:李　军
责任印制:陈　如

版权所有　　侵权必究

反盗版、侵权举报电话:0551—65106311
外埠邮购电话:0551—65107716
本书如有印装质量问题,请与印制管理部联系调换。
印制管理部电话:0551—65106311

第2版前言

应用文是党政机关、企事业单位、社会团体和个人在日常工作、学习和生活中,处理公共事务及个人事务时所使用的具有规范体式和实用价值的文字信息载体,是施政执法、社会交际、信息传播的重要工具。从最早的甲骨卜辞开始,应用文体的写作有着悠久的历史。时至今日,无论是需要全面提高个人综合素养的大学生,还是广大文秘工作者,抑或是普通公民,具备一定的应用写作能力都有助于他们更加从容地处理各种事务,适应21世纪知识经济时代的要求。随着社会的发展、文明的进步、人际交往的频繁,应用文正发挥着愈来愈重要的作用。

世界著名的未来学家、美国学者约翰·奈斯比特(John Naisbitt)在1982年出版的《大趋势——改变我们生活的十个新方向》中曾预言:"在工业社会向信息社会过渡中,有五件'最重要'的事情应该记住,而其中的一件就是:在这个文字密集的社会里,我们比以往任何时候都要具备最基本的读写技能。"著名作家叶圣陶也曾指出:"大学毕业生不一定能写小说诗歌,但是一定要能写工作和学习中实用的文章,而且非写得既通顺又扎实不可。"编著者长期在高校从事应用写作教学工作,深感学生用母语写作的整体能力与水平不容乐观。在就业竞争日趋激烈的今天,如何结合学生专业特点及未来职业生涯规划进行教学,培养学生对一向以"枯燥面目"示人的应用文的学习兴趣,真正提升学生的应用写作技能,提升文化品位和人文素养,满足社会对复合型人才的需求,一直是编著者努力探索的课题。

为此,我们编写了这本《新编应用写作实训教程》(第2版)。全书共分为七章,涵盖了人们日常工作、学习和生活中最常用的近40个应用文种。第一章概述了应用文的基础知识;第二章阐释了党政机关公文格式规范;第三章至第六章详细介绍了各种不同类型应用文书的概念、特点、种类及写作要领,并附有范例及简析;第七章详述了申论写作的阅读理解技巧、归纳概括技巧、提出对策技巧和分析论证技巧。全书每章后均附有综合实训,附录部分则精选了《党政机关公文处理工作条例》《党政机关公文格式》等最新规范标准。

本书系《新编应用写作实训教程》的修订版。在保留原版精华的基础上，此次修订的主要内容有：

1. 正文部分内容有所增删修正，以期表述更加准确精当。

2. 为了体现15种法定党政机关公文的时效性，将第三章"党政机关公文写作"每篇例文均更换为各级各部门近三年公开发布的文件。对第四、五、六章例文作了部分更换。同时，对例文后的"简析"也随之进行了重新编写。

3. 第一至第六章"综合实训"增补和更换了部分题目，第七章"综合实训"内容全部予以更换。

4. "附录"增加了与应用文写作密切相关的国家标准《出版物上数字用法(2011年版)》、国家标准《校对符号及其用法(1993年版)》。

本书遵循"通用、适用、实用"的编撰原则，关注学科前沿，突出能力培养，兼顾理论指导性与实践操作性，与同类书相比，力求呈现出如下特色：

1. 编写依据立足国家最新文件处理规范。 为了适应中国共产党机关和国家行政机关工作需要，推进党政机关公文处理工作科学化、制度化、规范化，2012年4月6日，中共中央办公厅、国务院办公厅联合印发了《党政机关公文处理工作条例》，自2012年7月1日起施行。国家质量监督检验检疫总局和国家标准化管理委员会联合发布的《党政机关公文格式》国家标准(GB/T 9704—2012)也于同日起正式实施。至此，实行多年的《中国共产党机关公文处理条例》(1996年发布)、《国家行政机关公文处理办法》(2000年发布)以及《国家行政机关公文格式》(GB/T 9704—1999)宣告废止。《党政机关公文处理工作条例》和《党政机关公文格式》首次将党政机关的公文种类、格式标准、行文规则、办文流程和管理要求进行统一，实现了我国公文处理工作的历史性转变。在此背景下，本书内容严格按照国家最新文件处理规范编写，体现了与时俱进的专业态度。

2. 编写体例系统科学。 本书遵循理论→模仿→实践的内在逻辑思路，具体内容按照基础知识→例文→例文简析→综合实训的顺序编排，由抽象到具象，由知识传授到技能培养，学练结合，循序渐进，符合应用写作的学习规律和读者的认知习惯。此外，本书特别将"党政机关公文格式规范"单列一章(第二章)，依据最新国家标准对公文格式进行了详解并配有多幅图示，使读者可以快速准确地掌握公文格式设计技能。清晰的编写思路，完整科学的编写体例，有利于达到立体传授应用文写作知识和技巧的目的。

3. 例文选择紧扣时代脉搏。 有别于很多同类书所附范文的陈旧过时，本书所选例文全部是近三年公开发布的党政公文及新产生的其他类别应用文，兼顾党政机关、企事业单位、社会团体及个人等不同发文主体，时代气息浓厚，以期提高各层面读者的阅读兴趣，拓宽学习视野，加深对应用写作的感性认识。如任命崔世安为澳门特别行政区第四任行政长官的国务院令，国务院办公厅关于深化改革推进出租汽车行业健康发展的指导意见，物流业发展中长期规划（2014—2020年），关于加强对网售食品健康安全监管的提案，第三次全国科技工作者状况调查报告，某大学工作简报，聘用合同范本，习近平主席与美国总统奥巴马会见时的致辞，北京大学外国语学院迎接新生的欢迎辞，大学毕业生的求职信，周杰伦演唱会广告文案等。

4. 综合实训丰富多彩。为突出"实训"特色，编著者精心设计了大量习题，包括填空题、选择题、判断题、改错题、评析题、写作题、公文格式设计题等多种题型，丰富多样，取材新颖。既有对习近平强调"短、实、新"文风的深度思考，对近年来"政府工作报告"原稿与修改稿的对比评价，对公文写作出现"淘宝体""咆哮体""甄嬛体"等现象的理性思索，对合同纠纷中涉及的"定金"与"订金"的区别辨析；又有根据某大学网站相关报道拟写会议筹备方案，为中央电视台《中国诗词大会》栏目以及合并之后的"滴滴"和"Uber中国"撰写广告宣传文案、设计新的广告标语，评析武汉大学校长在2016届毕业生毕业典礼上的致辞，为某大学100周年校庆撰写系列礼仪文书等；第七章还附有2015年国家公务员考试《申论》（省级）真题及解析，2015年安徽省公务员考试《申论》A卷真题及解析。灵活多样的练习题由浅及深，从正面与反面等不同角度令读者获得全方位的应用写作技能训练，可以真正达到学用结合、学以致用的效果。

本书编写分工如下：

杨靖：第一章，第四章第一节至第五节、第八节和第九节，第五章，第六章，第七章，综合实训，附录。

傅样：第二章，第三章，第四章第六节和第七节。

全书由杨靖提出编撰思路，统稿定稿。

本书编写过程中参阅或引用了相关书籍、报刊、网站中的资料，在此谨向所有作者表示深深的谢意！

本书是安徽大学"文书学教学模式创新研究与实践"项目（JYXM201380）与安徽大学"百门精品素质教育课程建设"项目（应用文写作2015SZ14305）成果之一。责任编辑马晓波女士为本书的出版付出了大量的辛勤劳动；

刘梦丹、王双双两位同学承担了部分资料收集与整理工作。在此一并向他们致以诚挚的谢意。同时，感谢北京师范大学出版集团安徽大学出版社的大力支持，感谢安徽大学管理学院和教务处相关领导、同事的关心与鼓励。

  本书既可作为普通高校、高职高专院校应用文写作课程的教材，也可作为各类成人自考、公务员考试的参考用书，还可作为文秘工作者及其他各类人员的自学读本。

  由于编著者学识水平有限，加上时间过于仓促，一些设想未及在书中体现，以致本书疏漏和不当之处在所难免，深为遗憾，敬请同行、专家、同学们及其他读者朋友们批评指正。

编著者

2016 年 11 月

第1版前言

应用文是党政机关、企事业单位、社会团体和个人在日常工作、学习和生活中,处理公共事务及个人事务时所使用的具有规范体式和实用价值的文字信息载体,是施政执法、社会交际、信息传播的重要工具。应用文体的产生早于其他任何一种文体,时至今日,无论是需要全面提高个人综合素养的大学生,还是广大文秘工作者,抑或是普通公民,具备一定的应用写作能力都已成为他们从事各种社会活动必备的基本功。随着社会的发展、文明的进步、人际交往的频繁,应用文正发挥着愈来愈重要的作用。

世界著名的未来学家、美国学者约翰·奈斯比特(John Naisbitt)在1982年出版的《大趋势——改变我们生活的十个新方向》中曾预言:"在工业社会向信息社会过渡中,有五件'最重要'的事情应该记住,而其中的一件就是:在这个文字密集的社会里,我们比以往任何时候都要具备最基本的读写技能。"著名作家叶圣陶也曾指出:"大学毕业生不一定能写小说诗歌,但是一定要能写工作和学习中实用的文章,而且非写得既通顺又扎实不可。"编著者长期在高校从事应用写作教学工作,深感学生用母语写作的整体能力与水平不容乐观。在就业竞争日趋激烈的今天,如何结合学生专业特点及未来职业生涯规划进行教学,培养学生对一向以"枯燥面目"示人的应用文的学习兴趣,真正提升学生的应用写作技能,满足社会对复合型人才的需求,一直是编者努力探索的课题。

为此,我们编写了这本《新编应用写作实训教程》。全书共分为七章,涵盖了人们日常工作、学习和生活中最常用的近40个应用文种。第一章概述了应用文的基础知识;第二章阐释了党政机关公文格式规范;第三章至第六章详细介绍了各种不同类型应用文书的概念、特点、种类及写作要领,并附有范例及点评;第七章详述了申论写作的阅读理解技巧、归纳概括技巧、提出对策技巧和分析论证技巧;全书每章后均附有综合实训。

本书遵循"通用、适用、实用"的编撰原则,关注学科前沿,突出能力培养,兼顾理论指导性与实践操作性,与同类教材相比,力求呈现出如下特色:

1.编写依据立足最新公文处理规范。在本书编写过程中,适逢中共中央办公厅、国务院办公厅联合印发的《党政机关公文处理工作条例》以及国家质量监督检验检疫总局和国家标准化管理委员会联合发布的《党政机关公文格式》国家标准(GB/T 9704—2012)正式出台(2012年7月1日起正式实施),实行多年的《中国共产党机关公文处理条例》(1996年发布)、《国家行政机关公文处理办法》(2000年发布)以及《国家行政机关公文格式》(GB/T 9704—1999)同时废止。面对这一重大变化,编者认真研究学习新的文件精神,克服时间紧、任务重、新资料收集困难等不利因素,及时对"第二章党政机关公文格式规范"与"第三章党政机关公文写作"内容进行了较大幅度的调整,以确保教材内容与最新公文处理规范标准同步。需要说明的是,第三章中所附的党政公文例文"成文日期"在2012年7月1日以前的按旧标准以小写汉字数字标注,"成文日期"在2012年7月1日以后的(含7月1日)按新标准以阿拉伯数字标注。

2. 编写体例系统科学。本书遵循理论→模仿借鉴→实践的内在逻辑思路,具体内容按照基础知识→例文→例文简析→综合实训的顺序编排,由抽象到具象,由知识传授到技能培养,学练结合,循序渐进,符合应用写作的学习规律和读者的认知习惯。此外,本书特别将"党政机关公文格式规范"单列一章(第二章),依据最新国家标准对公文格式进行了详解并配有多幅图示,使读者可以快速准确地掌握公文格式设计技能。清晰的编写思路,完整科学的编写体例,有利于达到立体传授应用文写作知识和技巧的目的。

3. 例文选择紧扣时代脉搏。有别于相当多的同类教材所附范文的陈旧过时,本书所选例文全部是近三年公开发布的党政公文及新创作的其他类别应用文,兼顾党政机关、企事业单位、社会团体及个人等不同发文主体,时代气息浓厚,以期提高各层面读者的阅读兴趣,拓宽学习视野,加深对应用写作的感性认识。如任命梁振英为香港特别行政区第四任行政长官的国务院令,国务院关于促进红十字事业发展的意见,北京市建设人文交通科技交通绿色交通行动计划(2009年—2015年),关于高校辅导员群体的调研报告,关于构建上海青年公共租赁住房体系的提案,合肥市2011年上半年经济形势分析报告,高校欢迎2011级新同学的欢迎辞,2012届大学生的求职信,蔡琴2012年演唱会广告文案等。

4. 综合实训丰富多彩。为突出教材的"实训"特色,编著者精心设计了大量习题,包括填空题、选择题、判断题、改错题、评析题、写作题、公文格式设计题等多种题型,丰富多样,取材新颖。既有对2011年"政府工作报告"原稿与修改稿的对比评价,对公文写作出现"淘宝体""咆哮体""甄嬛体"等现象的思考,对合同纠纷中涉及的"定金"与"订金"的区别的辨析;又有根据某大学网站相关报道拟写会议筹备方案,为浙江卫视《中国好声音》节目撰写广告文案等;第七章还附有2012年国家公务员(副省级)考试申论真题及解析,2012年安徽省公务员考试《申论》A卷真题及解析。灵活多样的练习题由浅及深,从正面与反面等不同角度令读者获得全方位的应用写作技能训练,可以真正起到学用结合、学以致用的效果。

本书编写分工如下:

杨靖:第一章,第四章第一节至第五节、第八节和第九节,第五章,第六章,第七章,综合实训

傅样:第二章,第三章,第四章第六节和第七节

全书由杨靖提出编撰思路,统稿定稿。

本书编写过程中参阅或引用了相关书籍、报刊、网站中的资料,在此谨向所有作者表示深深的谢意。

本教材是安徽大学"211工程"三期校级重点建设专业子项目成果之一。责任编辑马晓波女士为本书的出版付出了大量的辛勤劳动;马功兰教授、王成兴教授对书稿提出了宝贵的修改意见;刘强先生在本书编撰初期给予了很多具有建设性的建议;李庆庆、张炜杰、陈思任三位同学承担了部分资料收集与整理工作。在此一并向他们致以诚挚的谢意。同时,感谢安徽大学出版社的大力支持,感谢安徽大学管理学院和教务处相关领导、同事的关心与鼓励。

本书既可作为普通高校、高职高专院校应用文写作课程的教材,也可作为各类成人自考、公务员考试的参考用书,还可作为文秘工作者及其他各类人员的自学读本。

由于编著者学识水平有限,加上时间过于仓促,一些设想未及在书中体现,以致本书疏漏和不当之处在所难免,深为遗憾,敬请同行、专家、同学们及读者朋友们批评指正。

编著者
2012年8月

目 录

第一章 应用文基础知识概述 … 1

第一节 应用文概述 … 1
第二节 应用文的主旨 … 4
第三节 应用文的材料 … 5
第四节 应用文的结构 … 7
第五节 应用文的语言和表达方式 … 10
综合实训 … 13

第二章 党政机关公文格式规范 … 20

第一节 党政机关公文版头格式设计 … 21
第二节 党政机关公文主体格式设计 … 23
第三节 党政机关公文版记格式设计 … 28
第四节 党政机关公文的特定格式 … 30
综合实训 … 35

第三章 党政机关公文写作 … 39

第一节 决议 决定 … 40
第二节 命令(令) … 50
第三节 公报 公告 通告 … 54
第四节 通知 通报 … 71
第五节 报告 请示 批复 … 85
第六节 意见 … 99

第七节　议案 …………………………………………………… 107
第八节　函 ……………………………………………………… 114
第九节　纪要 …………………………………………………… 118
综合实训 ………………………………………………………… 124

第四章　事务文书写作 ……………………………………………… 130

第一节　计划 …………………………………………………… 130
第二节　总结 …………………………………………………… 138
第三节　调查报告 ……………………………………………… 143
第四节　述职报告 ……………………………………………… 152
第五节　简报 …………………………………………………… 158
第六节　公示 …………………………………………………… 164
第七节　提案 …………………………………………………… 167
第八节　会议方案 ……………………………………………… 172
第九节　会议记录 ……………………………………………… 176
综合实训 ………………………………………………………… 179

第五章　商务文书写作 ……………………………………………… 184

第一节　广告文案 ……………………………………………… 184
第二节　经济合同 ……………………………………………… 189
第三节　招标书　投标书 ……………………………………… 196
第四节　经济活动分析报告 …………………………………… 202
第五节　可行性研究报告 ……………………………………… 211
综合实训 ………………………………………………………… 217

第六章　社交礼仪文书写作 ………………………………………… 224

第一节　请柬　聘书 …………………………………………… 224
第二节　答谢辞　祝贺辞　迎送辞 …………………………… 230

第三节　求职信 …………………………………… 241
　　第四节　竞聘辞 …………………………………… 245
　　综合实训 …………………………………………… 249

第七章　申论写作 ………………………………………… 256

　　第一节　阅读理解技巧 …………………………… 256
　　第二节　归纳概括技巧 …………………………… 259
　　第三节　提出对策技巧 …………………………… 261
　　第四节　分析论证技巧 …………………………… 263
　　综合实训 …………………………………………… 265

附录一　党政机关公文处理工作条例 ………………… 289
附录二　党政机关公文格式 …………………………… 298
附录三　出版物上数字用法 …………………………… 318
附录四　校对符号及其用法 …………………………… 326
参考文献 ………………………………………………… 331

第一章
应用文基础知识概述

第一节 应用文概述

一、应用文的概念

应用文是党政机关、企事业单位、社会团体和个人在日常工作、学习和生活中,处理公共事务及个人事务时所使用的具有规范体式和实用价值的文字信息载体,是施政执法、社会交际、信息传播的重要工具。香港大学陈耀南教授在《应用文概说》一书中说:"应用文,就是'应'付生活、'用'于实务的'文'章,凡个人、团体机关相互之间,公私往来,用约定俗成的体裁和术语写作,以资交际和信守的文字,都叫应用文。"

我国最早出现的应用文是"甲骨卜辞",它是殷商王室利用龟甲兽骨进行占卜的记言记事的文字章句。卜辞数量繁多、内容丰富、文辞简约,诸凡历史、天文、医药、生产、祭祀、征伐等都有记载,可视为殷代王室的档案材料,是我国有实物可考的最早文书。《尚书》则是我国第一部以应用文为主体的文集。它收录了虞、夏、商、周各代的典、谟、训、诰、誓、命等政府的重要文书。正式将"应用文"作为一种文体概念提出的是清代的文艺理论家刘熙载,他在《艺概·文概》中有言:"辞命体,推之即可为一切应用之文。应用文有上行,有平行,有下行。重其辞乃所以重其实也。"

二、应用文的特点

(一)实用性

应用写作为解决实际问题而生,有着明确的目的性。应用文与文学作品一样,都是"文",但应用文重在"应用""实用",这是它区别于文学作品最突出的特征,也是应用文最根本的属性,是衡量应用文优劣的价值尺度。

(二)真实性

真实性是指应用文内容所涉及的人物、事件、地点、时间、数字等都必须绝对符合客观现实,容不得半点虚构与想象。唯其真实,才具有可信度、说服力、震慑力和感召力。

(三)程式性

程式性是指应用文的体式和处理程序有严格的规范。这种规范的程式形成有两方面原因:一是"约定俗成";二是"法定使成"。如党政机关公文的格式设计就应以中共中央办公厅、国务院办公厅联合印发的《党政机关公文处理工作条例》以及《党政机关公文格式》国家标准(GB/T 9704—2012)为标准依据。再如,从应用文正文的写作来看,也常常采用惯用的结构模式和习惯用语。

(四)针对性

针对性集中表现为两个方面:一是对象明确,有特定的发文范围与受文对象;二是指事明确。应用写作本来就是为解决实际事务而进行的,内容的针对性强,尤其是公文,常强调"一文一事"。

(五)时效性

时效性集中表现为两个方面:一是内容讲求时效,应适时解决现实中出现的问题;二是办文讲求时效,发文、收文及文件处理都必须及时。

三、应用文的作用

(一)指挥管理作用

应用文尤其是公务文书作为一种管理工具,与管理活动同步产生、运行。具有领导及管理职能的社会组织通过公务文书将决策意图和要求传达给受文者,以此实施对管理活动的组织与控制,发挥指挥管理作用。

(二)宣传教育作用

党政机关常常通过制发应用文传达新的方针政策,颁布新的法律法规,介绍新经验,树立新典型,从而对公众起到宣传教育、规范行为的作用。

(三)联系沟通作用

人们在日常工作、学习和生活中常需要借助应用文传递信息、通报情况、商洽事务、交流情感。应用文成为人们联系沟通的重要纽带。

(四)依据凭证作用

应用文反映了单位或个人的各项活动及制发意图,具有重要的现行效用。在现行效用失去后,仍可转化为档案供人查考。可见,应用文在生命周期的各个阶段均可发挥依据、凭证作用。

四、应用文写作的发展趋势

作为一种社会现象,应用文写作已经走过了漫长的历史进程。大体经历了上古时期、秦汉时期、魏晋南北朝时期、隋唐宋时期、元明清时期的萌芽、发展、成熟、高峰、稳定的阶段;辛亥革命以后,应用文写作进入了革新期,白话文逐步替代文言文成为应用文的表现载体;新中国成立后,应用文写作则进入了一个全新的历史发展时期,党和国家先后于1951年、1981年、1987年、1993年、2000年、2012年等颁布了多项旨在规范文书工作的法规,极大地促进了我国文书工作的规范化、现代化、科学化。随着现代经济与科学技术的不断发展,当代应用文写作的发展趋势呈现出了鲜明的时代特征。主要表现在如下几个方面:

1. 应用文书的种类不断增加和细化,各种专业领域文书应运而生,如在人力资源管理、物流管理、电子商务活动、新型社交媒体等领域都出现了许多过去不曾有的文书种类。

2. 随着社会行政管理逐步由政治行政向管理行政转变,由管理行政向服务行政发展,应用文书的使用越来越公开化、透明化。

3. 由于国际交往的不断扩大,尤其是我国加入WTO后,应用文书的使用范围和格式规范越来越国际化;语言也突破了单一的汉语表述,向着多语化的方向发展。

4. 随着电子信息技术的发展和计算机的普及,电子文书大量涌现,应用文书的书写载体、书写技术及传播方式正发生着重大而深刻的变化。

美国《未来学家》杂志1996年7—8月号刊登的《跨世纪的学生必须掌握

哪些技能》一文中第一条即是:"能使学生进行有效交流的写作技能。"叶圣陶在《作文要道》中也曾经说过:"大学毕业生不一定能写小说诗歌,但是一定要能写工作和学习中实用的文章,而且非写得通顺又扎实不可。"总之,具备熟练的应用文写作技能已成为当下人们从事各种社会活动必备的基本功。应用文体的产生早于其他任何一种文体,因为应用文体比其他任何一种文体都更直接地参与生活。生活需要它,它应运而生。时至今日,随着社会的发展、文明的进步,应用文正发挥着越来越大的作用。应用文写作作为写作学中一个独立的分支,也越来越受到人们的广泛重视。

第二节　应用文的主旨

一、主旨的概念

主旨,又称主题、题旨、立意等。具体地说,主旨就是通过文章的具体材料所表达出来的基本观点或要说明的主要问题,是对文章所写内容的最本质的概括。主旨是文章的"统帅"和"灵魂"。古人说:"未落笔时,先需立意","文以意为主",可见立意之重要。

二、主旨的要求

(一)正确

正确,就是说观点、主旨要符合党的路线、方针、政策,符合客观事物的发展规律,揭示客观世界的本质。写作应用文,尤其是公文,要根据具体情况,结合有关政策法规,作出科学决策,而不可主观空谈,随意而为。

(二)集中

古人云:"立意要纯,一而贯摄。"集中即"一文一事","一文一旨"。围绕一个主题思想说深说透,单纯专一,不枝不蔓,突出重点。

(三)鲜明

鲜明,就是清晰明确地表达出写作者的意图和观点,不能含糊不清、模棱两可。主旨肯定什么,否定什么;支持什么,反对什么;提倡什么,禁止什么,都应明白无误,不要隐晦曲折。

三、主旨的表现方法

(一)标题显旨

这种方式简洁明快,一目了然。主旨往往就是标题中的发文事由。

(二)篇首明旨

即开篇明义,开门见山。

(三)篇中立旨

即利用小标题或段落的开头表达分论点。

(四)篇末结旨

也称"卒章显志",即在文尾处点明或强调文章主旨。

第三节 应用文的材料

一、材料的概念

所谓材料,就是作者为了写作目的而搜集或积累的能够表现文章主题的事实和理论等。应用文的材料是应用文写作的物质基础,也是说明主旨的支柱,是文章的"血肉"。

材料一般可分为两类:一类是事实材料,指现实生活中客观存在的事物,如典型事例、基本情况、统计数字、报刊图片等。另一类是理论材料,指原理、观点、定理、定律、格言,以及党的方针、政策和国家的法律、法规等。

在写作学中,人们常将文章比喻成人:主题有如人的灵魂,材料有如人的血肉,结构有如人的骨骼,语言有如人的细胞,表达有如人的外貌衣饰,这是很有道理的。

二、材料的要求

（一）真实

真实,是指写进应用文里的材料必须符合客观事实。选材应该经过鉴定核实,去伪存真,不可夹杂主观臆测、"合理想象",更不能弄虚作假。试想如果一篇经济预测报告引用的数据材料有水分,那么它依此得出的结论便缺乏可靠的基础,难以令人信服。真实是应用写作的生命。

（二）典型

典型,是指写进应用文里的材料,应该能够深刻地揭示事物的本质特征,具有代表性与说服力。典型的材料可以"以一当十",突出主旨。以写作"通报"为例,无论是表彰先进还是批评错误,都要选取有代表性的典型材料,才能发挥其鼓励或警戒的效用。

（三）新颖

新颖,是指写进应用文里的材料,应该能够反映客观事物的最新面貌,呈现客观事物的发展变化趋势。为此,写作者要与时俱进,紧跟时代步伐,以高度的敏感发现新人、新事、新思想、新经验和新问题,以甄选出新鲜的写作材料。

（四）切题

切题,是指写进应用文里的材料,必须有针对性,能紧扣写作主旨。材料是否切题的实质是观点和材料是否统一的问题,游离于主旨之外的材料,无论多么生动,都应坚决割舍。

三、合理安排材料的方式

安排材料,是指在应用文写作中,要根据表现主旨的需要,按照一定的逻辑思路合理科学地组织材料,使材料与观点形成一个有机的整体。

应用文写作安排材料的方式主要有:

（一）先亮观点,后举材料

即在层次段落之首首先概括出观点,然后列举理论材料或事实材料来陈述观点的方法。这种方法的优点是观点鲜明,引人注目。

（二）先举材料,后亮观点

即先举事实或说明根据,然后推导出结论、归纳出观点的方法。这种方法的优点是由事到理,说服力强。

（三）边举材料,边亮观点

即一边举材料、一边亮观点的夹叙夹议的方法。这种方法的优点是既摆事实又讲道理,行文层层深入,便于读者理解。

第四节　应用文的结构

一、结构的概念

结构,就是文章的组织形式和内部构造。从宏观上看,是指文章的总体构思和框架;从微观上看,包括文章的层次、段落、开头、结尾、过渡、照应等的具体安排。文章的结构从实质上讲是作者认识客观事物的内部联系的思路在文章里有层次的反映。作者的思路愈清晰,文章的结构就愈缜密。

二、结构的要求

（一）反映客观事物的本质联系和规律

客观事物本身有它的存在形式和运动规律。文章是客观事物的反映,其结构形式应该体现客观事物的本质联系和规律。如商务文书在安排结构时就应充分反映商务活动的规律性,使结构符合人们阅读理解的一般规律。

（二）服从表现主旨的需要

文章的结构安排,就是要把材料组合成一个统一的有机整体以表现主旨。因此,材料的详略、层次段落的划分等,都必须紧紧围绕主旨服务。以

"请示"的写作为例：顺序上应先写明请示理由，再引出具体请示事项，即全文主旨所在，最后以模式化请求语结束。详略上，理由部分应简明扼要；请示事项部分是全文重点，应写得具体明确。

（三）适应不同文种的体式特点

应用文一般都具有严格的体式规范。因此，安排结构时要注意适应不同的文章体式。如写"通知"，要写通知的目的依据、通知的事项和执行的要求；报告一般由"报告目的""报告内容""结束语"三部分构成。写"经济活动分析报告"，要写基本情况、分析评价和建议；写法规、规章则一般要以总则、分则和附则作总体布局。

三、结构的基本内容

（一）开头

应用文以实用为目的，开头宜开门见山，愈简洁愈好。常用的开头方式有：

1. 概述情况式　开头即直接交代基本情况、基本问题或工作的大致过程。报告、会议纪要、调查报告、总结等常用此法开头。

2. 说明依据式　开头即引用上级指示精神、法律法规，或有关单位来文作为撰写的根据，常以"根据""遵照""按照"等词语领起下文。通知、批复、规章等常用此法开头。

3. 直陈目的式　常用"为""为了"等词领起下文。法规、规章、合同、决定、通知、公告等常用此法开头。

4. 交代原因式　常用"由于""因为""鉴于"等词领起下文，也可直接陈述发文原因，无明显标志。

5. 阐明观点式　开头先提出观点，接着加以解释说明，以引起读者的重视。

6. 引述来文式　开头引述对方来文、来电的标题、文号，然后引出下文。批复、复函均使用此法开头。

7. 提出问题式　开头即提出问题，提示应用文书的主旨，以引起读者的注意与思考。各类调查报告常用此法开头。

(二)主体

主体是文章的重点和核心所在。主体部分的结构安排要充分考虑材料自身的内在逻辑关系,体现作者思路的展开步骤。应用文主体部分的结构安排主要有以下几种:

1.纵向推进　即按时间推移或内容深化来排列层次,其思路是纵向展开的。常见的有两种表现形式:

(1)直叙式　这是以时间先后为序,按照事情的发生、发展、变化过程的次序安排层次。调查报告、总结的正文常采用这种方式安排层次。

(2)递进式　这是按事理变化、发展的顺序,因果关系或对事物的认识过程来安排层次。如从提出问题、分析问题到解决问题,环环相扣,步步深入。说理性较强的文种常用这种方式安排层次。

2.横向展开　即按事物的不同方面或不同类别来排列层次,材料之间呈并列关系,其思路是横向展开的。多用于内容较为复杂、涉及面较广的应用文书,常见的有两种表现形式:①按照事物的组成部分展开;②按照事物的类属展开。

3.纵横交叉　即将纵向推进和横向展开综合起来交叉安排层次的方式。或以纵向为主,横向为辅;或以横向为主,纵向为辅。一些内容复杂、时空变换较大、篇幅较长的应用文书往往采用这种方式。

(三)结尾

结尾,是全文的收束。好的结尾使文章结构匀称完整,应用文的结尾要求简洁明了。常用的结尾方式有:

1.指示性结尾　这种结尾方式多用于公文的下行文书,以向下属传达精神、布置工作、提出希望要求而结束全文,如决定、批复、会议纪要、通报等公文。

2.请求性结尾　即在结尾处向有关上级或业务主管部门提出有针对性的请求和意见。这种方式主要用于上行公文,如请示、上行性意见,平行公文如联系、商洽工作的函也有用此方式结尾的。

3.总结性结尾　即在结尾处对文中的主要观点或问题作出归纳或总结,使读者对全文有一个较完整的印象。总结、调查报告等常用此法结尾。

4.展望性结尾　即在结尾处用富有鼓动性的语言表达良好的祝愿、工作的信念、未来的愿景等。欢迎（送）词、开（闭）幕词、答谢词、慰问信、会议报告、述职报告等多用此法结尾。

5. 说明性结尾　即在结尾处说明文件何时生效、废止，解释修改权归属问题等。合同、契约、协议书等往往用此法结束。

6. 自然结尾　即自然收束，干脆利落，意尽而文止。规章制度、计划等多用此法结尾。

第五节　应用文的语言和表达方式

一、应用文的语言

语言是应用文作者表达思想的工具，是构成应用文的第一要素和物质载体。应用文的语言表达必须体现出应用文事务语体的特点和风格，做到明确、平实、简约、得体。

（一）明确

明确，即意思明白清楚、准确贴切，不晦涩，无歧义。表述符合客观事实，遣词造句合乎语法，判断推理合乎逻辑。语言明确有利于受众了解应用文的主要意图，不致产生理解上的偏差。叶圣陶在《公文写得含糊草率的现象应当改变》一文中曾指出："公文不一定要好文章，可是必须写得一清二楚，十分明确，句稳词妥，通体通顺，让大家不折不扣地了解你说的是什么。"

（二）平实

平实，即平易、自然、朴实，不哗众取宠、藻饰铺陈、滥用修辞手法，而着力于通俗易懂、切实平和，使受文者易于接受。

（三）简约

简约，即表述简洁，词语精当，不说废话、空话、大话、套话。简而不遗不漏，约而不失一词。正如鲁迅所言："竭力把可有可无的字、句、段删去，毫不可惜。"语言精练，可以加快阅文节奏，提高办事效率。为使语言简约，可以使用数据、拈字、缩略等修辞手法，还可适当运用一些文言词语，既言简意赅，又庄重典雅。

（四）得体

得体，即语言要适合交际题旨和语境。写作时应根据收发文双方各自的地位、职能、相互关系及行文目的、不同情境选用恰当的语气和词语。如颁布政令要威严庄重，商洽问题应谦诚礼貌，贺喜祝捷要热烈欢快，提出申请应委婉恳切。

附：应用文常用特定用语简表

用语名称	作用	常用特定用语
开端用语	用于文章开头，表示发语、引据	为，为了，为着，查，接，顷接，据，根据，按，遵照，依照，按照，鉴于，关于，兹，兹定于，今，随着，由于
称谓用语	用于表示人称或对单位的称谓	我（局），本（厂），你（校），贵（公司），该（协会）
递送用语	用于表示文、物递送方向	上行：报，呈 平行：送 下行：发，颁发，颁布，发布，印发，下达
引叙用语	用于复文引据	悉，收悉，惊悉，谨悉，欣悉，阅悉，接，顷接，前接，近接，现接，据
经办用语	用于表明进程	经，业经，已经，兹经，迭经，业已，早已，业于
过渡用语	用于承上启下	鉴于，为此，对此，据此，为使，对于，关于，有鉴于此，总之，综上所述
期请用语	用于表示期望请求	上行：请，恳请，拟请，特请，报请 平行：请，拟请，特请，务请，如蒙，即请 下行：希，望，希望，尚望，切望，希予，勿误
结尾用语	用于结尾表示收束	上行：当否，请批示；可否，请指示；如无不当，请批转；如无不妥，请批准；特此报告，请批转；以上报告，请审核 平行：此致敬礼，为盼，为荷，特此函达，谨请赐复，尚望函复，特此证明 下行：为要，为宜，为妥，希遵照执行，特此通知，特此通告，此复，为……而努力，祝……，现予公布
谦敬用语	用于表示谦敬	蒙，承蒙，承蒙惠允，不胜感激，感谢鼎力相助
批转用语	用于批转或转发文件	批转，转发
征询用语	用于征请询问对有关事项的意见、态度	当否，妥否，可否，是否妥当，是否可以，是否同意，如无不当，如无不妥

二、应用文的表达方式

表达方式,是指作者运用语言文字表现客观事物和主观认识的具体方法、手段。人们通常使用的文章表达方式有五种,即叙述、说明、议论、抒情、描写。受应用文文体的制约,其主要表达方式为说明、叙述和议论。

(一)叙述

叙述,是记载和陈述人物的经历和事件的发生、发展变化过程的一种表达方式。完整的叙述一般有六要素,即时间、地点、事件、起因、过程、结果。

叙述在应用文中是通报、调查报告、情况报告、事故报告等文种的主要表达方式,它主要用于交代背景,介绍文章涉及的人、事、单位的概况,记叙事件的发生、发展、结局,以及为议论提供事实依据等。

应用文叙述的特点主要有:以概括叙述为主,讲求平铺直叙;常与其他表达方式结合运用,如夹叙夹议、叙事论理、叙述说明等。

(二)说明

说明,是用简洁明了的文字,对事物或事理的各种属性,如性质、特征、形状、成因、结构和功能等进行解释和介绍的一种表达方式。

在应用写作中,大到对党和国家政策法规的宣传阐释,小到对日用消费品功能、使用的介绍,常需要使用说明这种表达方式。

应用文说明的特点主要有:更讲究说明的客观性、内容的科学性和语言的准确性,较少使用形象化说明;常与议论、叙述结合使用,相辅相成。

(三)议论

议论,是作者就某个问题、事件进行评论、分析,表明自己的立场、观点和态度的一种表达方式。完整的议论由论点、论据和论证构成。

应用文议论的特点主要有:常采用不完整论证,不需要多层次多角度的逻辑推理,简化论证过程,直接表明论证结果、立场;往往与其他表达方式结合使用,如通报、调查报告、总结、新闻评论、可行性分析报告等文种常采用夹叙夹议的表达方式。

(四)抒情

抒情,是凭借客观事物而抒发作者主观情感的表达手法。抒情的表达方式在礼仪类、新闻类文书中时有出现。在应用写作中运用抒情一定要自然、真切、适度，最忌装腔作势、无病呻吟。

（五）描写

描写，就是用生动形象的语言，把人物或事物的状态、特征具体地描摹出来。应用文体中如通报、调查报告、消息、通讯、简报等会使用这种表达方式。使用时应切记做到简朴平实，力戒浮华，绝不可影响文章的真实性、准确性和严肃性。

综合实训

一、填空题

根据提示，在括号内填入适合应用文语体风格的词语。

1. 该批货品（　　）即可运抵你公司。〔不多天、不久〕

2. 以上请示（　　），请批复。〔是不是恰当〕

3. 你厂托运的机器设备已于3月9日运抵合肥，请速派人到南门货运站提取，特此（　　）。〔通过信件相告〕

4. 以上意见（　　），请批转各地区、各部门贯彻执行。〔如果没有不妥当的地方〕

5. （　　）今年财力紧张，图书馆扩建项目拟待明年财政状况改善后再行安排。〔由于考虑到〕

6. 你县在合肥设立办事处的有关事宜，请（　　）合肥市人民政府联系解决。〔直接同〕

7. 我院拟派出4名毕业班学生赴贵所实习，请予接洽（　　）。〔感谢对方帮助〕

8. 多媒体课件制作培训班招收学员，以采用自愿报名方式（　　）。〔是适当的〕

9. 你局《关于举办公文写作培训班收费问题的请示》（××发〔2016〕5号）（　　），经研究答复如下……〔收到后知道了〕

10. 经技术鉴定，此次大桥垮塌事故，（　　）施工质量低劣造成。〔的确是〕

二、不定项选择题

1. 应用文写作中选择材料的原则是(　　)

   A. 材料应真实、新颖　　　　B. 材料应典型、切旨

   C. 材料应是正面材料　　　　D. 材料应是直接材料

2. 可作为应用文征询用语的专用词语有(　　)

   A. 为盼　　　B. 当否　　　C. 可否　　　D. 为荷

3. 下列"请示"结语表达得体的是(　　)

   A. 以上事项,请尽快批准

   B. 以上所请,如有不同意,请来函商量

   C. 情况紧急,请务必于本月 10 日前答复

   D. 以上请示妥否,请批复

4. 下列语句表述不当的是(　　)

   A. 我处已经派人前去接洽为感

   B. 鉴于耕地已经被人强占,多次交涉没有结果

   C. 我方明确表示,对过去的事情已经见谅了

   D. 由于管理不善,河堤毁坏,渠道堵塞,已臻于不可收拾的地步

5. 下列语句没有歧义的是(　　)

   A. 安徽省和江西省的部分地区遭受了洪灾

   B. 谈判双方已就善后事宜达成一致意见

   C. 该项目涉及 4 个课题组成员

   D. 18 岁以下的学生均可参赛

6. 应用文的主要作用是(　　)

   A. 宣传教育　　　B. 联系沟通　　　C. 指挥管理　　　D. 依据凭证

7. 以下哪项不是应用文的特点(　　)

   A. 真实性　　　B. 生动性　　　C. 实用性　　　D. 程式性

8. 应用文在表达方式上主要采用(　　)

   A. 叙述　　　B. 抒情　　　C. 说明　　　D. 议论

9. "为、为了、兹"属于应用文特定用语中的(　　)

   A. 引叙用语　　　B. 过渡用语　　　C. 开端用语　　　D. 经办用语

10. 应用文开头宜采用的写法是(　　)

    A. 概述基本情况　　　　　　B. 直陈行文目的

    C. 交代行文依据　　　　　　D. 阐明基本观点

三、改错题

1. 根据文章内在逻辑关系,调整下面"意见"的结构层次顺序。

国务院关于促进民航业发展的若干意见

国发〔2012〕24号

民航业是我国经济社会发展重要的战略产业。改革开放以来,我国民航业快速发展,行业规模不断扩大,服务能力逐步提升,安全水平显著提高,为我国改革开放和社会主义现代化建设作出了突出贡献。但当前民航业发展中不平衡、不协调的问题仍较为突出,空域资源配置不合理、基础设施发展较慢、专业人才不足、企业竞争力不强、管理体制有待理顺等制约了民航业的可持续发展。为促进民航业健康发展,现提出以下意见:

一、主要任务

(一)加强机场规划和建设。(略)

(二)科学规划安排国内航线网络。(略)

(三)大力发展通用航空。(略)

(四)加强立法和规划。(略)

(五)完善财税扶持政策。(略)

(六)改善金融服务。(略)

(七)切实打造绿色低碳航空。(略)

(八)积极支持国产民机制造。(略)

(九)大力推动航空经济发展。(略)

二、总体思想

(一)指导思想。(略)

(二)基本原则。(略)

(三)发展目标。(略)

三、政策措施

(一)加大空域管理改革力度。(略)

(二)努力增强国际航空竞争力。(略)

(三)持续提升运输服务质量。(略)

(四)完善管理体制机制。(略)

(五)着力提高航空安全水平。(略)

(六)加快建设现代空管系统。(略)

(七)强化科教和人才支撑。(略)

各地区、各部门要充分认识促进民航业发展的重要意义,进一步统一思想,提高认识,扎实工作,采取切实措施落实本意见提出的各项任务,积极协调解决民航业发展中的重大问题,共同开创民航业科学发展的新局面。

国务院
2012年7月8日

2. 指出下面"请示"在语言表达方面的不当之处,并加以修改。

××实验中心关于购买空调问题的请示

××研究所:

今年入夏以来,天气异常炎热。本实验中心工作人员6个人一个办公室,桌挨桌,椅靠椅,工作起来汗流浃背,有时汗水滴到实验报告上,严重影响了工作效率。虽然办公室装有一台柜式空调,但已年久失修,经常"罢工"。因此,我们准备用我中心"其他收入"款购买1台立式空调,价位在7500元左右。

妥否,请批示。

××实验中心
2016年7月2日

四、评析题

1. 阅读下面题为《习近平强调"短、实、新"文风有何深意?》(节选)的报道,谈谈你对"短、实、新"文风的理解。

中央党校今天(5月12日)举行2010年春季学期第二批入学学员开学典礼。中共中央政治局常委、中央书记处书记、中央党校校长习近平出席典礼并讲话。他强调,改进文风,在三个方面下功夫、见成效很重要。一是短。力求简短精练、直截了当,要言不烦、意尽言止,观点鲜明、重点突出。坚持内容决定形式,宜短则短,宜长则长。二是实。讲符合实际的话,不讲脱离实际的话;讲管用的话,不讲虚话;讲反映自己判断的话,不讲照本宣科的话。三是新。在研究新情况、解决新问题上有新思路、新举措、新语言,力求思想深刻、富有新意。(冉彪)

(来源:http://news.xinhuanet.com/politics/2010—05/13/c_1297520.htm)

2. 阅读下面报道,对比"政府工作报告"修改前后的语句,分析修改原因所在。

中新社北京 3 月 13 日电（记者周兆军）十一届全国人大四次会议关于政府工作报告的决议草案 14 日将提请大会表决。根据代表审议和委员讨论提出的意见和建议,国务院对政府工作报告进行了修改,共修改 9 处,其中比较重要的修改有 5 处。

在报告第二部分"'十二五'时期的主要目标和任务"中"我们要全面改善人民生活"一段,在"人均预期寿命提高 1 岁"后面,加上"达到 74.5 岁"。

在报告第三部分"2011 年的工作""（四）加快推进经济结构战略性调整"中"调整优化产业结构"一段,在"统筹发展、加快构建便捷、安全、高效的综合运输体系"一句中,增加"经济"二字,改为"统筹发展、加快构建便捷、安全、经济、高效的综合运输体系"。

在报告第三部分"2011 年的工作""（四）加快推进经济结构战略性调整"中"加强节能环保和生态建设"一段,在"加快城镇污水管网、垃圾处理设施的规划和建设,推广污水处理回用"一句后面,加上"加强化学品环境管理"。

在报告第三部分"2011 年的工作""（六）加强社会建设和保障改善民生"中"加强和创新社会管理"一段,在"加强信访、人民调解、行政调解工作"一句中,增加"司法调解",改为"加强信访、人民调解、行政调解、司法调解工作"。

在报告第三部分"2011 年的工作""继续加强侨务工作"一段,将"维护海外侨胞、归侨侨眷的合法权益"一句,改为"保护侨胞的正当权益,保护归侨和侨眷的合法权益"。

（来源:http://www.chinanews.com/gn/2011/03-13/2902505.shtml）

3. 阅读下面报道,你对一向严肃的公文写作出现"淘宝体""咆哮体""甄嬛体"等现象作何评价?

网络语言进入政府公文贬褒不一　"淘宝体"通缉令让谁感觉不够严肃

"亲,被通缉的逃犯们,徐汇公安'清网行动'大优惠开始啦！亲,现在拨打 110,就可预订'包运输、包食宿、包就医'优惠套餐,在徐汇自首还可获赠夏季冰饮、编号制服……"这是上海警方在官方微博发出的一则"淘宝体"通缉令。记者了解发现,类似的通缉令在各地公安机关的官方微博上多次出现。如福州警方发布的通缉令:"亲,现在起至 12 月 31 日止,您拨打 24 小时免费客服热线 110,包全身体检、包吃住,还有许多聚划算优惠套餐……您对此满意吗？满意请给全五分评价噢！"烟台警方发布的:"各位在逃的兄弟姐妹,

第一章　应用文基础知识概述　17

亲！立冬了，天冷了，回家吧，今年过年早，主动投案有政策，私信过来吧。"

一些网友认为，这种"淘宝体"的宣传把硬邦邦的通告内容变得轻松了，有利于减轻在逃人员的逆反心理，减轻其内心对公安机关的恐惧感，相信法律社会的人性化。

2012年5月29日，教育部、国家语委举行了《2011年度中国语言生活状况报告》新闻通气会。教育部语信司副司长田立新表示，像通缉令之类的政府公文不宜用"淘宝体"，以维护法律的严肃性。

田立新解释说，对于这种做法，存在不同的声音，其中有人认为，"淘宝体"的格式消除了司法的严肃性，司法不应带有更多的娱乐性。

除通缉令以外，记者发现，还有大学录取通知书等多种公文使用"淘宝体"。2011年7月，南京理工大学给新生发送了"淘宝体"录取短信："亲，祝贺你哦！你被南理工录取了哦！不错的哦！211院校哦！……"田立新认为，虽然有人认为该短信采用年轻人喜闻乐见的表达方式很亲切，但这种短信不够严肃，不能体现国家考试和公布录取结果的严肃性。

此前，连一向给人感觉严肃的外交部官方微博"外交小灵通"也用"淘宝体"发布了一则"中日韩三国合作秘书处"招聘公告。该公告用"亲"的称呼开头，用"不包邮"结束，中间还使用了"有木有"等带有"咆哮体"特征的词语以及网络表情符号。相关网络调查显示，不少人对此持批评态度，认为外交无小事，外交部门使用"淘宝体"语言显得过于随意。

"淘宝体"走进公文，与网络语言的迅速发展息息相关

教育部公布的《2011年中国语言生活状况报告》显示，2011年中国人的语言中冒出了594条新词语。同时，往年出现的许多新词语已经消失，2006年至2010年出现的2977条年度新词语中，仅有41%保存下来。

报告显示，这些新词语多为三个字，占新词语总量的51.68%；其次为四字词语，占21.04%；二字词语只占15.66%。中国传媒大学教授侯敏认为，进入自媒体时代，人人都是造词专家，新词语不断登场并通过网络迅速传播。

专家分析，三字词语比例持续占优势，与近几年人们多用热门格式造词有关。2011年延续了2010年的"××门、××族、××哥、××体、微××"格式，其中"××体、微××"特别活跃，如咆哮体、淘宝体、宝黛体、撑腰体、高铁体及最近出现的舌尖体，以及微电影、微访谈、微小说、微生活、微招聘等。

语言专家、《汉语最近有点烦》一书作者一清在接受中国青年报记者采访时说，民间语言的发展变化和创新最丰富最迅捷，在形成和使用的过程中消解了传统的东西,甚至有负面作用,但在网络的语境下,如果官方进行完全否定是没有道理的,而且官方想否定也否定不了,更左右不了网民的喜好。

"网络人群感觉孤独,'淘宝体'以'亲'开口,虽然是以营销为目的,但给人感觉很亲和,这种民间的语态,单方面禁止是无效的。"一清认为,"语言环境决定语言传递方式,'淘宝体'通缉令如果张贴在公安局门口就不合适。此外,在官方场合,国与国之间的外交场合,要求语言必须精确,'淘宝体'也不适合。因此,要区分是在网络上、私人会所、座谈会上发言还是在党代会上发言,在不同的场合,发言者的语态、节奏、风格应完全不同"。

一清表示,检验网络语言是否有效的标准,就是看能不能达到预期的效果。

烟台市公安局官方微博的淘宝体通缉令受到网友热捧,迄今被转发283次,回复163次。微博发出两天,就有两名在逃人员投案自首。烟台市公安局的官方微博还对支持此次活动的媒体表示了感谢,对仍在逃亡路上的罪犯继续劝诫:"感谢新浪微博,感谢胶东在线……各位在逃人员家属,仍未归案的在逃人员,别再犹豫了,私信过来,或直接拨打110。"

对于网络语言进入政府公文,专家持有不同意见。接力出版社副总编辑黄集伟认为:"尽管文体有跨行业的随意性,但'淘宝体'在各种公文中走红恰恰是语文缺少创意的表现。汉语应该很有表现力,即便在网络上也应该有更好的方式和更好的表达。'淘宝体'的滥用和泛化其实是一种语言枯竭和没有创意的表现。"

"语言是一种仪式,公文更要遵守此道,就比如一个人要参加葬礼,就不该穿着拖鞋去。流行语有其自身的语境和环境,淘宝体是在网络上盯着用户钱包的,如果在公文中被滥用就是缺少语言训练的表现,显得极为不严肃"。黄集伟说,最好的语言是最得体的语言,比如乔布斯成名后到当初他辍学的母校去演讲,就不能用"亲,我来了"这样的表达方式,这是对别人的不尊重,也是对自己的不尊重。(中国青年报 桂杰)

(来源:http://news.xinhuanet.com/politics/2012－06／07／c_123248807_2.html)

第二章
党政机关公文格式规范

公文格式规范指公文必须遵守的规格样式,包括其外在形式及内部结构标准。公文按照统一的格式规范写作既有利于作者清晰准确地表达写作意图,提高工作效率,又有利于阅读者快速阅文,及时了解公文所传递的信息,还有利于初学者迅速掌握公文写作技巧,增强公文写作的信心。尤其在办公自动化的今天,规范公文格式意义重大。

2012年6月29日,国家质量监督检验检疫总局和国家标准化管理委员会联合发布了《党政机关公文格式》国家标准(GB/T 9704—2012),2012年7月1日起正式实施。标准按照《党政机关公文处理工作条例》的规定,对现行的《国家行政机关公文格式》(GB/T 9704—1999)进行了较大幅度的修订。标准首次统一了党政机关公文格式要素的编排规则,有利于进一步提高各级党政机关公文制作水平和质量,能有力推动党政机关公文处理工作实现科学化、规范化。

党政机关公文的外在形式包括公文用纸、页面设置、版头、主体、版记等要素。本章主要介绍其外在形式,内部结构将在第三章中详述。

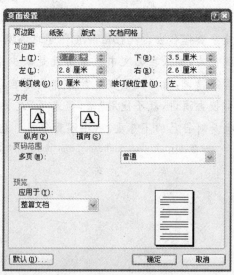

党政机关公文用纸:A4型纸,其幅面尺寸为:297mm×210mm。版面设置:天头(上白边)为:37mm±1mm,地脚(下白边,不包括页码)为:35mm。订口(左白边)为:28mm±1mm,翻口(右白边)为:26mm。版心尺寸为:156mm×225mm。

排版规格:正文用3号仿宋体字,每面排22行,每行排28字。

第一节　党政机关公文版头格式设计

　　党政机关公文首页红色分隔线以上的部分称为版头。版头包括份号、密级和保密期限、紧急程度、发文机关标志、发文字号、签发人和红色分隔线等若干项。

一、份号

　　份号是指公文印制份数的顺序号。涉密公文应标注份号,份号一般用6位3号阿拉伯数字,顶格编排在版心左上角第一行。

二、密级和保密期限

　　密级指公文的秘密等级。公文秘密分三个等级:绝密、机密和秘密。标注秘密等级和保密期限用3号黑体字,秘密等级顶格编排在版心左上角第二行;保密期限中的数字用阿拉伯数字标注。如秘密等级和保密期限同时标识,则在二者之间用"★"隔开。

三、紧急程度

　　紧急程度是公文送达和办理的时限要求。根据紧急程度,党政紧急公文分为"特急""加急",电报分为"特提""特急""加急""平急"。公文如需标注紧急程度,一般用3号黑体字,顶格编排在版心左上角;如需同时标注份号、密级和保密期限、紧急程度,按照份号、密级和保密期限、紧急程度的顺序自上而下分行排列。

四、发文机关标志

　　发文机关标志代表公文的制发机关,由发文机关全称或规范化简称后加上"文件"二字组成,也可以使用发文机关全称或者规范化简称。发文机关标志居中排布,上边缘至版心上边缘35mm,推荐使用红色小标宋体字,字号由发文机关酌定,以醒目、美观、庄重为原则。联合行文时,发文机关标志可以并用联合发文机关名称,也可以单独用主办机关名称;如需同时标注联署发文机关名称,一般应当将主办机关名称排列在前;如有"文件"二字,应当置于发文机关名称右侧,以联署发文机关名称为准上下居中排布。

五、发文字号

发文字号代表某发文机关当年发文的顺序号,由发文机关代字、年份和发文顺序号组成。联合行文时,使用主办机关的发文字号。发文字号编排在发文机关标志之下空 2 行位置,用 3 号仿宋体字居中排布;年份、发文顺序号用阿拉伯数字标注;年份应标全称,用六角括号"〔〕"括入;发文顺序号不加"第"字,不编虚位(即 1 不编为 001),在阿拉伯数字后加"号"字。

上行文的发文字号居左空一字编排,与最后一个签发人姓名处在同一行。

六、签发人

上报的公文需标识签发人姓名,平行排列于发文字号右侧。发文字号居左空 1 字,签发人姓名居右空 1 字;签发人用 3 号仿宋体字,签发人后标全角冒号,冒号后用 3 号楷体字标识签发人姓名。

如有多个签发人姓名,主办单位签发人姓名置于第一行,其他签发人姓名从第二行起在主办单位签发人姓名之下按发文机关顺序依次排列,下移红色反线,应使发文字号与最后一个签发人姓名处在同一行并使红色反线与之的距离为 4mm。

七、版头中的分隔线

版头分隔线是用于区分版头与主体的标志。位于发文字号之下 4mm 处,居中印一条与版心等宽(156mm)的红色直线。

【例1】 (单独发文)

```
000001
机密★1年
加急                 35mm


            安徽省人民政府文件
                         皖政〔2015〕4号
                                    4mm
                         156mm
```

【例2】 （联合发文）

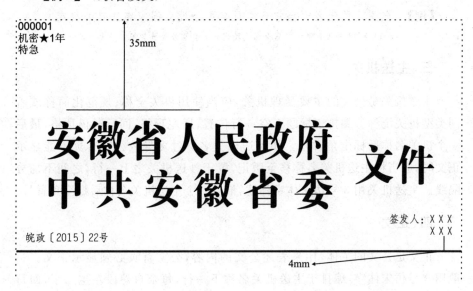

第二节 党政机关公文主体格式设计

党政机关公文首页红色分隔线（不含）以下、公文末页首条分隔线（不含）以上的部分称为主体。包括公文标题、主送机关、公文正文、附件说明、发文机关署名、成文日期、印章、附注和附件等若干项。

一、标题

标题又称公文的名称，由发文机关名称、事由和文种组成。主标题一般用2号小标宋体字分一行或多行居中排布；回行时，要做到词意完整，排列对称，长短适宜，间距恰当。标题排列应当使用梯形或菱形。副标题一般采用3号楷体字。公文正文中一级标题使用黑体字，二级标题使用楷体字，三级、四级标题使用仿宋体字。

【例】 中共中央组织部关于建立民主评议党员制度的意见

二、题注

题注也称为题下标示，是说明标题的，居中位于标题下，一般用来注明该文件通过的时间、地点及施行的时间等，用小括号括上。题注的字号一般与正文相同。

【例】 全国人民代表大会常务委员会关于设立国家宪法日的决定

(2014 年 11 月 1 日第十二届全国人民代表大会常务委员会第十一次会议通过)

三、主送机关

主送机关是公文的主要受理机关,应当使用机关全称、规范化简称或者同类型机关统称。编排于标题下空一行位置,居左顶格,回行时仍顶格,最后一个机关名称后标全角冒号。如主送机关名称过多导致公文首页不能显示正文时,应当将主送机关名称移至版记,置于抄送机关之上一行,之间不加分隔线。主送机关用 3 号仿宋体字标注,最后一个主送机关名称后标全角冒号。

四、正文

正文是公文的主体,用来表述公文的内容,公文首页必须显示正文。一般用 3 号仿宋体字,编排于主送机关名称下一行,每个自然段左空二字,回行顶格。文中结构层次序数依次可以用"一、""(一)""1.""(1)"标注。

【例】

国务院办公厅文件

国办发〔2016〕91号

国务院办公厅关于全面放开养老服务市场
提升养老服务质量的若干意见

各省、自治区、直辖市人民政府,国务院各部委、各直属机构:

养老服务业既是涉及亿万群众福祉的民生事业,也是具有巨大发展潜力的朝阳产业。近年来,我国养老服务业快速发展,产业规模不断扩大,服务体系逐步完善,但仍面临供给结构不尽合理、市场潜力未充分释放、服务质量有待提高等问题。随着人口老龄化程度不断加深和人民生活水平逐步提高,老年群体多层次、多样化的服务需求持续增长,对扩大养老服务有效供给提出了更高要求。为促进养老服务业更好更快发展,经国务院同意,现提出如下意见:

(略)

五、附件说明和附件

附件是公文正文的说明、补充或者参考资料。附件说明是指公文附件的顺序号和名称。公文如有附件,在正文下空一行左空二字用3号仿宋体字编排"附件"二字,后标全角冒号和附件名称。如有多个附件,使用阿拉伯数字标注附件顺序号。如"附件:1.×××××××";附件名称后不加标点符号。附件名称较长需回行时,应当与上一行附件名称的首字对齐。

附件应当另面编排,并在版记之前,与公文正文一起装订。"附件"二字及附件顺序号用3号黑体字顶格编排在版心左上角第一行。附件标题居中编排在版心第三行。附件顺序号和附件标题应当与附件说明的表述一致。如附件与正文不能一起装订,应当在附件左上角第一行顶格编排公文的发文字号并在其后标注"附件"二字及附件顺序号。

【例1】

×××××××××××××××××××××××××××。
附件:1.××××××××××
      2.××××××××××

发文机关署名
2017年1月25日

【例2】

```
附件1

              附件标题
  ××××××××××××××××××××××××××××××××
××××××××××。
```

六、发文机关署名、成文日期和印章

公文写作完成后应署发文机关全称或者规范化简称。

成文日期署会议通过或者发文机关负责人签发的日期。联合行文时,署最后签发机关负责人签发的日期。用阿拉伯数字将年、月、日标全,年份应标全称,月、日不编虚位(即1不编为01)。

印章和签名章是公文生效的标志。公文中有发文机关署名的,应当加盖发文机关印章,并与署名机关相符。有特定发文机关标志的普发性公文和电报可以不加盖印章。

当公文排版后所剩空白处不能容下印章或签发人签名章、成文日期时,可以采取调整行距、字距的措施解决。

(一)加盖印章的公文

成文日期一般右空四字编排,印章用红色,不得出现空白印章。

单一机关行文时,一般在成文日期之上、以成文日期为准居中编排发文机关署名,印章端正、居中下压发文机关署名和成文日期,使发文机关署名和成文日期居印章中心偏下位置,印章顶端应当上距正文(或附件说明)一行之内。

联合行文时,一般将各发文机关署名按照发文机关顺序整齐排列在相应位置,并将印章一一对应、端正、居中下压发文机关署名,最后一个印章端正、居中下压发文机关署名和成文日期,印章之间排列整齐、互不相交或相切,每排印章两端不得超出版心,首排印章顶端应当上距正文(或附件说明)一行之内。

【例1】 单一机关行文

××××××××××××××××××××××××××××。

安徽大学
2017年2月6日

【例2】 联合行文

×××××××××××××××××××××××××××××。

合肥市财政局 合肥市国家税务局
2017年1月18日

（二）不加盖印章的公文

单一机关行文时，在正文（或附件说明）下空一行右空二字编排发文机关署名，在发文机关署名下一行编排成文日期，首字比发文机关署名首字右移二字，如成文日期长于发文机关署名，应当使成文日期右空二字编排，并相应增加发文机关署名右空字数。

联合行文时，应当先编排主办机关署名，其余发文机关署名依次向下编排。

【例1】 单一机关行文

××。

安徽省人民政府办公厅
2017年8月6日

【例2】 联合行文

××××××××××××××××××××××××××××××××××。

中共安徽省委
安徽省人民政府
2017年8月8日

（三）加盖签发人签名章的公文

正文末以领导人署名的公文要加盖该领导人的红色签名章。

单一机关制发的公文加盖签名章时，在正文（或附件说明）下空二行右空四字加盖签发人签名章，签名章左空二字标注签发人职务，以签名章为准上下居中排布。在签名章下空一行右空四字编排成文日期。

联合行文时，应当先编排主办机关签发人职务、签名章，其余机关签发人职务、签名章依次向下编排，与主办机关签发人职务、签名章上下对齐；每行只编排一个机关的签发人职务、签名章；签发人职务应当标注全称。

【例1】 单一机关行文

××××××××××××××××××××××
××××××××。

××部长　张××
2017 年 8 月 6 日

【例2】 联合行文

××××××××××××××××××××××
×××××××××××。

××部长　张××
××部长　王　×
2017 年 8 月 6 日

七、附注

附注即公文印发传达范围等需要说明的事项。公文如有附注，用 3 号仿宋体字，居左空二字加圆括号标注在成文日期下一行。

【例】

××××××××××××××××××××××。

附件：×××××××××

发文机关署名
2017 年 7 月 25 日

（附注）

第三节　党政机关公文版记格式设计

党政机关公文末页首条分隔线以下、末条分隔线以上的部分称为版记。包括分隔线、抄送机关、印发机关和印发时间。

一、版记中的分隔线

版记中的首条分隔线是用于区分主体与版记的标志。首条分隔线位于版记中第一个要素之上，末条分隔线与公文最后一面的版心下边缘重合。版记中的分隔线与版心等宽(156mm)，首条分隔线和末条分隔线用粗线(推荐高度为 0.35mm)，中间的分隔线用细线(推荐高度为 0.25mm)。

二、抄送机关

抄送机关是指除主送机关外需要执行或者知晓公文内容的其他机关。使用机关全称、规范化简称或者同类型机关统称。

公文如有抄送，一般用4号仿宋体字，在印发机关和印发日期之上一行、左右各空一字编排。"抄送"二字后加全角冒号和抄送机关名称，回行时与冒号后的首字对齐，最后一个抄送机关名称后标句号。

如需把主送机关移至版记，除将"抄送"二字改为"主送"外，编排方法同抄送机关。既有主送机关又有抄送机关时，应当将主送机关置于抄送机关之上一行，之间不加分隔线。

三、印发机关和印发日期

印发机关指公文的送印机关，印发日期指公文的送印日期。印发机关和印发日期一般用4号仿宋体字，编排在末条分隔线之上，印发机关左空一字，印发日期右空一字，用阿拉伯数字将年、月、日标全，年份应标全称，月、日不编虚位(即1不编为01)，后加"印发"二字。

版记中如有其他要素，应当将其与印发机关和印发日期用一条细分隔线隔开。

五、页码

页码指公文页数顺序号。一般用4号半角宋体阿拉伯数字，编排在公文版心下边缘之下，数字左右各放一条一字线；一字线上距版心下边缘7mm。单页码居右空一字，双页码居左空一字。公文的版记页前有空白页的，空白页和版记页均不编排页码。公文的附件与正文一起装订时，页码应当连续编排。

【例】

抄送：省委办公厅，省人大常委会办公厅，省政协办公厅，省法院、检察院，省军区。

安徽省人民政府办公厅　　　　　　　　　　　　2017年8月6日印发

第四节　党政机关公文的特定格式

公文的特定格式是指党政机关使用命令、纪要、函等文种时应采用的相应格式。

一、命令格式

(一)命令标志及令号

命令标志由发文机关全称加"命令"或"令"字组成,居中排布,上边缘至版心上边缘为20mm,推荐使用红色小标宋体字,字体以醒目、美观、庄重为原则。发文机关标志下空二行居中编排令号,令号用3号仿宋体字。令号下空二行编排正文。

(二)命令标题及主送机关

命令标题位于令号下空二行居中、用2号小标宋体字书写;如命令标志为标题,就在令号下空二行、左顶格用3号仿宋体字标注主送机关名称;如主送机关位于版记中就直接左空二字拟写正文。

(三)正文及落款

正文用3号仿宋体字,段前空两格书写。
落款见第二节中"加盖签发人签名章的公文"。

(四)版记

命令版记与一般公文相同。

【例】

中华人民共和国国务院令

二行

第×号

二行

根据××××,特制定了××××××,经×××审议通过,现予公布,自×××××××起施行。

总理　×××

2017年7月1日

二、纪要格式

根据《党政机关公文格式》规定,"纪要格式可以根据实际制定"。从目前党政机关公文实践来看,纪要格式主要包括三部分:

(一)版头

版头包括纪要的标志、发文顺序号、发文单位名称、时间和分隔线。

1. 纪要标志　由"××××××纪要"组成,居中排布,推荐使用红色小标宋体字,上边缘至版心上边缘为35mm。

2. 发文顺序号　纪要标识下空两行用3号仿宋体字书写发文顺序号。

3. 发文单位名称及日期　顺序号下空一行,用3号仿宋体字左空一格写纪要起草单位名称,右空一格写纪要签发日期。

4. 分隔线　在纪要起草单位名称及日期之下空4mm画一条红色分隔线。

(二)主体

1. 标题　分隔线之下空两行用2号小标宋体字或宋体字书写,分一行或多行居中排布。

2. 正文　标题下空一行,左侧空二字用3号仿宋体字书写。

3. 标注出席人员名单　一般用3号黑体字,在正文或附件说明下空一行左空二字编排"出席"二字,后标全角冒号,冒号后用3号仿宋体字标注出席人单位、姓名,回行时与冒号后的首字对齐。

4.标注请假和列席人员名单 除依次另起一行并将"出席"二字改为"请假"或"列席"外,编排方法同出席人员名单。

(三)版记

与公文版记相同。

【例】

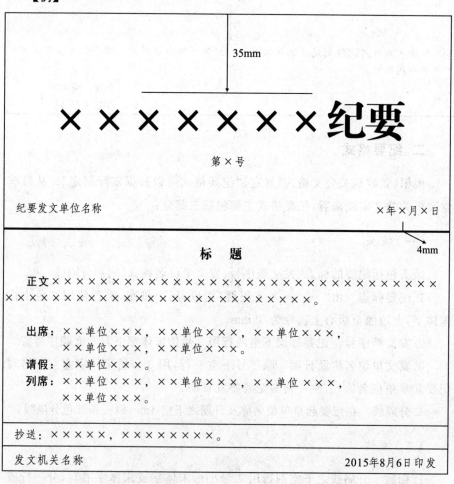

三、信函格式

(一)版头

版头包括发文机关标志、红色双线及发文字号。发文机关标志使用发文机关全称或者规范化简称,居中排布,上边缘至上页边为 30mm,推荐使用红色小标宋体字。联合行文时,使用主办机关标志。

发文机关标志下 4mm 处印一条红色双线(上粗下细),线长为 170mm,居中排布。

如需标注份号、密级和保密期限、紧急程度,应当顶格居版心左边缘编排在第一条红色双线下,按照份号、密级和保密期限、紧急程度的顺序自上而下分行排列,第一个要素与该线的距离为 3 号汉字高度的 7/8。

发文字号顶格居版心右边缘编排在第一条红色双线下,与该线的距离为 3 号汉字高度的 7/8。

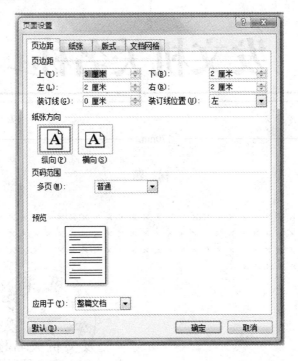

(二)主体

主体包括标题、主送机关、正文、落款、时间及印章。它们的字体、字号及格式要求与一般党政公文相同,这里不再赘述。

标题居中编排,与其上最后一个要素相距两行。

第二条红色双线上一行如有文字,与该线的距离为3号汉字高度的7/8。

首页不显示页码。

便函在字体、字号的选择上可以灵活些,但不能使用美术字、隶书体等。

(三)页边底线

距下页边20mm处印一条上细下粗的红色双线,长度为170mm。

(四)版记

版记不加印发机关和印发日期、分隔线,位于公文最后一面版心内最下方。

【例】

综合实训

一、不定项选择题

1. 国家党政机关公文版面格式分为三大部分,即( )

   A. 文头、主体、文尾　　　　　B. 版头、主体、版记

   C. 标题、正文、落款　　　　　D. 导语、事项、结语

2. 下面说法错误的是( )

   A. 盖印应端正、清晰,做到上压正文,下压成文日期

   B. 一件联合发文,可有数个发文号

   C. 联合行文的成文日期以最后签发机关的签发日期为准

   D. 题注一般用圆括号标注于标题下方

3. 当公文排版后所剩空白处不能容下印章位置时可采取( )

   A. 在下一页标识"此页无正文",然后盖章

   B. 直接在下一空白页盖章

   C. 应采取调整行距、字距的措施,使印章与正文同处一面

   D. 上述措施都可以

4. 国家党政机关公文规定用纸采用( )

   A. A4型　　　　　　　　　　　B. 16开型

   C. B5型　　　　　　　　　　　D. A4型和16开型

5. 公文结构层次序数正确的表达方式是( )

   A. 一、1、(1)①　　　　　　　B. 一、1、(一)(1)

   C. 一、(一)1.(1)　　　　　　　D. 一、(一)1、(1)

6. 公文如需标注紧急程度,一般( )

   A. 顶格编排在版心左上角　　　B. 顶格编排在版心右上角

   C. 空两格编排在版心左上角　　D. 空两格编排在版心右上角

7. 公文标题回行时,要做到( )

   A. 词意完整　　B. 排列对称　　C. 长短适宜　　D. 间距恰当

8. 公文页码编排应( )

   A. 单页码居左空一字　　　　　B. 双页码居左空一字

   C. 单页码居右空一字　　　　　D. 双页码居右空一字

9. 下面有关发文字号说法正确的是(   )

A. 年份应标全称

B. 年份用六角括号"〔〕"括入

C. 发文顺序号加"第"字

D. 发文顺序号不编虚位(即1不编为01)

10. 附件是指(   )

A. 公文正文的说明

B. 公文正文的补充

C. 公文印发传达范围等需要说明的事项

D. 公文相关参考资料

11. 公文如有附件,应当位于(   )

A. 正文下一行,顶格编排"附件"二字,后编全角冒号和附件名称。附件名称后不加标点符号

B. 正文下一行,顶格编排"附件"二字,后编全角冒号和附件名称。附件名称后加句号

C. 正文下空一行,左空二字编排"附件"二字,后编全角冒号和附件名称。附件名称后不加标点符号

D. 正文下空一行,左空二字编排"附件"二字,后编全角冒号和附件名称。附件名称后加句号

12. 下列说法正确的是(   )

A. 单一机关行文时,印章顶端应当上距正文(或附件说明)一行之内

B. 单一机关行文时,印章顶端应当上距正文(或附件说明)一行之外

C. 联合行文时,首排印章顶端应当上距正文(或附件说明)一行之内

D. 联合行文时,首排印章顶端应当上距正文(或附件说明)一行之外

13. 下列说法正确的是(   )

A. 加盖印章的公文,成文日期一般右空四字编排

B. 单一机关制发的公文加盖签发人签名章时,在正文(或附件说明)下空两行右空四字加盖

C. 联合行文加盖签发人签名章时,签发人职务应当标注全称

D. 加盖签发人签名章的公文,在签名章下空一行右空四字编排成文日期

二、判断题

1. 涉密公文应当标注份号。 （ ）
2. 上行文的发文字号居左空一字编排,与最后一个签发人姓名处在同一行。 （ ）
3. 公文标题多行排列时应当使用梯形或菱形。 （ ）
4. 保密期限中的数字用小写汉字数字标注。 （ ）
5. 公文首页可以不显示正文。 （ ）
6. 单一机关行文时,发文机关署名和成文日期居印章中心偏上位置。 （ ）
7. 最后一个抄送机关名称后应当标句号。 （ ）
8. 公文的附件与正文一起装订时,页码应当分别编排。 （ ）
9. 联合行文时,发文机关标志不可以单独用主办机关名称。 （ ）
10. 有特定发文机关标志的普发性公文和电报可以不加盖印章。 （ ）
11. 函的发文字号应顶格居版心右边缘编排在第一条红色双线下。 （ ）
12. 纪要应当标注出席、请假、列席等人员名单。 （ ）

三、改错题

从公文格式规范和语言规范角度修改下面这份"意见"。

国务院办公厅文件

国发[2014]第48号

国务院加强审计工作的意见

各省、自治区、直辖市人民政府,国务院各部委、各直属机构:

  为切实加强审计工作,推动国家重大决策部署和有关政策措施的贯彻落实,更好地服务改革发展,维护经济秩序,促进经济社会持续健康发展,提出以下看法:

  (一)、……………………
  一、……………………
    …………………………

  (二)、……………………
  一、……………………
    …………………………

附件:1、……

国务院
2014.10.09

国务院办公厅   二〇一四年十月九日印发

四、下面是一份"请示"的构成要素,请在电脑上制作一份格式规范的请示,将各要素放置在合适的位置上。

1. ××〔2014〕55号
2. ××市××局关于成立安徽省第十三届运动会××市代表团的请示
3. 2014年5月5日印发
4. 妥否,请批示。
5. 市政府:
6. 2014年5月4日
7. 抄送:×××,×××。
8. 安徽省第十三届运动会将于2014年10月在安庆举行,本届运动会由安徽省人民政府主办,省体育局、省教育厅、安庆市人民政府共同承办。为加强参赛工作领导,拟成立安徽省第十三届运动会××市代表团,代表团组成人员和单位依照往年惯例并征求了相关单位意见,现依程序报市政府审批。如无不妥,请以市政府名义下发。
9. ××市××局办公室
10. ××市 ××局(印章)
11. 签发人:×××
12. ××市 ××局文件
13. (联系人:××,电话:××××××××)
14. 附件:关于成立安徽省第十三届运动会××市代表团的通知(代拟稿)

第三章
党政机关公文写作

为了适应中国共产党机关和国家行政机关(以下简称党政机关)工作需要,推进党政机关公文处理工作科学化、制度化、规范化,2012年4月6日,中共中央办公厅、国务院办公厅联合印发了《党政机关公文处理工作条例》(以下简称《条例》),从2012年7月1日起开始执行。1996年5月3日中共中央办公厅发布的《中国共产党机关公文处理条例》和2000年8月24日国务院发布的《国家行政机关公文处理办法》同时废止。《条例》实现了党的机关和行政机关的公文种类、格式标准、行文规则、办文流程和管理要求的统一,彻底解决了我国公文处理长期以来党政不一的问题。《条例》既是对新中国成立60多年来特别是改革开放以来党政机关公文处理工作宝贵经验的总结与升华,又是我国今后一个时期指导公文工作的一部经典法规。

党政机关公文是党政机关实施领导、履行职能、处理公务的具有特定效力和规范体式的文书,是传达贯彻党和国家方针政策,公布法规和规章,指导、布置和商洽工作,请示和答复问题,报告、通报和交流情况等的重要工具。本章主要介绍《条例》中规定的15种法定公文及其写作方法。

公文写作是党政机关从事管理工作的人员必备的工作技能。一个机关公文水平的高低代表了机关管理者对国家法律法规及政策掌握的程度,反映了机关管理者的文字水平和业务能力。因此正确掌握公文写作的规律和技巧是做好管理工作的基础和前提。

第一节 决议 决定

※ 决 议

一、决议的概念

根据《条例》规定,决议是一种适用于会议讨论通过的重大决策事项的公文。决议既适用于中国共产党各级机关、国家行政机关,也适用于人大、政协及其他机构。

二、决议的特点

(一)权威性和稳定性

决议通常按照一定的组织原则和程序召开组织成员会议或代表会议,经过集体认真讨论和表决通过后形成,并以会议名义发布生效。未经会议再次讨论和表决通过,任何人都无权修改原决议的内容,它是召开会议机构的意志的反映,其表述的观点和对事项的评价具有重要的指导意义。

(二)适用范围广泛

决议的内容涉及范围比较广泛,只要是会议表决定下的重大原则问题和事项都可以以决议这种文种发布。

三、决议的种类

(一)批准性的决议

会议经过对某些议案、文件的审议,表决同意并批准的决议。如《全国人民代表大会常务委员会关于批准2015年中央决算的决议》。

(二)对重要事项作出安排的决议

会议参加者对某些重要事项安排经过讨论,达成一致,形成的决议。

如《七届全国人民代表大会第五次会议关于兴建长江三峡工程的决议》。

(三)阐述性的决议

对会议通过的结论性的内容进行具体阐述的决议。阐述性决议的篇幅往往比较长,既有对事实的概述,又有理论上的分析、评价。如《关于建国以来党的若干历史问题的决议》。

四、决议的写作

(一)标题

1. 会议名称＋事由＋文种

【例】 全国人民代表大会常务委员会关于调整完善生育政策的决议

2. 事由＋文种

【例】 关于批准2014年安徽省本级预算调整方案的决议

(二)题注

标题下正中用括号注明会议名称及决议通过的时间。

(三)正文

1. 批准性决议　通常格式是:"会议名称＋审议了××××关于提请审议××议案,根据××××××××××,决定批准××。＋提出的要求。"或者是:第一段"会议名称＋批准了××同志所作的××报告(或其他文件)。"中间一般以"会议赞成……""会议同意……""会议认为……""会议指出……"等几个自然段落写明会议对文件内容的肯定和认可,并提出某些原则性的意见和要求。最后一段一般通过"会议号召……"来结束。

2. 对重要事项作出安排及阐述性决议　通常格式是:第一段写出原因,然后用过渡句"特作如下决议"引出第二段决议事项,并分条列项进行具体阐述。

【例1】
十二届全国人大二次会议关于政府工作报告的决议

(2014年3月13日第十二届全国人民代表大会第二次会议通过)

第十二届全国人民代表大会第二次会议听取和审议了国务院总理

李克强所作的政府工作报告。会议充分肯定国务院过去一年的工作,同意报告提出的2014年工作总体部署、目标任务和重点工作,决定批准这个报告。

会议号召,全国各族人民紧密团结在以习近平同志为总书记的党中央周围,高举中国特色社会主义伟大旗帜,以邓小平理论、"三个代表"重要思想、科学发展观为指导,全面贯彻落实党的十八大和十八届二中、三中全会精神,坚持稳中求进工作总基调,把改革创新贯穿于经济社会发展各个领域各个环节,齐心协力,锐意进取,扎实工作,实现经济持续健康发展和社会和谐稳定,为全面建成小康社会、建成富强民主文明和谐的社会主义现代化国家、实现中华民族伟大复兴的中国梦而努力奋斗!

》简析:这是一篇批准文件的决议。第一段是决议的重点,概括写出会议对李克强总理所作的政府工作报告从审议到批准的整个过程,语言十分简练。第二段是号召,意在要求全国人民团结奋进、改革创新、和谐健康发展,为实现中华民族伟大复兴的中国梦而努力。

【例2】
关于加强全省检察机关民事检察工作的决议
(2014年9月26日安徽省第十二届人民代表大会常务委员会第十四次会议通过)

安徽省第十二届人民代表大会常务委员会第十四次会议听取和审议了省人民检察院《关于全省检察机关民事检察工作情况的报告》。会议充分肯定了五年来全省检察机关民事检察工作所取得的成绩。为进一步推进全省检察机关民事检察工作,加强对民事诉讼活动的法律监督,促进司法公正,维护群众合法权益,特作如下决议:

一、**强化监督职能,加大民事检察监督力度**

全省各级检察机关要紧紧围绕"强化法律监督,维护公平正义"工作主题,切实防止和克服"重刑事轻民事"思想,推动全省民事检察工作协调发展,积极履行监督职责,做到敢于监督、善于监督、依法监督,综合利用抗诉、检察建议、违法行为调查等方式和手段,加强对民事诉讼全过程的法律监督。突出办案重点,加大监督力度,着力解决人民群众反映强烈的执法不严、裁判不公问题。认真办理关系经济社会发展的案件,促进营造平等竞争、诚信有序的市场环境;积极回应人民群众司法诉求,认真办理民生领域案件,切实维护当事人的合法权益;更加注重化解社会矛盾,不断加大和解息诉工作力度,切实发挥民事检察工作在维护社会和谐稳定方面的积极作用。

二、完善工作机制,推进民事检察规范化建设

全省各级检察机关要落实中央关于司法体制改革的决策部署,深化检察体制改革,完善民事检察工作机制,切实做到办案过程公开透明、程序规范便捷、结果公平公正。完善民事检察案件受理审查机制,在案件办理各环节明确执法标准、细化操作流程、确保规范执法;完善案件质量保障和跟踪问效机制,积极推行专业化办案、集体讨论、专家咨询、案件集中管理等制度,加强对案件的质量评查和跟踪监督,不断提高案件办理质效;完善检察机关内部配合协作机制,整合办案力量,共同履行职责,注重民事检察工作与查处司法不公背后职务犯罪线索的有机结合,促进公正廉洁高效司法;完善检务公开制度,大力推进终结性法律文书网络公开工作,以公开促公正、以透明保廉洁。

三、加强队伍建设,提升民事检察监督能力和水平

全省各级检察机关要加强思想政治教育,牢固树立执法为民理念。加强民事检察部门办案力量,调整人员结构,选拔具有丰富司法实践经验的人员充实队伍,推动队伍专业化建设;加大教育培训力度,强化民事检察业务学习和岗位练兵,提升民事检察干警的综合素质,提高监督能力和水平;重视对基层民事检察工作的调研指导,充分发挥基层民事检察工作的基础性作用;突出抓好纪律作风建设和反腐倡廉制度建设,加强廉政风险防控,严防关系案、金钱案、人情案,维护公正廉洁执法的良好形象。

四、加强协调配合,优化民事检察工作环境

全省各级人大常委会和人民政府要支持检察机关依法独立行使检察权,支持检察机关推进检察体制改革。各级检察机关要完善配合、制约机制,依法妥善解决民事检察监督中出现的问题,共同促进严格执法、公正司法。各级检察机关要强化主动接受监督意识,依法向人大常委会报告民事检察工作,认真办理人大代表的意见、建议。要积极争取有关部门的密切配合,注重运用多种形式,加大对民事检察职能及监督典型案件的宣传力度,提高民事检察工作的社会认知度,扩大民事检察工作影响。

全省各级人大常委会要进一步重视对民事检察工作的监督,积极探索新的监督途径,创新监督方式,监督检察机关严格履行职责,促进民事检察工作科学发展。

》简析:这是一篇阐述性决议,第一段是决议的原因,然后用"特作如下决议"引出下面加强全省检察机关民事检察工作的几点决议事项。决议事项依次从监督、工作机制、队伍建设、工作环境等方面进行阐述。最后,决议要求全省各级人大常委会要重视对民事检察工作的监督,以促进司法公正,维护群众合法权益,促进民事检察工作科学发展。

※ 决 定

一、决定的概念

根据《条例》规定,决定是一种适用于对重要事项作出决策和部署、奖惩有关单位和人员、变更或者撤销下级机关不适当的决定事项的指挥性公文。

二、决定的特点

(一)权威性

决定是领导机关经过调查研究、讨论,郑重作出的,其内容所涉及的都是比较重要的事项和重大的行动。它一经下发,就要求有关单位和人员必须贯彻执行,不得违反。而且使用决定的单位级别较高,所以具有较强的权威性。

(二)稳定性

决定必须以法律法规和国家有关方针政策为依据,必须符合客观实际,这样才经得起实践的检验。特别是重大决定一旦作出,常常带有战略意义,需要在较长时间内发挥作用,下级机关也需要稳定的政策以便于执行,所以决定的内容应该在相对时期内稳定,不能朝令夕改。例如,1984年10月20日颁布的《中共中央关于经济体制改革的决定》,一直是我国经济体制改革的主要政策依据。

(三)明确性

决定作出的安排、要求必须明确,不能模棱两可,这样既便于下级机关贯彻执行,也使其权威性和约束力得到体现。所以,在语言的运用上要简练、精确,内容结构的安排上要严谨,不能让下级机关产生理解上的偏差。

三、决定的种类

(一)从决定的性质上分

1.公布性决定 公布经会议讨论通过的议案的具体内容或直接公布某

机构对某问题的处理决定。

2. 部署性决定　对重大行动作出部署、安排的决定。这类决定大部分是由会议讨论通过颁发的。

3. 处置性决定　对某些具体事项作出具体安排的决定。这类决定有些是由会议讨论通过颁发的,也有的是经领导同意由机关直接发出。

(二)从决定的内容上分

1. 法规政策性决定　对某一方面工作作出政策性规定的决定。

2. 工作安排性决定　宣告对某一重大问题的处理结果,或对某项工作作出的重要安排的决定。

3. 奖惩性决定　对有突出贡献的先进集体、个人进行奖励或对发生重大事故的单位和有严重违纪行为的人员进行惩罚的决定。

4. 机构设置、人员任免决定　即关于增设、撤销机构,重要的人事任命、免除的决定。

四、决定和决议的区别

1. 使用范围、频率不同　在使用范围上决定较决议更加广泛,使用频率也更高,既可以用于大中型会议,也可以用于小型会议。

2. 发文目的和具体内容性质不同　虽然决定和决议都是针对重要的事项,但发文目的和具体内容性质不同:决议具有认可性,它是表决后的意见,决定具有施行性,它要求的是行动;决议事项大而原则,决定相对单一具体。

3. 通过方式不同　决议的内容必须是经会议讨论表决通过的;决定可以是经会议讨论表决通过的事项,也可以是由领导班子定下来的事项。

4. 时间标注位置不同　决议必须在标题下方标明通过的时间,即要有题注;而许多决定则在正文后标明领导签发的时间,只有经会议讨论通过的决定才在标题下方标明通过的时间。

五、决定的写作

(一)标题

发文机关/会议名称＋事由＋文种

【例1】　全国人大常委会关于确定中国人民抗日战争胜利纪念日的决定

【例2】 国务院关于2015年度国家科学技术奖励的决定

(二)题注

公布性决定的题注要注明议案或事项通过的时间、会议名称;部署性决定的题注要注明决定签发的时间或会议名称及决定通过的时间;处置性决定的时间项既可以在题下标示,也可以与一般公文一样写在正文之后。

【例】 (2014年4月24日第十二届全国人民代表大会常务委员会第八次会议通过)

(三)主送机关

主送机关即决定的受文机关。要在正文前一行顶格书写,回行顶格。

(四)正文

1.公布性决定 (1)如果公布的是议案,一般把议案的主要内容公布出来就行了,用语简短精练。如:"××会议审议了××议案,决定:××××××。"或者"××会议决定:××××××。"(2)如果公布的是事项,则先写原因,再写会议通过的事项。

2.部署性决定 由缘由、事项、号召三部分内容组成。(1)缘由部分由于涉及的问题复杂,一般先从理论上说明这样做的道理,应该紧紧把握住发文的主导精神和意图,以历史和发展的眼光,站在全局的高度考虑问题,以体现政策的连续性和稳定性。(2)事项部分是部署性决定的中心,说明"做什么"和"怎样做",要求明确、具体,同时用语要简练、庄重。(3)号召部分比较简短,具有鼓动性。这部分也可以说是决定的执行希望和要求。它的作用是加深人们对决定事项的认识和理解,提高执行决定的主动性和自觉性,增强决定的执行力和感染力。

3.处置性决定 (1)缘由部分一般要写"根据……""为了……",引出原因,也可以作一些背景性的铺垫。(2)事项部分写决定的内容,表彰性决定还要对表彰事项进行评价。(3)结尾部分根据决定内容确定是否写作,如果是表彰性决定要写"号召""希望",而批评性决定可以写"希望""要求"等,也可以不写。

(五)落款

署发文机关名称、成文日期并加盖印章。如是普发性的决定可不加盖印章。

【例1】

科技部　中央宣传部　中国科协
关于表彰全国科普工作先进集体和先进工作者的决定

各省、自治区、直辖市科技厅(委)、党委宣传部、科协,新疆生产建设兵团科技局、党委宣传部、科协,中央、国务院各有关部门、直属机构、各有关人民团体,中央军委政治工作部:

　　近年来特别是党的十八大以来,在党中央、国务院的正确领导下,各地、各部门和广大科技工作者、科普工作者深入实施《中华人民共和国科学技术普及法》,大力弘扬科学精神,普及科技知识、提高公民科学素养,加强国家科普能力建设,在促进我国科普事业发展中取得了显著成效,圆满完成了国家"十二五"时期科普工作发展目标,为"十三五"时期推进全国科普工作奠定了坚实的社会基础。为深入贯彻落实全国科技创新大会精神,表彰先进,弘扬正气,振奋精神,激发动力,广泛动员各地、各部门和广大科普工作者进一步做好新时期的科学技术普及工作,经全国评比达标表彰工作协调小组核准,科技部、中央宣传部、中国科协决定对2011年以来在科普工作中作出突出贡献的北京市可持续发展科技促进中心等185个单位授予"全国科普工作先进集体"称号(见附件1),北京市科学技术委员会刘彦锋等286名个人授予"全国科普工作先进工作者"称号(见附件2)。

　　希望受到表彰的先进集体和先进工作者发挥表率作用,珍惜荣誉,再接再厉,开拓创新,在科普工作中不断作出新的成绩。希望各地、各部门以受到表彰的先进集体和先进工作者为榜样,更加紧密地团结在以习近平同志为核心的党中央周围,全面贯彻党的十八大和十八届三中、四中、五中、六中全会精神,高举中国特色社会主义伟大旗帜,以邓小平理论、"三个代表"重要思想、科学发展观为指导,深入学习贯彻习近平总书记系列重要讲话精神和治国理政新理念新思想新战略,紧密围绕协调推进"五位一体"总体布局和"四个全面"战略布局,围绕国家和地方经济建设与社会发展实际,牢固树立和积极践行创新、协调、绿色、开放、共享的发展理念,积极践行社会主义核心价值观,主动适应经济发展新常态,求真务实、开拓创新,开创我国科普工作新局面,为全面建成小康社会、建设世界科技强国、实现中华民族伟大复兴的中国梦作出新的更大贡献!

  附件:1. 全国科普工作先进集体名单
     2. 全国科普工作先进工作者名单

科技部(印章) 中央宣传部(印章) 中国科协(印章)

2016 年 12 月 13 日

  ▷ 简析:这是一份表彰性公文写作范文(发文字号:国科发政〔2016〕385号)。表彰性命令、通报都可采用这种写作方式。第一段写明了表彰的背景、原因、目的并引出表彰事项,第二段提出希望和要求。被表彰的集体与个人名单则以附件的形式在正文后出现。

【例2】

合肥市人民政府关于废止部分规范性文件的决定

各县(市)、区人民政府,市政府各部门、各直属机构:

  为维护法制统一,经 2014 年 4 月 8 日市人民政府第 29 次常务会议审议通过,决定废止《转发市司法局"关于建立街道联合调解委员会的报告"的通知》(合政办〔1994〕145 号)等 13 件规范性文件,宣布《关于印发〈合肥市财务委派人员管理暂行办法〉的通知》(合政〔1999〕26 号)等 10 件规范性文件失效。文件目录如下:

  一、废止的规范性文件

  (一)转发市司法局"关于建立街道联合调解委员会的报告"的通知(合政办〔1994〕145 号)

  (二)转发合肥市司法局关于在全市建设"148"法律服务专线的报告的通知(合政办〔1999〕57 号)

  (三)关于印发《合肥市义务教育阶段乱收费行为责任追究暂行规定》的通知(合政〔2003〕119 号)

  (四)转发市司法局关于开展公职律师试点工作意见的通知(合政办〔2003〕61 号)

  (五)转发市劳动和社会保障局市建管局关于贯彻安徽省建设领域农民

工工资支付保障暂行办法的意见的通知(合政办〔2005〕2号)

(六)转发市卫生局关于合肥市城市社区卫生服务管理办法的通知(合政办〔2005〕50号)

(七)关于市本级行政许可和非许可行政审批项目进入市行政服务中心办理的通知(合政〔2006〕83号)

(八)关于印发《合肥市小额零星项目定点招标暂行规定》的通知(合政办〔2009〕38号)

(略)

二、宣布失效的规范性文件

(一)关于印发《合肥市财务委派人员管理暂行办法》的通知(合政〔1999〕26号)

(二)关于印发《合肥市豆制品生产经营管理暂行规定》的通知(合政〔2002〕205号)

(三)关于加快会展业发展的若干意见(合政〔2004〕68号)

(四)关于加强契税征管工作的通知(合政办〔2005〕15号)

(五)关于进一步加强药品安全监管工作的通知(合政办〔2007〕49号)

(六)关于加强县区国有担保机构管理工作的指导意见(合政办〔2009〕47号)

(七)关于实施33项民生工程的意见(合政〔2010〕1号)

(八)关于调整教育设施配套建设资金提取标准的通知(合政办〔2010〕22号)

(略)

本决定自公布之日起生效。

合肥市人民政府(印章)
2014年4月25日

≫ 简析:这是一份公布性决定(发文字号:合政〔2014〕46号)。第一段写明了发布决定的原因及事项,然后通过"文件目录如下"这一过渡句引出公布的具体内容,最后以决定生效日期作为结束语。

第二节 命　令(令)

一、命令(令)的概念

根据《条例》规定,命令(令)是一种适用于公布行政法规和规章、宣布施行重大强制性措施、批准授予和晋升衔级、嘉奖有关单位和人员的指挥性公文。

命令(令)的发文机关是有严格限制的。《中华人民共和国宪法》和《中华人民共和国地方各级人民代表大会和各级人民政府组织法》规定：国家主席、国务院总理、各部部长、各委员会主任及地方各级人民政府可以发布命令(令),其他机关不得随意发布。

二、命令(令)的特点

(一)法规性

命令(令)的发布者必须是具有发布命令权限的机关,程序性较强。因此,实际上命令(令)就是法令。

(二)权威性

命令(令)来自具有高度权威的机关和领导人,它具有使人信服的力量。虽然命令(令)本身不是法律、法规,但是它可以作为颁布法律、法规的形式,可以确定法规和规章的生效日期、施行范围等,因而具有法律的效力和法定的权威性。

(三)强制性

命令(令)的内容集中体现了国家机关及其执行机关的指挥意图,对受文机关具有极强的约束力和指挥力。它一经发布,有关单位和人员必须无条件地服从和执行,必须"令行禁止"。否则,将受到严肃处理。

(四)严肃性

命令(令)的内容限于对行政法规和规章的发布以及对重大事件或重

要问题、事项的指挥与处理,因此在态度上庄重、严肃,语气上坚决、有力。

三、命令(令)的种类

(一)从发布命令(令)的名义上划分

命令(令)可分为以机关名义发布的和以领导人名义发布的两种。如:《中华人民共和国国务院令》《中华人民共和国主席令》。

(二)从命令(令)内容的性质上划分

命令(令)从内容的性质上可分为发布令、行政令、批准授予和晋升衔级令、嘉奖令。发布令用于公布法律、发布重要行政法规和规章。行政令用于发布施行重大强制性行政措施,其中包括任免令、通缉令、戒严令等。任免令是任命或免除政府重要官员职务时所颁发的命令。这种命令有时单独使用,即只有任职事项或免职事项,称为任职令或免职令,有时在一份命令中同时具有任免事项,称为任免令;通缉令是公安机关根据国家法律规定,动员和组织人民群众共同查找、堵截、追捕在逃犯罪嫌疑人归案而发布的;戒严令是国家或某一地区遇到特殊情况时而采取非常措施所发布的命令。如增设警戒、限制交通等。批准授予和晋升衔级令主要针对军、警、海关等特定岗位。嘉奖令用于对为国家和人民作出显著贡献的人员或单位进行嘉奖。

四、命令(令)的写作

(一)标题

1.发文机关名称/发文机关主要领导人职务+文种

【例1】 安徽省人民政府令

【例2】 中华人民共和国主席令

2.发文机关名称+事由+文种

【例】 国务院关于授予牟新生等277名同志海关关衔的命令

(二)命令期号

一般以签发命令的领导人任期内的发令顺序编号,但也有顺延连排的,如国务院令就一直顺延连排。

(三)正文

1.发布令　要写明公布的是什么法律、法规和规章,什么时间、经过什么机关或会议通过或批准,自什么时候开始执行、实施或生效。如:"××法规和规章已由××会议于×年×月×日通过,现予发布/公布,自×年×月×日起施行。或现予公布实行/实施。"也有的写得更简单,如:"现发布《××××规定》。本规定自发布之日起实行。"

2.行政令

(1)一般行政令　①命令原因,然后加上过渡句:"现发布命令如下";②用"分项式"方法写"行政措施及由谁解释、由谁执行、什么时候生效等",每一项都用序数标明。

(2)任免令　①任免原因,即根据××会议决定;②任免事项,即任命或免除什么人的什么职务。如:"任命××为××职务或免去××的××职务。"

(3)通缉令　①通缉原因,即案情;②被通缉人的特征,包括姓名、别名、绰号、性别、年龄、身高、容貌、口音、衣着、嗜好等;③联系方式,包括联系单位、地址、电话号码、联系人姓名等;④奖励办法;⑤附犯罪嫌疑人近照或画像。这五项内容可根据具体情况增减。

(4)戒严令　①戒严的原因;②戒严的方式、措施及时间;③对人们的要求。

3.批准授予和晋升衔级令　①批准授予和晋升衔级原因,即根据××决定;②批准授予和晋升衔级事项,即批准授予和晋升××人的衔级。

4.嘉奖令　①嘉奖的原因,即介绍被嘉奖者的主要事迹;②嘉奖的方式和事项,一般以"为了……(发文机关)决定:授予××人或××单位××称号"或者"为此,(发文机关)决定:对××人或××单位予以嘉奖";③嘉奖的目的及希望、要求、号召等,即以"希望××再接再厉"或者"号召××向他们学习"等鼓励的词语作为结尾。

(四)落款

在正文右下空两行署上发文机关领导人职务;签发人签名章;在署名下面空一行写上日期。

【例1】
中华人民共和国主席令
第十四号

《全国人民代表大会常务委员会关于修改〈中华人民共和国保险法〉等五部法律的决定》已由中华人民共和国第十二届全国人民代表大会常务委员会第十次会议于2014年8月31日通过,现予公布,自公布之日起施行。

中华人民共和国主席　习近平
2014年8月31日

≫ 简析:这是一份发布性命令。写明了被公布的规章名称,经过什么会议通过以及施行时间。该命令言简意赅,其写作样式为发布令之范式。

【例2】
中华人民共和国国务院令
第655号

依照《中华人民共和国澳门特别行政区基本法》的有关规定,根据澳门特别行政区第四任行政长官选举委员会选举产生的人选,任命崔世安为中华人民共和国澳门特别行政区第四任行政长官,于2014年12月20日就职。

总理　李克强
2014年9月17日

≫ 简析:这是一份由国家最高行政机关颁发的任免令。该命令分两部分:一是发布命令的依据("依照……根据……"),二是命令事项("任命……就职")。该命令言简意赅,其写作样式为任免令之范式。

第三节　公报　公告　通告

※　公　报

一、公报的概念

根据《条例》规定，公报是一种适用于公布重要决定或者重大事项的公文。

公报属于报道性公文，其发布方式没有密级限制，因而带有强烈的新闻色彩，常常通过报纸、电台、电视、网络等媒体公开发布，而不采用红头文件发文，所以也称为"新闻公报"。新闻公报通常由党和政府授权或委托国家通讯机构郑重宣布某项新闻事实，或者对某项政治事件发表声明。它代表着党和政府的立场、态度、主张，是在特定场合使用的具有政治严肃性的新闻体裁。

二、公报的特点

（一）发文机关的权威性

从发布公报的机关来说，公报一般是由党和国家的领导机关或有关主管机关发布，一般的机关、团体、单位不宜使用。

（二）公布内容的重要性

从公报公布的内容来看，也都是国内外关注的涉及国家政治、经济、军事、外交等方面的重大事件、重要决定或者重要数据。一般性的事件、事项不宜使用公报。

（三）写作和发布方式的新闻性

公报的内容类似于最新的消息。因此写作时在时间上要注意把握时效，在形式上无须保密，一般没有主送机关、抄送机关，而是普告天下，采用新闻的笔法。在发布方式上大多通过广播、报纸、网络等媒体发布。

三、公报的种类

(一)从公报的内容上分

1.会议公报 即发布重要会议的基本情况、主要精神、议决事项的公报。

2.新闻公报 即发布党和国家重要决定或者重大事件的公报。

3.统计数据公报 即有关主管机关经过调查、统计,得出有关数据后向社会公布的公报。

4.外交公报 即政党、国家之间就某些重大事件或问题经过会谈、协商后,取得一致意见、签署协定,或者经过谈判达成谅解之后而公布的公报。

(二)从发布的时间上分

1.定期发布的公报 如大多数统计数据公报。

2.不定期发布的公报 如会议公报、新闻公报、外交公报等。

四、公报的写作

(一)标题

1.事由＋文种

【例】 中国共产党总书记胡锦涛与中国国民党主席连战会谈新闻公报

2.会议名称＋文种

【例】 中国共产党第十八届中央委员会第一次全体会议公报

3.地域名称＋事由＋文种

【例】 安徽省环境状况公报

4.国家/政党名称＋联合＋文种

【例】 中华人民共和国和马尔代夫共和国联合新闻公报

(二)题注

题注是指发布公报的机关、公报内容通过的日期或公报发布的日期,位于标题之下正中,用括号括上。也可以同一般公文将日期排在公报的最后。

(三)正文

1. 导语 (1)新闻公报都是开门见山,直接概括新闻事实;(2)会议公报直接介绍会议召开的时间、地点,出席、列席会议的人员、人数,主持人及谁作了讲话等;(3)外交公报一般要先概括介绍两国或两国政党在何时、何地举行会谈及会谈结果;(4)统计数据公报要先写制发公报的原因。

2. 主体 (1)新闻公报要具体详细写明新闻事实,并对此进行评析;(2)会议公报要将会议的过程,如听取了什么、讨论了什么、学习了什么概括写出,然后在理论上进行概括,一般每个自然段通过"会议认为""会议回顾""会议肯定""会议指出""会议强调""会议号召"等语词引出;(3)外交公报一般分条列项逐一叙述双方讨论的问题、达成的共识、交换的意见等;(4)统计数据公报一般是分类列项公布具体数据。

3. 结束语 不是必写内容,可根据情况自定。

【例1】
中国共产党第十八届中央委员会第四次全体会议公报
(2014年10月23日中国共产党第十八届中央委员会第四次全体会议通过)

中国共产党第十八届中央委员会第四次全体会议,于2014年10月20日至23日在北京举行。

出席这次全会的有,中央委员199人,候补中央委员164人。中央纪律检查委员会常务委员会委员和有关方面负责同志列席了会议。党的十八大代表中部分基层同志和专家学者也列席了会议。

全会由中央政治局主持。中央委员会总书记习近平作了重要讲话。

全会听取和讨论了习近平受中央政治局委托作的工作报告,审议通过了《中共中央关于全面推进依法治国若干重大问题的决定》。习近平就《决定(讨论稿)》向全会作了说明。

全会充分肯定党的十八届三中全会以来中央政治局的工作。一致认为,党的十八届三中全会以来,国际形势错综复杂,国内改革发展任务极为繁重,中央政治局全面贯彻党的十八大和十八届一中、二中、三中全会精神,高举中国特色社会主义伟大旗帜,以邓小平理论、"三个代表"重要思想、科学发展观为指导,深入贯彻习近平总书记系列重要讲话精神,团结带领全党全军全国各族人民,统筹国内国际两个大局,牢牢把握稳中求进工作总基调,保持战略定力,以全面深化改革推动各项工作,注重从思想上、制度上谋划涉及改革发展稳定、内政外交国防、治党治国治军的战略性、全局性、长远性问题。中央政治局适应经济发展新常态,创新宏观调控思路和方式,积极破解经济社会发展难题,着力保障和改善民生,基本完成党的群众路线教育实践活动,坚定不移反对腐败,有效应对各种风险挑战,各方面工作取得新成效,党和国家事业发展打开新局面。

全会高度评价长期以来特别是党的十一届三中全会以来我国社会主义法治建设取得的历史性成就,研究了全面推进依法治国若干重大问题,认为全面建成小康社会、实现中华民族伟大复兴的中国梦,全面深化改革、完善和发展中国特色社会主义制度,提高党的执政能力和执政水平,必须全面推进依法治国。

全会提出,面对新形势新任务,我们党要更好统筹国内国际两个大局,更好维护和运用我国发展的重要战略机遇期,更好统筹社会力量、平衡社会利益、调节社会关系、规范社会行为,使我国社会在深刻变革中既生机勃勃又井然有序,实现经济发展、政治清明、文化昌盛、社会公正、生态良好,实现我国和平发展的战略目标,必须更好发挥法治的引领和规范作用。

全会强调,全面推进依法治国,必须贯彻落实党的十八大和十八届三中全会精神,高举中国特色社会主义伟大旗帜,以马克思列宁主义、毛泽东思想、邓小平理论、"三个代表"重要思想、科学发展观为指导,深入贯彻习近平总书记系列重要讲话精神,坚持党的领导、人民当家做主、依法治国有机统一,坚定不移走中国特色社会主义法治道路,坚决维护宪法法律权威,依法维护人民权益、维护社会公平正义、维护国家安全稳定,为实现"两个一百年"奋斗目标、实现中华民族伟大复兴的中国梦提供有力法治保障。

全会提出,全面推进依法治国,总目标是建设中国特色社会主义法治体系,建设社会主义法治国家。这就是,在中国共产党领导下,坚持中国特色社会主义制度,贯彻中国特色社会主义法治理论,形成完备的法律规范体系、高效的法治实施体系、严密的法治监督体系、有力的法治保障体系,形成完善的党内法规体系,坚持依法治国、依法执政、依法行政共同推进,坚持法治国家、法治政府、法治社会一体建设,实现科学立法、严格执法、公正司法、全民守法,促进国家治理体系和治理能力现代化。实现这个总目标,必须坚持中国共产党的领导,坚持人民主体地位,坚持法律面前人人平等,坚持依法治国和以德治国相结合,坚持从中国实际出发。

全会强调,党的领导是中国特色社会主义最本质的特征,是社会主义法治最根本的保证。把党的领导贯彻到依法治国全过程和各方面,是我国社会主义法治建设的一条基本经验。我国宪法确立了中国共产党的领导地位。坚持党的领导,是社会主义法治的根本要求,是党和国家的根本所在、命脉所在,是全国各族人民的利益所系、幸福所系,是全面推进依法治国的题中应有之义。党的领导和社会主义法治是一致的,社会主义法治必须坚持党的领导,党的领导必须依靠社会主义法治。只有在党的领导下依法治国、厉行法治,人民当家做主才能充分实现,国家和社会生活法治化才能有序推进。依法执政,既要求党依据宪法法律治国理政,也要求党依据党内法规管党治党。

  全会明确了全面推进依法治国的重大任务,这就是:完善以宪法为核心的中国特色社会主义法律体系,加强宪法实施;深入推进依法行政,加快建设法治政府;保证公正司法,提高司法公信力;增强全民法治观念,推进法治社会建设;加强法治工作队伍建设;加强和改进党对全面推进依法治国的领导。

  全会提出,法律是治国之重器,良法是善治之前提。建设中国特色社会主义法治体系,必须坚持立法先行,发挥立法的引领和推动作用,抓住提高立法质量这个关键。(略)

  全会提出,法律的生命力在于实施,法律的权威也在于实施。各级政府必须坚持在党的领导下、在法治轨道上开展工作,加快建设职能科学、权责法定、执法严明、公开公正、廉洁高效、守法诚信的法治政府。(略)

  全会提出,公正是法治的生命线。司法公正对社会公正具有重要引领作用,司法不公对社会公正具有致命破坏作用。必须完善司法管理体制和司法权力运行机制,规范司法行为,加强对司法活动的监督,努力让人民群众在每一个司法案件中感受到公平正义。(略)

  全会提出,法律的权威源自人民的内心拥护和真诚信仰。人民权益要靠法律保障,法律权威要靠人民维护。必须弘扬社会主义法治精神,建设社会主义法治文化,增强全社会厉行法治的积极性和主动性,形成守法光荣、违法可耻的社会氛围,使全体人民都成为社会主义法治的忠实崇尚者、自觉遵守者、坚定捍卫者。(略)

  全会提出,全面推进依法治国,必须大力提高法治工作队伍思想政治素质、业务工作能力、职业道德水准,着力建设一支忠于党、忠于国家、忠于人民、忠于法律的社会主义法治工作队伍。(略)

  全会强调,党的领导是全面推进依法治国、加快建设社会主义法治国家最根本的保证。必须加强和改进党对法治工作的领导,把党的领导贯彻到全

面推进依法治国全过程。(略)

全会分析了当前形势和任务,强调全党同志要把思想和行动统一到中央关于全面深化改革、全面推进依法治国重大决策部署上来,审时度势、居安思危,既要有抓住和用好重要战略机遇期推进改革发展的战略定力,又要敏锐把握国内外环境的变化,以钉钉子精神,继续做好保持经济持续健康发展工作,继续做好改善和保障民生特别是帮扶困难群众工作,继续做好作风整改工作,继续做好从严治党工作,继续做好保持社会和谐稳定工作,为明年开局打好基础。

全会按照党章规定,决定递补中央委员会候补委员马建堂、王作安、毛万春为中央委员会委员。

全会审议并通过了中共中央纪律检查委员会关于李东生、蒋洁敏、王永春、李春城、万庆良严重违纪问题的审查报告,审议并通过了中共中央军事委员会纪律检查委员会关于杨金山严重违纪问题的审查报告,确认中央政治局之前作出的给予李东生、蒋洁敏、杨金山、王永春、李春城、万庆良开除党籍的处分。

全会号召,全党同志和全国各族人民紧密团结在以习近平同志为总书记的党中央周围,高举中国特色社会主义伟大旗帜,积极投身全面推进依法治国伟大实践,开拓进取,扎实工作,为建设法治中国而奋斗!

》 简析:这是一篇会议公报。前四段是该文的导语,简介了会议的名称、时间、地点、出席人、列席人、主持人、发言人、审议通过的文件等;第五至第二十段是公报的主体部分,其中第五至第十七段重点阐述了这次会议的中心议题,即依法治国;第十八至第十九段是会议通过的对党的干部任免及处分事项;最后一段是结束语。

【例2】
加强互联互通伙伴关系对话会联合新闻公报
(2014年11月8日,北京)

我们,中华人民共和国主席习近平、孟加拉人民共和国总统哈米德、柬埔寨王国首相洪森、老挝人民民主共和国主席朱马里、蒙古国总统额勒贝格道尔吉、缅甸联邦总统吴登盛、巴基斯坦伊斯兰共和国总理谢里夫、塔吉克斯坦共和国总统拉赫蒙,于2014年11月8日在北京举行加强互联互通伙伴关系对话会。会议由中华人民共和国主席习近平主持。联合国亚太经社会执行秘书阿赫塔尔、上海合作组织秘书长梅津采夫参加会议。

我们认为,经济建设和改善民生是亚洲各国的优先任务,深化亚洲各国经济合作与和平发展、推进区域一体化是亚洲人民的共同意志。当前,国际金融危机影响犹存,外部需求不足,对资本、市场和技术的竞争日趋激烈,亚洲国家面临不进则退的压力。在此形势下,互联互通有利于寻找新增长点和培育新竞争优势,是亚洲合作与持续繁荣的新动力。

我们赞赏地注意到,亚太经合组织第二十二次领导人非正式会议将于2014年11月10日至11日在北京举行,并将讨论全方位基础设施与互联互通建设问题。我们期待会议制订亚太经合组织互联互通蓝图,支持亚太经合组织继续致力于本地区互联互通并作出新的贡献。

我们认为,互联互通是时代潮流,也是亚洲国家的共同需要,应覆盖亚洲所有国家,使本地区所有国家和人民公平受益。只有各国政府、国际和区域组织、私营部门和广大民众共同参与,亚洲才能实现全方位、高水平的互联互通。

我们指出,发展中国家特别是内陆国家在互联互通方面面临运输和贸易成本高以及资金、技术、自然条件等多方面制约,国际社会包括过境国应充分考虑上述国家的特殊需要和困难,加大支持力度。

我们认为,21世纪亚洲互联互通是"三位一体"的联通,包括交通基础设施的硬件联通,规章制度、标准、政策的软件联通,以及增进民间友好互信和文化交流的人文联通,涵盖政策沟通、设施联通、贸易畅通、资金融通和民心相通五大领域。基础设施建设是互联互通的基础和优先。

我们认为,互联互通是亚洲各国的共同事业,当前既面临难得历史机遇,也存在不少挑战。我们决心加强互联互通伙伴关系,深化务实合作,谋求共同发展:

——加大交通等基础设施建设力度,实现亚洲国家的联动发展。我们认为,亚洲各国发展战略和基建规划对接,可以发挥比较优势和后发优势,在全球供应链、产业链和价值链中占据有利位置,提高综合竞争力,实现强劲、可持续、平衡增长。我们可以通过加强物流和交通运输基础设施合作,促进地区货物和商品过境运输,扩大地区生产网络,深化区域经济合作。

——坚持开放的区域主义,塑造开放的亚洲经济格局。我们鼓励域内外国家加强合作,各尽其能,优势互补,利益共享,不搞封闭性集团,不针对第三国。当务之急是协商解决影响互联互通的制度和标准问题,切实降低人员、商品、资金跨境流动的成本与时间。在此过程中,应尊重各国主权和领土完整,照顾各方舒适度,不强人所难,不干涉他国内政。

——坚持以人为本和发展导向,实现亚洲人民繁荣和幸福的梦想。我们认为,互联互通应与亚洲国家政治、经济、社会、文化、生态等重大发展战略相结合,产业升级、创造就业和消除贫困并行推进,特别重视帮助基层民众摆脱贫困,增加收入,解决用电、饮水、医疗、教育等现实问题,提高亚洲各国人民的幸福指数。

——完善体制和机制,打造亚洲特色的合作平台。我们赞赏亚太经合组织、联合国亚太经社会、上海合作组织、东南亚国家联盟、南亚区域合作联盟、经济合作组织、世界银行、亚洲开发银行等有关国际和区域组织为促进亚洲互联互通开展的工作和取得的成果。希望各机制分工协作,优势互补,形成合力。我们将继续保持政府间沟通协调,同时动员各方面力量,建立私营部门、智库和学术机构等广泛参与的合作网络。

我们支持着力解决基础设施互联互通的资金瓶颈问题,创新融资机制。作为对世界银行、亚洲开发银行等现有金融机构的有益补充,我们支持中国等有关国家共同成立亚洲基础设施投资银行。

我们支持丝绸之路经济带和21世纪海上丝绸之路("一带一路")倡议。该倡议深受历史启迪又有鲜明时代特色,与亚洲互联互通建设相辅相成,将为沿线国家增进政治互信、深化经济合作和密切民间往来及文化交流注入强大动力,具有巨大合作潜力和广阔发展前景。我们欢迎并赞赏中国宣布成立丝路基金,为亚洲国家参与互联互通合作提供投融资支持。

我们致力于共商、共建、共享"一带一路"。"一带一路"源于亚洲,应以亚洲国家为重点方向,优先关注和实现亚洲的互联互通;以陆路经济走廊和海上经济合作为依托,建立亚洲互联互通基本框架;以交通基础设施为突破,实现亚洲互联互通早期收获;以人文交流为纽带,夯实亚洲互联互通的社会根基。

我们注意到蒙古国提出的"草原之路"倡议,相信这一倡议将对加强欧亚互联互通发挥积极作用。

我们支持联合国亚太经社会发展基于亚洲高速公路和泛亚铁路网络的一体化协同联运系统,这将有助于区域互联互通的可持续性。我们也支持联合国亚太经社会提出的亚太信息高速公路倡议,该倡议旨在连接各国的主干网络并将其整合为陆海一体的光纤基础设施。

我们认为,世界已迈入经济全球化、政治多极化、文化多样化和社会信息化时代,所有国家既独立自主又命运攸关,相互依存。互联互通伙伴关系是亚洲各国伙伴关系的重要组成部分,也是亚洲发展和命运共同体建设的应有之义。我们呼吁亚洲各国加强合作,不断提高亚洲互联互通水平,为实现亚洲持久发展和繁荣而共同努力。

》简析：这是一份外交公报，由参会的几方共同发布。第一段是导语，介绍了参加会议的各国领导、两个国际组织的秘书长，以及会议的时间、地点等；从第二段开始是公报的主体部分，介绍了参加会议几方达成的共识。

※ 公　告

一、公告的概念

根据《条例》规定，公告是一种适用于向国内外宣布重要事项或者法定事项的公文。

公告通常由国家行政管理机关、人大、司法机关及新华社等，通过报纸、杂志、电台、电视台、网络等新闻媒体发布，或者在专用公告栏中张贴。但是目前社会上乱用公告的现象十分严重，很多没有使用"公告"这个文种资格的单位且文件内容又是一般事项的，也以公告的形式在媒体上公布或随便张贴。比如：商品展销公告、商店开业公告、不准养狗公告、出租公告、承包公告等等，这种现象有损于公告的权威性，应当及时纠正，使公告的严肃性真正体现出来。

二、公告的特点

（一）作者的限定性

公告的作者一般由党和国家的高层领导机关、权力机关、行政管理机关、司法机关等制发，其他机关、单位不能随意制发。

（二）内容的重要性

从公告的事项内容上来看，它或者体现了党和国家的政策精神、法律法规，或者是重要的国事，因而其影响和意义是重大而深远的。

（三）措辞的慎重性

公告的措辞和语体是审慎、严谨和郑重的。因为公告既是国家形象的象征，也是各级管理机关原则性和权力的体现，因而要求措辞得体，文势明快，表意完整。

（四）内容的单一性

公告要求一事一文，内容单一。

（五）发布的广泛性

公告发布的广泛性，一是指发布的范围是广泛的，既向国内又向国外；二是指受文的对象是广泛的，它没有特定的受文对象，而是面向国内外公众。

（六）发布方式的多样性

公告可以在公告栏中张贴，也可以通过政府网站、报纸、杂志、广播、电视等媒体发布。

三、公告的种类

（一）重大事项性公告

这种公告是指向国内外告知重大事项、重要事件，有时还提出需要遵守的事项或要求的公告。

（二）发布性公告

这种公告是指权力机关或行政管理机关依据国家有关法律、法令和行政法规发布法律、法规的公告。

（三）职务任免公告

这种公告是指向国内外宣布任免国家重要领导人职务或审查确认人民代表资格的公告。

四、公告与公报的区别

1.公告涉及的是重大事项和法定事项，公报涉及的则是关乎国家各方面工作的重大事项和重要决定，内容涵盖的范围更加广泛。

2.公告公布的内容简明扼要，公报公布的内容具体详细，带有新闻报道的性质。

五、公告的写作

(一)标题

1. 发文机关+事由+文种

【例】 中国人民银行关于开展全球法人机构识别编码国内注册工作的公告

2. 发文机关+文种

【例】 安徽省人民代表大会常务委员会公告

(二)发文期号

即公告在一年中的发文顺序号,或一届会议所发公告的顺序号。

(三)正文

1. 公告原因　即为什么发布公告。

2. 公告事项　即公告的主要内容,这部分不要求分析、评论,如果内容较多,可以分条列项来写。

3. 公告结语　一般另起一行,写"特此公告""现予公告"。也可不写结语。

(四)落款

在正文右下方署上发文机关的名称,在署名的下一行写上日期。

【例1】

全国人民代表大会常务委员会公告
〔十二届〕第七号

吉林省人大常委会接受了田玉林提出辞去第十二届全国人民代表大会代表职务,四川省人大常委会接受了何华章提出辞去第十二届全国人民代表大会代表职务。依照代表法的有关规定,田玉林、何华章的代表资格终止。

第十二届全国人民代表大会代表孔垂柱因病去世,孔垂柱的代表资格自然终止。

截至目前,第十二届全国人民代表大会实有代表2974人。

特此公告。

全国人民代表大会常务委员会(印章)
2014年8月31日

>> 简析:这是一份国家权力机构确认代表资格的公告,属于法定事项性公告。正文前三段写明公告原因、事项,第四段是结束语。

【例2】

公安部关于启用电子往来港澳通行证的公告
××号

  为进一步便利内地居民往来港澳地区,提高往来港澳通行证、签注的签发和查验效率,增强证件防伪性能,公安部决定启用2014版往来港澳通行证(以下简称新版通行证)。现就有关事项公告如下:

  一、新版通行证为参照有关国际标准设计印制的卡式证件,采用多项物理防伪和数字安全技术。

  二、新版通行证正面打印持证人个人资料以及证件签发管理信息,背面打印往来港澳签注等信息。签注信息可由证件签发机关重复擦写。新版通行证不再附发贴纸式签注。

  三、新版通行证内嵌非接触式集成电路芯片,存储持证人个人资料、指纹及证件、签注签发管理等信息。

  四、根据《中华人民共和国出境入境管理法》的规定,经国务院批准,申领新版通行证应当按规定向公安机关留存指纹信息。已经留存指纹信息并符合内地和港澳地区主管部门规定条件的持证人,可以在出入境时使用自助查验通道办理出入境手续。

  五、新版通行证有效期分为5年和10年。申请人年满16周岁的,签发10年有效通行证;未满16周岁的,签发5年有效通行证。

  六、新版通行证及签注的收费标准不变。

  七、持用新版通行证出入境时,内地边检机关查验后不再加盖出境、入境验讫章,持证人出入境和签注使用情况由芯片和信息系统记录、管理。有需要的持证人可向主管部门查询签注剩余有效次数等信息。

  八、新版通行证使用过程中应注意避免弯折、刮擦、水浸以及强光、强磁场或高热环境。

  九、新版通行证启用后,仍在有效期内的现行本式往来港澳通行证及贴纸式往来港澳签注可以继续使用。持用现行本式往来港澳通行证的,可以继续申请贴纸式往来港澳签注,也可以申请换发新版通行证。

  十、全国公安机关自2014年9月15日起开始受理新版通行证的申请,同时停止受理现行本式往来港澳通行证的申请。广东省公安机关自2014年5

月 20 日起试点签发的新版通行证继续有效。

特此公告。

附件:1. 新版通行证、签注式样及防伪说明
　　　2. 新版通行证机读码规则

公安部(印章)

2014 年 9 月 5 日

>> 简析:这是一份重要事项性公告。第一段交代了发布公告的原因,然后通过"现就有关事项公告如下"引出公告事项。该公告的内容条款较多,采用了条文式结构,条理清晰。

※ 通　告

一、通告的概念

根据《条例》规定,通告是一种适用于在一定范围内公布应当遵守或者周知的事项的周知性公文。

二、通告的特点

(一)内容的规定性

通告的制发主体通常是具有一定权限和一定管理职能的行政机关或权力机关。内容主要在于对某些事项作出行政性规定和法规性的限制,要求人们遵守或知晓。

(二)公布范围的地域性

通告是在一定范围内公布应当遵守或者周知的事项,因而具有周知性。但这里的"周知"往往是相对的,有地域范围的限制。它所告知的对象大到国家范围,小到某个单位内部区域,凡与通告内容相关人员都是通告所告知的对象。

(三)内容的单一性

一份通告,其内容只能写一件事项,即一事一文。

(四)事项的具体性

通告在写作上要求内容具体,叙述、说明清楚,便于被告知者知晓。

(五)发布形式的多样性

通告的发布方式既可以按一般公文方式行文,也可以在某些场所张贴,还可以借助媒体在广播里宣读,在报纸、电视、因特网上发布。

三、通告的种类

(一)周知性通告

周知性通告包括事项性周知性通告和办理性周知性通告两种。在行文上一般不使用正式的文头,公布的方式也较为灵活,可借助于媒体、网络,也可张贴。

(二)规范性通告

即令行禁止类的通告。其内容是对某些事项作出行政性规定或法规性限制,要求一定范围内的机关单位或有关人员遵守执行。这类通告在行文上经常使用正式的文件格式。

四、通告与公告的区别

(一)公布的事项不同

通告用于公布应当遵守、办理的事项,或者一般性周知的事项,事项可大可小,大都具有规范性和专门性;公告则用于宣布重大事件或法定事项,大都具有庄重性和新闻性。

(二)公布的范围不同

通告在国内一定范围内公布,而公告是向国内外公布。

(三)发文机关不同

通告的发布不受限制,可由各级政府机关发布,也可由企事业单位或某职能部门发布;而公告只能由国家管理机关、权力机关或者授权某新闻媒体发布。

(四)发文方式不同

通告可以用文件的形式发布,也可以用张贴的方式或通过媒体发布,而公告多是通过媒体发布。

五、通告的写作

(一)标题

发文机关+事由+文种

【例】 国家药品监督管理局 公安部
关于联合打击制售假劣药品医疗器械违法犯罪活动的通告

(二)主送机关

主送机关即通告的受文机关或个人,也可不写。

(三)正文

1.通告原因 即发布通告的依据和目的。通告原因在语言上要求概括、简明,句末用"特通告如下"或"现将有关事项通告如下"等惯用语引起下文。

2.通告事项 即通告的主体部分,周知性通告要具体写明通告的有关事项或有关规定。如果内容较多,可采用分条列项的写法。规范性通告的事项一般都采用分条列项式,以便阅读和理解。

3.通告结语 有的告知通告内容施行的时间及范围,如"本通告自某年某月某日起施行";有的发出希望和号召;有的直接以"特此通告"作结。通告结语不是必写内容。

4.落款 以正式文件形式发出的通告,落款与一般文件相同;张贴或利用媒体发布的通告须标注发布通告的机关名称和领导签发的时间。

【例1】

合肥市环境保护局　合肥市公安局
关于新购柴油车实施国家第四阶段排放标准的通告

为进一步改善我市大气环境质量,保障人民身体健康,根据环境保护部《关于实施国家第四阶段车用压燃式发动机与汽车污染物排放标准的公告》(2011年第92号)、《合肥市机动车排气污染防治办法》(政府令第171号)及公安部机动车管理等有关规定,现就新购柴油车实施第四阶段国家机动车排放标准(以下简称国Ⅳ排放标准)的有关事项通告如下:

一、自2014年8月1日起,在本市销售、首次注册登记的新购柴油车必须符合国Ⅳ排放标准。不符合国Ⅳ排放标准的,公安交管部门不予办理注册登记手续。

二、在2014年8月1日前已购买但未办理注册登记的国Ⅲ排放标准的柴油车,可在9月1日前凭8月1日前开具的车辆购车发票及其他办理注册登记的所需材料,办理车辆注册登记手续,逾期则不予办理。

三、各机动车制造和销售企业应当根据本通告,组织安排生产和销售计划。各销售企业应当在经营场所,明示本通告的有关内容,履行向购车者告知通告有关规定的义务,并在与购车者签订购销合同时,予以书面提示。

四、本通告所称国Ⅳ排放标准指《车用压燃式、气体燃料点燃式发动机与汽车排气污染物排放限值及测量方法(中国Ⅲ、Ⅳ、Ⅴ阶段)》(GB17691—2005)中的第四阶段控制要求。

五、机动车环保达标车型公告可登陆中国环境保护部网站(www.zhb.gov.cn)进行查询,具体车型目录可登录机动车环保网(www.vecc-mep.org.cn)进行查询。

六、国家或地方有新规定的,按新规定执行。

七、本通告自2014年8月1日起实施。

长丰、肥西、肥东、庐江、巢湖四县一市一并执行。

合肥市环境保护局(印章)　合肥市公安局(印章)
2014年7月9日

》简析:这是一份由政府部门联合发布的具有法规性质的规范性通告(发文字号:合环〔2014〕99 号)。第一段即通告的原因及依据,并用过渡句"现就……有关事项通告如下"引出通告事项。事项的最后说明该通告的实施时间及施行范围。

【例 2】
<h3 style="text-align:center">滁州市人民政府关于试鸣防空警报的通告</h3>

根据《中华人民共和国人民防空法》规定,为增强全民国防意识,检验防空警报系统的性能和效果,按照省政府统一部署,市政府定于 2014 年 9 月 18 日上午 9:18—9:37,试鸣防空警报。现将有关事项通告如下:

一、试鸣防空警报分为预先警报、空袭警报、解除警报三个阶段,其中:

预先警报鸣 36 秒,停 24 秒,反复 3 次为一个周期;

空袭警报鸣 6 秒,停 6 秒,反复 15 次为一个周期;

解除警报一次连续鸣 3 分钟。

届时,滁州市电视台同步发放防空警报信号。

二、试鸣期间,请广大市民保持镇静,维持正常的工作、学习和生产生活秩序。试鸣结束后,有关部门将进行试鸣效果调查,请予配合。

三、对扰乱试鸣秩序、违反社会治安管理的行为,依照《中华人民共和国治安管理处罚法》进行处罚;构成犯罪的,依法追究刑事责任。

滁州市人民政府(印章)
2014 年 8 月 28 日

》简析:这是一份由人民政府发布的周知性通告(发文字号:滁政〔2014〕72 号)。第一部分即将通告的原因、依据、事项告知全市市民,第二部分详细告知事项过程,第三部分提出要求,充分体现了人民政府为人民着想的工作态度。最后作出禁止性规定,体现了该通告的严肃性。

第四节 通知 通报

※ 通　知

一、通知的概念

根据《条例》规定,通知是一种适用于发布、传达要求下级机关执行和有关单位周知或者执行的事项,批转、转发公文的周知性公文。

二、通知的特点

(一)告知性

通知是知照性公文,它告知相关单位、个人应该做什么、为什么做,并提出做的要求。

(二)广泛性

通知是使用频率高、范围广的文种。主要体现在以下几方面:(1)可以用来处理多种公务;(2)作者广泛,没有层次限制;(3)主要作为下行文,但也可以作为平行文,向非隶属机关发文。因此,它流向广泛,具有普发性。

(三)执行性

通知多作下行文使用,不管是直发公文还是批转、转发公文,其内容都是要求下属单位学习、讨论或执行、办理;下属单位收到后都要服从通知的安排;当它作为平行文使用时,也要求收文单位了解或办理,所以,它的执行性很强。

(四)单纯性

一份通知一般只布置或通报一件工作事项,因此内容单纯。

三、通知的种类

（一）批示性通知

批示性通知有两种：(1)批转性通知，即把下级机关的公文加批示意见后以通知的形式下发。(2)转发性通知，即把上级机关、平行机关或不相隶属机关的公文，加意见后以通知的形式转发下去。

（二）发布性通知

即职能机关以通知的形式发布规定、办法和条例等规章，印发有关文件，并加说明性文字，要求受文机关遵照执行。发布性通知与批转/转发性通知比较相似，它们的区别是，发布性通知绝大部分发布的是法规类文件，批转/转发性通知批转/转发的则是常用的各类法定公文。

（三）指示性通知

即上级机关向下属机关传达领导意图或部署工作、交代任务而发的，内容又不适于用"决定"或"指示"的通知。

（四）事项性通知

这种通知用于上级机关对要求执行的具体事项制定办法、规定，对某些具体问题作出决定和处理意见，以便下级机关办理或遵循，或需要知道。

（五）告谕性通知

这种通知是向有关单位或部门、个人传达有关事项、情况，如建立或调整机构、人事任免、启用或更换印章、召开会议等，使对方知晓，便于工作。

四、通知的写作

（一）标题

1.批示性通知的标题
发文机关＋批转/转发＋被批转/转发文件的题名＋文种

【例1】 国务院批转发展改革委关于2014年深化经济体制改革重点任

务意见的通知

【例2】 国务院办公厅转发国家统计局关于加强和完善部门统计工作意见的通知

2. 发布性通知的标题

发文机关＋关于发布/关于颁布/关于印发/关于实施＋原文件名称（要加书名号）＋文种

【例】 安徽省人民政府办公厅关于印发《安徽省食品安全违法行为举报奖励暂行办法》的通知

3. 指示性、事项性、告谕性通知的标题

(1)发文机关＋事由＋文种

【例】 合肥市人民政府关于公布第四批市级行政审批事项清理结果的通知

(2)发文机关＋事由＋紧急＋文种

【例】 安徽省人民政府办公厅关于切实做好夏季高温堆肥工作的紧急通知

（二）主送机关

主送机关即通知的受文机关。一般发到单位，告谕性通知还可以发给个人。

（三）正文

1. 批转/转发性通知的正文　即"批示意见"，一般比较简短，包括发文的缘由、执行要求两大部分。即"××（发文机关）同意××单位《×××××××××》，现转发给你们，请结合实际情况，认真贯彻执行/参照执行/遵照执行/研究执行"。或"××（发文机关）同意××单位《××××××》，现转发给你们，请认真贯彻执行/参照执行/遵照执行/研究执行"。或"现将《××××××》转发给你们，请结合实际情况，认真贯彻执行"等。有的批转/转发性通知的正文还加上一段具体的指示性意见。

2. 发布性通知的正文　包括发布缘由、执行要求两部分。即写明发布行政法规和规章的名称、说明性文字、执行要求即可。即"《×××××××××》已经××批准，现印发给你们，请认真贯彻执行"。或"《××××××××××××》已经×年×月×日××××××××会议通过，现予发布实施"。或"现将《××××××××××》发给你们,自×年×月×日起施行"等等。

3. 指示性、事项性、告谕性通知的正文　可以分三部分写,即通知缘由、通知事项和结尾。(1)缘由部分,即发出通知的依据或目的,也可以写发出通知的意义,文字应力求简短概括,然后用过渡句"特作如下通知"/"特通知如下",转入通知事项。(2)通知事项,大都采用分条列项法,具体地提出要求、措施、办法。(3)结尾,一般用"特此通知"结尾,也可省略。

(四)落款

署发文机关名称、成文日期并加盖印章。

【例1】

国务院关于全面建立临时救助制度的通知

各省、自治区、直辖市人民政府,国务院各部委、各直属机构:

为贯彻落实党的十八大和十八届二中、三中全会精神,进一步发挥社会救助托底线、救急难作用,解决城乡困难群众突发性、紧迫性、临时性生活困难,根据《社会救助暂行办法》有关规定,国务院决定全面建立临时救助制度。现就有关问题通知如下:

一、充分认识全面建立临时救助制度的重要意义

党和政府高度重视社会救助工作。多年来,以最低生活保障、特困人员供养、受灾人员救助等基本生活救助和医疗、教育、住房、就业等专项救助制度为支撑的社会救助体系基本建立,绝大多数困难群众得到了及时、有效的救助。同时,社会救助体系仍存在"短板",解决一些遭遇突发性、紧迫性、临时性生活困难的群众救助问题仍缺乏相应的制度安排,迫切需要全面建立临时救助制度,发挥救急难功能,使城乡困难群众基本生活都能得到有效保障,兜住底线。

(略)

二、明确建立临时救助制度的目标任务和总体要求

临时救助制度要以解决城乡群众突发性、紧迫性、临时性基本生活困难问题为目标,通过完善政策措施,健全工作机制,强化责任落实,鼓励社会参与,增强救助时效,补"短板"、扫"盲区",编实织密困难群众基本生活安全网,切实保障困难群众基本生活权益。

临时救助制度实行地方各级人民政府负责制。县级以上地方人民政府民政部门要统筹做好本行政区域内的临时救助工作,卫生计生、教育、住房城

乡建设、人力资源社会保障、财政等部门要主动配合,密切协作。

国务院民政部门统筹全国临时救助制度建设。国务院民政、卫生计生、教育、住房城乡建设、人力资源社会保障、财政等部门,按照各自职责做好相关工作。(略)

三、临时救助制度的主要内容

临时救助是国家对遭遇突发事件、意外伤害、重大疾病或其他特殊原因导致基本生活陷入困境,其他社会救助制度暂时无法覆盖或救助之后基本生活暂时仍有严重困难的家庭或个人给予的应急性、过渡性的救助。

(一)对象范围。

家庭对象。因火灾、交通事故等意外事件,家庭成员突发重大疾病等原因,导致基本生活暂时出现严重困难的家庭;因生活必需支出突然增加超出家庭承受能力,导致基本生活暂时出现严重困难的最低生活保障家庭;遭遇其他特殊困难的家庭。

个人对象。因遭遇火灾、交通事故、突发重大疾病或其他特殊困难,暂时无法得到家庭支持,导致基本生活陷入困境的个人。其中,符合生活无着的流浪、乞讨人员救助条件的,由县级人民政府按有关规定提供临时食宿、急病救治、协助返回等救助。

因自然灾害、事故灾难、公共卫生、社会安全等突发公共事件,需要开展紧急转移安置和基本生活救助,以及属于疾病应急救助范围的,按照有关规定执行。

(略)

(二)申请受理。

依申请受理。凡认为符合救助条件的城乡居民家庭或个人均可以向所在地乡镇人民政府(街道办事处)提出临时救助申请;受申请人委托,村(居)民委员会或其他单位、个人可以代为提出临时救助申请。(略)

主动发现受理。乡镇人民政府(街道办事处)、村(居)民委员会要及时核实辖区居民遭遇突发事件、意外事故、罹患重病等特殊情况,帮助有困难的家庭或个人提出救助申请。(略)

(三)审核审批。

一般程序。乡镇人民政府(街道办事处)应当在村(居)民委员会协助下,对临时救助申请人的家庭经济状况、人口状况、遭遇困难类型等逐一调查,视情组织民主评议,提出审核意见,并在申请人所居住的村(居)民委员会张榜

公示后,报县级人民政府民政部门审批。(略)

紧急程序。对于情况紧急、需立即采取措施以防止造成无法挽回的损失或无法改变的严重后果的,乡镇人民政府(街道办事处)、县级人民政府民政部门应先行救助。紧急情况解除之后,应按规定补齐审核审批手续。

(四)救助方式。

对符合条件的救助对象,可采取以下救助方式:

发放临时救助金。各地要全面推行临时救助金社会化发放,按照财政国库管理制度将临时救助金直接支付到救助对象个人账户,确保救助金足额、及时发放到位。必要时,可直接发放现金。

发放实物。根据临时救助标准和救助对象基本生活需要,可采取发放衣物、食品、饮用水,提供临时住所等方式予以救助。对于采取实物发放形式的,除紧急情况外,要严格按照政府采购制度的有关规定执行。

提供转介服务。对给予临时救助金、实物救助后,仍不能解决临时救助对象困难的,可分情况提供转介服务。对符合最低生活保障或医疗、教育、住房、就业等专项救助条件的,要协助其申请;对需要公益慈善组织、社会工作服务机构等通过慈善项目、发动社会募捐、提供专业服务、志愿服务等形式给予帮扶的,要及时转介。

(五)救助标准。

临时救助标准要与当地经济社会发展水平相适应。县级以上地方人民政府要根据救助对象困难类型、困难程度,统筹考虑其他社会救助制度保障水平,合理确定临时救助标准,并适时调整。临时救助标准应向社会公布。省级人民政府要加强对本行政区域内临时救助标准制定的统筹,推动形成相对统一的区域临时救助标准。

四、建立健全临时救助工作机制

(一)建立"一门受理、协同办理"机制。

各地要建立"一门受理、协同办理"机制,依托乡镇人民政府(街道办事处)政务大厅、办事大厅等,设立统一的社会救助申请受理窗口,方便群众求助。(略)

(二)加快建立社会救助信息共享机制。

各级政府要建立社会救助管理部门之间的信息共享机制,充分利用已有资源,加快建设社会救助管理信息系统,实现民政与卫生计生、教育、住房城乡建设、人力资源社会保障等部门的信息共享。(略)

(三)建立健全社会力量参与机制。

要充分发挥群众团体、社会组织尤其是公益慈善组织、社会工作服务机构和企事业单位、志愿者队伍等社会力量资源丰富、方法灵活、形式多样的特点,通过委托、承包、采购等方式向社会力量购买服务,鼓励、支持其参与临时救助。要动员、引导具有影响力的公益慈善组织、大中型企业等设立专项公益基金,在民政部门的统筹协调下有序开展临时救助。(略)

(四)不断完善临时救助资金筹集机制。

地方各级人民政府要将临时救助资金列入财政预算;省级人民政府要优化财政支出结构,切实加大临时救助资金投入;城乡居民最低生活保障资金有结余的地方,可安排部分资金用于最低生活保障对象的临时救助支出。中央财政对地方实施临时救助制度给予适当补助,重点向救助任务重、财政困难、工作成效突出的地区倾斜。

五、强化临时救助制度实施的保障措施

(一)加强组织领导。(略)

(二)加强能力建设。(略)

(三)加强监督管理。(略)

(四)加强政策宣传。(略)

国家选择有特点、有代表性的区域进行"救急难"工作综合试点,在体制机制、服务方式、信息共享、财政税费等方面进行探索创新,先行先试,为不断完善临时救助制度,全面开展"救急难"工作提供经验。省级人民政府要根据本通知要求,结合实际,抓紧制定配套落实政策,国务院相关部门要根据本部门职责,抓紧制定具体政策措施。民政部、财政部要加强对本通知执行情况的监督检查,及时向国务院报告。国务院将适时组织专项督查。

国务院(印章)

2014 年 10 月 3 日

>> 简析:这是一份指示性通知(发文字号:国发〔2014〕47 号),第一段写明了通知的原因,然后用过渡句"现就有关问题通知如下"引出通知事项。事项的第一部分论述了全面建立临时救助制度的重要意义,第二至第四部分阐明工作目标、任务、要求、工作内容以及建立健全临时救助工作机制,最后部分提出了四点保障措施,这种层层递进的写作方式是典型的指示性公文范式。

【例2】
国务院办公厅关于做好2014年国庆期间旅游工作的通知

各省、自治区、直辖市人民政府，国务院有关部门：

2014年国庆节即将到来，为深入贯彻《中华人民共和国旅游法》，做好国庆期间旅游工作，根据国务院旅游工作部际联席会议第一次全体会议精神，经国务院批准，现将有关事项通知如下：

一、落实地方政府的责任

县级以上地方人民政府应当依法承担对本行政区域旅游发展和监督管理进行统筹协调的职责，切实履行统一负责本行政区域旅游安全工作的责任。要逐级落实旅游安全的政府领导责任、部门监管责任和企业主体责任，充分发挥地方政府、旅游业组织者、实施者、管理者的作用，扎扎实实做好国庆期间旅游各项工作，实现"安全、秩序、质量、效益"四统一的工作目标。

二、认真抓好旅游安全工作

要层层落实旅游安全工作责任制，确保责任到具体单位和人员；严格执行国庆期间各类旅游节庆活动的安全审查和管理制度，认真落实"谁主办、谁负责，谁审批、谁管理"的原则，严防发生群死群伤事故；进一步完善各类突发公共事件应急预案，做到一旦发生问题能够快速反应，保证信息畅通、快速跟进、措施到位，将损失和影响降到最低程度。

三、切实提升旅游服务质量

地方各级人民政府要积极采取信息发布、门票预约、在关键交通节点进行疏导等方式加强客流疏导。引导旅游接待单位开展诚信服务、文明服务，提高信息咨询、运输售票、住宿餐饮、导览参观、医疗卫生等服务质量和水平。要开展联合执法，加强旅游市场监管，查处各种非法经营行为，严厉打击哄抬价格、以次充好、强迫或变相强迫消费、不履行合同约定义务等违法违规行为。

四、加强信息通报和应急值守

地方各级人民政府要向社会公布国庆期间旅游投诉和咨询电话，严格执行24小时值班和领导带班制度，重点旅游城市和景区景点主要负责同志要亲自带班。要建立专门的信息渠道，及时搜集、整理、汇总、发布相关信息。遇有重大安全或群体性事件，要按规定及时报告并妥善处置。

五、各部门要各负其责

国务院旅游工作部际联席会议是议事协调机构，落实国务院关于假期旅游工作的相关要求，关键是各部门的工作要到位。各有关部门要严格依照法律法规和有关规定,忠实履行职责,切实做好本部门国庆期间旅游相关工作,加强对本系统的业务指导和督促检查,并及时掌握本行业的运行情况。要加强部门间的协同配合,共同维护国庆期间旅游市场秩序,保护旅游者的合法权益。

国务院办公厅(印章)
2014 年 9 月 28 日

>> 简析:这是一份事项性通知(发文字号:国办发明电〔2014〕18 号)。正文第一段交代发文目的及依据,然后以"现将有关事项通知如下"引出五点发文事项,对切实做好国庆节期间旅游工作提出了具体要求。全篇简明扼要。

※ 通 报

一、通报的概念

根据《条例》规定,通报是一种适用于表彰先进、批评错误、传达重要精神和告知重要情况的公文。

二、通报的特点

(一)真实性

通报的事实必须是经过核实的,不能有丝毫的虚构、夸大或缩小,以体现公文的严肃性。

(二)典型性

不论是表彰先进、批评错误还是陈述事实,都必须有一定的代表性和针对性,这样才具有典型的教育意义和指导意义。

(三)及时性

通报的内容往往是刚刚发生的具有现实指导意义的典型事例。对于先进的经验,只有及时通报,才可以使先进经验得以快速推广;对于反面的教训,只有及时通报,才可以扶正祛邪,扩大和加深典型事例的示范教育和警示作用;对于重要的情况或精神,只有及时通报、传达,才便于有关方面及时了解情况,沟通信息。

(四)叙述性

通报内容的重要方面之一是要陈述事实,它要求用叙述的语言陈述先进事迹、错误行为,传达重要精神或情况;然后加以评价,提出期望和要求。所以叙述性是其语言表述上的重要特征。

三、通报的种类

(一)表彰性通报

即通过表彰先进人物或先进集体,来树立榜样,弘扬正气,调动积极性的通报。

(二)批评性通报

即通过批评不良行为、披露重大事故及恶性事件,以示警戒和教育有关人员或单位的通报。

(三)情况性通报

即用于传达重要精神或情况的通报。它可以传递信息、沟通情况,便于各级机关把握工作方向,对当前的工作起指导作用。

四、通报与通告的区别

(一)受文范围不同

通报一般只限于本系统、本单位内部,知晓对象较为确定;通告则限于一定的地域范围,知晓对象不确定。

(二)发文目的不同

通报是通过典型事例来教育有关人员,或通过向有关人员通报具体情况以沟通信息,便于工作;通告则是让下级或人民群众了解上级的指示精神,告知其应知或应办的事项。

五、通报与通知的区别

（一）发文目的不同

通报是通过典型事例或具体情况来教育有关人员,沟通信息;通知则是上级让下级了解指示精神,告诉其应知或应办的事项,或是让有关机关知晓的事项。

（二）要求程度不同

大多数通报目的只是让告知对象知道了解,而通知大都要求遵照执行或限期办理,具有一定的约束力。

（三）发文时间不同

通报是事后行文,通知是事先行文。

六、通报的写作

（一）标题

发文机关＋事由＋文种

【例】 国务院办公厅关于督查问责典型案例的通报

（二）主送机关

主送机关即通报的受文机关,如通报仅限于本部门,也可以省略这一项。

（三）正文

1.表彰性通报　（1）表彰缘由。即通报的原因和依据。主要介绍表彰对象的基本情况、主要先进事迹。(2)在表彰对象基本情况或先进事迹基础上进行事实评析,分析其性质、重要意义和作用,使人从中受到启迪和教育。(3)决定与要求。即给予表彰的荣誉称号或奖励,号召人们向先进人物学习等。

2.批评性通报　批评性通报的正文主体有两种写法:(1)直述式。首先,写出事实缘由,简要介绍情况,如时间、人物、地点、主要事实和危害;其次,写出具体的处理决定;再次,分析原因,指出问题实质,总结教训;最后,提出要求或希望。(2)转述式。转述式的事实缘由更加简单,处理决定也是转述原处理机关的,它的重点在于分析原因、总结教训、提出要求。最后将原处理机关的文件作为所通报的具体内容,以附件的形式附后。

3.情况性通报 (1)首先概述所通报的情况,让阅文者从中掌握事件梗概。(2)按照情况的发生和发展过程,如实简明地叙述清楚,然后对所通报的事情进行评析。对于专题性通报,一般是按事情的发展过程自然分段,或者按事情的几个方面逐一叙述评析;对于会议通报,一般是按会议的议题、参加人员、时间、讨论的情况、议定事项等顺序来写,类似于会议纪要;对于综合性通报,一般是将各类情况按类划分,每一类用小标题标出,逐项进行叙述、分析评议。

(四)落款

署发文机关名称、成文日期并加盖印章。

【例1】
安徽省人民政府关于2013年度省政府目标管理绩效考核先进单位的通报

各市人民政府,省政府各部门、各直属机构:

2013年,在省委、省政府的坚强领导下,各地各部门认真贯彻落实党的十八大和十八届三中全会精神,坚持稳中求进的工作总基调,统筹稳增长、促改革、调结构、惠民生,以改革的思路、创新的理念,攻坚克难,开拓奋进,促进了经济社会持续健康较快发展,圆满完成了省政府确定的年度工作目标任务。在2013年度省政府目标管理绩效考核中,合肥、芜湖、马鞍山、铜陵、蚌埠、宣城、亳州、宿州市政府获综合奖,宿州、亳州市政府获经济发展先进奖,铜陵、合肥市政府获转变发展方式先进奖,黄山、宣城市政府获生态建设先进奖,芜湖、马鞍山市政府获社会建设先进奖,安庆、阜阳市政府获民生改善先进奖,池州、安庆市政府获考核进位奖。为激励先进,省政府决定对上述获奖单位予以通报表扬(2013年度各市政府目标管理绩效考核位次情况见附件)。

2014年是全面贯彻落实党的十八届三中全会精神、全面深化改革的第一年,是推动经济社会持续健康较快发展、完成"十二五"规划目标任务的关键一年。希望获奖单位再接再厉,再创佳绩。各单位要以先进为榜样,以干事创业的激情、"三严三实"的作风,开拓创新,锐意进取,为打造"三个强省",建设经济繁荣、生态良好、社会和谐、人民幸福的美好安徽作出新的贡献!

附件:2013年度各市政府目标管理绩效考核位次表

安徽省人民政府(印章)
2014年8月18日

》简析:这是一份表彰性通报(发文字号:皖政〔2014〕124号)。第一段为通报表彰的原因及事项,第二段为希望和要求。

【例2】

工业和信息化部办公厅　住房城乡建设部办公厅
关于2014年光纤到户国家标准贯彻实施工作监督检查情况的通报

各省、自治区、直辖市通信管理局、住房城乡建设厅(委),新疆生产建设兵团建设局:

按照《工业和信息化部办公厅住房城乡建设部办公厅关于开展2014年光纤到户国家标准贯彻实施情况监督检查工作的通知》(工信厅联通函〔2014〕229号)的要求,工业和信息化部、住房城乡建设部(以下简称两部)联合组织开展了光纤到户国家标准贯彻实施情况监督检查工作。现将有关情况通报如下:

一、总体情况

自2013年4月1日光纤到户国家标准实施以来,各省、自治区、直辖市住房城乡建设主管部门、通信管理局高度重视,狠抓落实,扎实有序推进各项工作。特别是光纤到户国家标准贯彻实施情况监督检查工作启动以后,各地加强组织协调,制定工作方案,精心部署安排,共组织对148个城市、41个县进行了专项督查,检查项目547个。2014年9月至10月,两部在各地自查的基础上,组成4个联合检查组,对河南、湖北、陕西、四川、浙江、江西、天津、黑龙江8个省(市)进行了抽查,共抽查16个地级市(区)、40个光纤到户工程项目。从自查和两部抽查情况看,大部分省、自治区、直辖市制定了落实光纤到户国家标准相应的政策措施,建立了协同工作机制;从检查的项目看,由于住宅项目建设周期较长,光纤到户国家标准实施以后签订设计合同的住宅项目大部分还处于建筑主体施工阶段,光纤到户工程尚未完工,但通过查阅项目设计图纸,可以看到相关企业基本能够执行光纤到户国家标准,光纤到户工作稳步推进,实现光纤到户的住宅小区比例不断上升,垄断住宅小区接入资源、收取高额入场费的问题得到明显缓解。

二、经验和做法

各地在贯彻落实光纤到户国家标准工作中,积极总结工作经验,创新工作方法,形成了不少行之有效的经验和做法:

(一)注重部门协同,完善配套措施

《关于贯彻落实光纤到户国家标准的通知》(建标〔2013〕36号)下发后,绝大部分省级住房城乡建设主管部门和通信管理局联合印发了贯彻实施的文件,进一步细化相关单位责任分工,强化设计、审图、施工、竣工验收、接入公用电信网等环节的监督管理,完善相关配套措施,共同推进光纤到户工作。(略)

(二)健全工作体系,建立工作机制

为切实落实光纤到户工程质量和验收备案管理工作,大部分通信管理局在地市成立了办事机构(通信发展管理办公室、通信工程质量监督中心等),组建专业队伍,制定具体工作制度和程序,形成了长效工作机制。(略)

(三)加强宣传贯彻,做好技术培训

各地积极组织开展光纤到户国家标准宣贯培训和技术交底工作,全国共组织超过100期宣贯培训会,参培人员超过16000人,切实提高了各相关单位执行标准的能力和自觉性。(略)

(四)开展典型示范,力求以点带面

江西省、山西省、贵州省选择基础条件好的城市或住宅小区组织开展试点示范工作,积累光纤到户工程经验和管理经验,探索光纤到户工作中各类问题的解决方案,并且通过组织典型示范、经验交流、现场观摩等方式促进和带动其他区域光纤到户工作,实现以点带面、示范带动的作用。重庆市选择部分光纤到户改造项目作为试点,探索多家电信运营企业共建共享以及共同维护的模式,为大力推进既有住宅光纤到户改造奠定基础。

(五)加强监督检查,确保工程质量

各地在组织开展光纤到户国家标准贯彻实施情况监督检查工作中,重点对设计文件、施工图审查、质量监督、验收备案等关键环节进行抽查,强化光纤到户国家标准的实施监督。部分省市对检查情况进行了通报,要求未执行标准的项目限期整改,切实保障光纤到户国家标准的贯彻落实。

三、存在的困难和问题

虽然光纤到户国家标准贯彻实施工作取得了积极进展和明显成效,但仍然面临一些困难和问题,主要包括以下几个方面:

(一)光纤到户工作进展不平衡。(略)

（二）光纤到户标准技术普及程度有待提高。（略）

（三）"二次设计"审查把关需要加强。（略）

（四）协同工作机制需要深入和完善。（略）

（五）光纤到户工程质量有待提高。（略）

（六）宽带企业的行为需要规范。（略）

四、下一步工作

为巩固和扩大推进光纤到户工作成果，有效解决存在的问题和困难，确保光纤到户国家标准贯彻落实到位，应进一步做好以下几方面工作：

（一）加强宣贯培训，力争实现全覆盖。（略）

（二）加强调研督导，完善协同机制。（略）

（三）强化监督检查，保障工程质量。（略）

（四）推进共建共享，加快光纤到户改造。（略）

工业和信息化部办公厅（印章） 住房城乡建设部办公厅（印章）

2014 年 11 月 18 日

》简析：这是一份对开展"光纤到户国家标准贯彻实施情况监督检查工作"总结后而作的通报（发文字号：工信厅联通〔2014〕194 号），属于情况性通报。正文第一段为发布通报的原因，然后用过渡句"现将有关情况通报如下"引出通报的四个部分：总体情况、经验和做法、存在的困难和问题，以及下一步的工作安排。

第五节　报告　请示　批复

※　报　告

一、报告的概念

根据《条例》规定，报告是一种适用于向上级机关汇报工作、反映情况，回复上级机关的询问的上行公文。

二、报告的特点

(一)汇报性

下级机关按照上级部署完成任务后要汇报,总结工作中的经验教训要汇报,对下阶段的工作安排要汇报……通过报告可以沟通上下级机关纵向联系,便于上级及时了解掌握下级情况。

(二)陈述性

陈述性指报告的语言表达方式。报告必须用陈述性的语言汇报工作、反映情况、说明原因,直陈其事。

(三)广泛性

广泛性体现在两个方面。第一,报告的作者广泛。不仅党政机关可以使用,企事业单位、社会团体也可以使用。第二,报告的功能广泛。既可以汇报工作、反映情况,也可以提出建议、答复上级询问,还可以报送文件、物件。

三、报告的种类

(一)按报告的内容分

1. 综合性报告 综合性报告是指某机关反映一定时期内全面工作情况或提出今后工作意见的报告。
2. 专题性报告 是某一机关就某项工作或某个问题向上级所写的报告。

(二)按报告的功能分

1. 情况报告 向上级机关汇报工作、反映情况的报告。
2. 回复报告 答复上级机关询问的报告。
3. 报送报告 向上级机关报送文件、物件时随其发送的报告。

(三)按报告的作用分

1. 上复性报告 对上级机关布置的工作、查询的问题、交办的事项进行回复和汇报的报告。

2.知照性报告 主动向上级机关汇报工作,反映情况,便于领导了解和掌握的报告。

四、报告的写作

(一)标题

发文机关+事由+文种

【例】 林业部关于加强野生动物保护管理工作的报告

(二)主送机关

一般是上级领导机关或上级业务主管机关,不得直接送领导者个人。

(三)正文

正文一般由三部分构成:报告原因、报告事项和结语。

1.报告原因 即报告的导语。应开门见山、简洁明了地交代报告依据、目的等。原因之后,一般用过渡句"现将有关情况报告如下"引出报告事项。

2.报告事项 即报告的主要内容。这一部分要围绕报告的主旨展开陈述,主要包括情况、问题、成绩、经验、教训或向上级提出自己解决问题的意见、今后的打算等。不同种类的报告在以上几方面侧重点不同。同时,报告中不能夹带请示事项,否则会造成公文处理的混乱。

3.结语 结语要与报告内容相呼应。一般写"特此报告/专此报告"。如果是请会议审议的,可写上"以上报告当否,请审核/请予审议"。如果是呈转性的,可写上"以上报告,如无不妥,请批转各地/各部门执行"等。结语不是必写内容。

(四)落款

署发文机关名称、成文日期并加盖印章。

【例1】
2014年韶山市人民政府信息公开工作年度报告

根据《中华人民共和国政府信息公开条例》的要求(以下简称《条例》),特向社会公布2013年度韶山市人民政府信息公开年度报告。本报告由概述、政府信息主动公开情况、依申请公开政府信息和不予公开政府信息情况、政府信息公开申请行政复议和提起行政诉讼的情况、政府信息公开的收费及减免情况、政府信息公开工作存在的问题及改进措施等六部分组成。本报告中所列数据的统计期限从2013年1月1日起至2013年12月31日止。(略)

一、概述

2013年,我市按照中央、省、湘潭市部署,认真学习贯彻中共中央办公厅、国务院办公厅《关于深化政务公开加强政务服务的意见》(中办发〔2011〕22号)和中共湖南省委办公厅、省人民政府办公厅《关于深化政务公开加强政务服务的实施意见》(湘办发〔2012〕16号),全面落实《中华人民共和国政府信息公开条例》,坚持"以公开为原则,不公开为例外"的总体要求,不断加强政务公开工作力度,推进重点领域信息,政府信息公开工作在服务经济社会发展、转变政府职能、保证行政权力公开透明运行和保障公民知情权、参与权、表达权、监督权等方面发挥了积极作用。

一是加强组织领导,完善公开机制。2013年,我市在推行政务公开工作中,把政务公开工作作为落实科学发展观的具体实践,与全市创建文明城市、文明单位、文明窗口和机关思想作风整顿结合起来,与全市的党务公开、年度目标、效能建设、政风行风等同步安排部署、同步督促检查、同步检查评比。(略)

二是完善制度,规范公开程序。为深入推进政府信息公开工作,建立健全了主动公开、依申请公开、责任追究、社会评议、保密审查等一系列制度,进一步健全完善了政府信息公开工作机制。(略)

三是全面推行行政审批集中受理改革工作。2013年上半年,我市根据省委、省政府和潭政办函〔2013〕39号)的要求(《湘潭市人民政府办公室关于印发〈湘潭市转作风优环境促发展专项集中整治工作方案〉的通知》),在全市全面推行行政审批集中受理改革工作,就是改革现行行政机关行政审批运作模式,大力推进部门的行政审批职能向一个股室集中,部门的行政审批股室向市级政务服务中心或部门的对外办事窗口集中,行政审批事项办理向电子政务平台集中;部门的行政审批事项集中进入对外办事窗口落实到位,部门对窗口工作人员授权到位,网上电子监察到位,(也称"三集中、三到位")以实现减少审批环节、提高行政效能和提升服务水平的目标。(略)

四是加快推进行政服务向基层延伸。根据《湖南省政府办公厅关于进一步加强乡镇(街道)便民服务中心建设的通知》(湘政办函〔2013〕5号)文件的要求,我市7个乡镇全部建立便民服务中心,面对面为群众提供服务。将与群众关系密切的劳动保障、社会保险、综治信访、社会救助、社会福利、计划生育、农用地审批、新型农村合作医疗等纳入乡镇便民中心公开集中办理。(略)

二、政府信息主动公开情况

2013年我市政府门户站全年发布政府公开信息2763条。其中,政务类1199条,人事任免类信息10条,重点领域类79条,新闻类1484条。

(一)主动公开的内容和特点

坚持"公开为原则,不公开为例外",积极做好主动公开工作。(略)

2013年加大"九大重点领域"栏目的建设力度,在行政审批、财政预算决算、保障性住房、食品药品安全、环境保护、安全生产、价格和收费、征地拆迁、招投标等推进信息公开。

(二)主动公开的载体建设

一是发挥政府网站作为政府信息公开的平台和窗口作用。(略)

二是利用短信群发平台,开展手机短信服务。(略)

三是开通了政务公开热线。(略)

四是开展网上行政审批。(略)

三、依申请公开政府信息和不予公开政府信息情况

落实依申请公开受理机构,建立了依申请公开工作规程,畅通申请渠道,规范了相关文书,申请人可以采用互联网、信函、传真、现场申请等多种方式提交申请,对公民要求申请公开的政府信息做到了有人管。今年全市共妥善处理依申请公开114起,主要集中在征地拆迁上,如要求公开韶山竹鸡粮食片区旧城改造立项及规划许可和用地审批。

四、政府信息公开的收费及减免情况

本年度无向政府信息公开申请人进行收费的情况,未产生政府信息公开事务诉讼相关的费用支出。

五、申请行政复议、提起行政诉讼的情况

2013年度没有收到任何申请行政复议,没有引发有关政府信息公开提起的行政诉讼。

六、主要问题和改进措施

2013年我市政府信息公开做了一些工作,但与人民群众的需求和上级的要求相比还存在一定的差距,主要表现在:个别单位重视程度还不够,主动公开的意识还不强;公开内容还不够全面,时效性仍需进一步提高;考核奖罚制度还未落实,监督力度还待进一步加强。2014年,我市将按照《中华人民共和国政府信息公开条例》的总体要求,进一步做好政府信息公开工作。

一是进一步构筑信息公开平台,做好政府门户网站的建设工作。(略)

二是要进一步加强网上政务服务和电子监察系统的应用和录入。(略)

三是继续抓好行政审批"三集中、三到位"改革工作的落实。(略)

四是要突出重点,把政务公开各项工作落到实处。(略)

韶山市人民政府(印章)
2014 年 3 月 28 日

≫ 简析:这是一份专项性工作情况报告。第一部分概述报告的依据及报告整体框架,第二部分对报告进行概要介绍,然后分门别类分五个方面报告情况。其中最后一部分"主要问题和改进措施"是情况报告通常必写的内容。

【例 2】

六安市人力资源和社会保障局关于呈送
《六安市人社局 2015 年工作总结和 2016 年工作思路》的报告

市政府:

现将《六安市人社局 2015 年工作总结和 2016 年工作思路》随文呈上,请审示。

六安市人力资源和社会保障局(印章)
2016 年 1 月 26 日

≫ 简析:这是一份报送文件的报告(发文字号:六人社〔2016〕1 号)。正文开门见山,简单明了。

※ 请 示

一、请示的概念

根据《条例》规定,请示是一种适用于向上级机关请求指示、批准的上行公文。

请示除特殊情况外不能越过直接的上级行文,因特殊情况必须越级行文时,应当抄送被越过的上级机关;其次,受双重领导的单位的请示,应根据文件的内容确定主送机关和抄送机关;最后,请示应当一文一事。一般只写一个主送机关,如需同时送其他机关的,应当用抄送形式,但不得抄送其下级机关。

请示的适用范围比较广泛,具体来说大致有六种情况需要请示:

1.对上级有关方针、政策、法规、章程、指示中理解不清楚不明确的地方;

2.工作中碰到了本机关职权范围内不能解决的问题;

3.本地区、本部门由于情况特殊难以执行统一规定而需要变通处理的事项;

4.工作中出现了新情况、新问题而必须进行处理的事项;

5.工作中出现了困难,需要上级机关帮助解决;

6.工作中出现的问题涉及其他部门,处理时意见有分歧,需要上级机关裁决。

二、请示的特点

(一)申述性

请示的目的是解决问题和困难,所以必须直截了当地提出请示事项,明确地申述理由,这样能比较容易地得到上级的理解和支持。

(二)请批性

请示是一种要求上级机关务必予以明确批复的公文。提出事项,申明理由的目的就是请上级机关审核并获得批准,所以在请示正文的末尾必须要有请批性结语。

三、请示的种类

(一)求示性请示

求示性请示就是请求上级给予指示、裁决的请示。即当出现对上级有关方针、政策、法规中理解不清楚不明确的地方,本地区、本部门由于情况特殊难以执行统一规定而需要变通处理的事项,工作中出现了新情况、新问题而必须进行处理的事项时必须进行的请示。

(二)求助性请示

求助性请示就是请求上级予以支持、帮助的请示。即当工作中出现了困难,需要上级机关帮助解决而必须进行的请示。如要求增拨经费、增加指标、增加设备等。

(三)求准性请示

求准性请示就是请求上级批准的请示。即当工作中碰到了本机关职权范围内不能解决的问题或工作中出现的问题涉及其他部门,处理时意见有分歧,需要上级机关裁决的必须进行的请示。其内容主要是对规定必须履行审核、审批程序的事项,如人员编制、机构设置、经费预算、领导班子组成与调整等。

四、请示与报告的区别

(一)行文目的不同

报告是下级向上级汇报工作、反映情况、答复询问、报送材料时所用,主要是下情上达,目的是使上级机关随时掌握情况,以便制定出正确的方针政策,作出正确的决定。请示是向上级请求指示或批准,目的是要求上级机关及时明确地予以答复,结尾必须用请批性的结语。

(二)行文时间有别

报告的行文时间灵活,可以事前、事中、事后行文,不受时间的限制;而请示必须事前行文,不允许先斩后奏、事后行文,也不允许事中行文。

(三)内容的含量不同

报告有专题性的、综合性的,内容上不受限制;请示只能是一事一文,不能一文多事,否则易造成相互推诿,延误工作。

(四)处理结果不同

上级机关一般不答复报告机关,而必须答复请示机关。

五、请示的写作

(一)标题

发文机关+事由+文种

【例】 合肥市民政局关于全市军休干部春节慰问品采购事宜的请示

请示的标题在使用动词时,注意不能与"请示"的意思重复。如:《××××关于请求成立××公司的请示》,标题里的"请求"与文种"请示"语意重复,应删去。

(二)主送机关

请示的主送机关只能有一个,不能多重主送。如果需要有关机关知晓,应该采用抄送的办法;如是受双重领导的机关,只能主送给一个有关领导机关,抄送给另一领导机关,让其知晓。请示一般不能直接送领导者个人。

(三)正文

请示必须一文一事,便于上级批复。请示的正文由请示原因、请示事项和结语三部分构成,缺一不可。

1. 请示原因 即何以提出请示事项的理由、背景及依据(包括政策依据、事实依据)。原因是写作请示的关键,要有充分的说服力,合理、合情,表达要有层次感(主要理由在前,次要理由靠后)。原因之后,常用过渡句"特请示如下"引出主文。

2. 请示事项 即请示的主要内容。这部分要提出请示的具体事项,或向上级提出自己解决此问题的意见。有时可以提出几种意见,供上级机关选择和参考,但行文者应表明自己希望上级批准哪种意见。

3. 结语 结尾语气要谦敬。一般写"妥(当)否,请指示/以上意见当否,请指示(请批示,请批复)/以上请示,请予审批/以上请示如无不妥,请批准"等。

(四)落款

署发文机关名称、成文日期并加盖印章。

【例1】

合肥市粮食局关于解决危仓老库维修改造项目配套资金的请示

市政府：

　　根据《安徽省粮食局、安徽省财政厅关于印发〈安徽省"粮安工程"危仓老库维修改造工作实施方案〉的通知》精神，我市此次拟申报重点维修仓容30万吨，每万吨需资金140万元，中央和省财政每万吨补助60万元；改造升级仓容15万吨，每万吨投资80万元，中央和省财政每万吨补助40万元。

　　按照省《方案》关于"市县政府要按照全省维修改造方案积极落实配套资金"的要求，市粮食局商市财政局建议由市财政给予重点维修和改造升级项目按每万吨5万元补助，合计约225万元。

　　妥否，请批示。

合肥市粮食局（印章）

2014年10月22日

　　≫ 简析：这是一份求助性请示（发文字号：合粮仓〔2014〕10号）。首先开门见山交代请示的依据、缘由；接着明确提出请求帮助的事项；最后是请示结语。

【例2】

合肥市体育局关于成立安徽省第十三届运动会合肥市代表团的请示

市政府：

　　安徽省第十三届运动会将于2014年10月在安庆举行，本届运动会由安徽省人民政府主办，省体育局、省教育厅、安庆市人民政府共同承办。

　　为加强参赛工作领导，拟成立安徽省第十三届运动会合肥市代表团，代表团组成人员和单位依照往年惯例并征求了相关单位意见，现依程序报市政府审批。如无不妥，请以市政府名义下发。

　　妥否，请批示。

　　附件：关于成立安徽省第十三届运动会合肥市代表团的通知（代拟稿）

合肥市体育局（印章）

2014年5月4日

>> 简析:这是一份求准性请示(发文字号:合体〔2014〕55号)。首先叙述了请示的背景、缘由;接着明确提出请求批准的事项,用语恳切;最后是请示结语及附件。

※ 批 复

一、批复的概念

根据《条例》规定,批复是一种适用于答复下级机关请示事项的公文。上级机关通过批复指导下级机关的工作,从全局性、战略性的高度帮助下级机关更好地贯彻执行党和国家的方针政策、法律法规。所以,批复是属于内容带有指示性、决定性的下行文种。

二、批复的特点

(一)时间上的被动性

由于批复是答复下级机关的请示,所以从时间上看,请示在前批复在后。它与命令、决定等主动性的指挥不同,它是被动性的指挥。

(二)内容上的针对性

批复是针对下级机关上报的请示而发,只要是下级的请示,上级必须及时给予答复,所以它只主送给请示机关,其他机关需要了解批复内容的,可以在抄送栏中注明。批复的答复内容也必须针对请示内容而发。

(三)态度的鲜明性

批复的内容是发文机关带有表决、判断性质的意见,对下级机关具有指导、规范和约束的作用,有关人员必须遵照执行,作为开展工作的依据。因此批复必须针对下级的请示作出明确的答复,不允许使用不确定的词语回避问题,使请示机关无所适从。

三、批复的种类

(一)指示性批复

即上级机关针对下级机关就某些疑难或不明确的问题提出的请示而作

出的批复。

（二）支持性批复

即上级机关针对下级机关要求帮助解决人、财、物等问题提出的请示而作出的批复。

（三）准予性批复

即上级机关针对下级机关就无权决定的问题而请求批准提出的请示作出的批复。

四、批复的写作

（一）标题

1. 发文机关＋事由＋文种

【例】 交通运输部关于内蒙古自治区通辽至鲁北公路初步设计的批复

2. 发文机关＋同意＋事由＋文种

【例】 教育部关于同意北京师范大学创办《中国社会治理》期刊的批复

（二）主送机关

即来文请示的机关。

（三）正文

批复的正文一般由批复原因、批复事项、批复结语构成。批复的语言要准确、简练，态度要鲜明，语气要庄重。

1. 批复原因　即批复依据，也称"批复引语"，主要引述来文的标题、文号，说明应什么请示而批复。如："你们《关于支持福厦泉国家高新区建设国家自主创新示范区的请示》（国科发高〔2016〕107号）收悉。"引语之后，一般以过渡句"经研究批复如下/经××同意，批复如下/现批复如下"等引出主文。

2. 批复事项　即批复主体。(1)指示性批复主要针对下级机关提出的问题作出应该如何处理的指示，使下级机关有所遵循。(2)支持性批复则要表明态度：支持、不支持还是部分支持，如果是支持则要给予一定的指示，或提出希望。如果部分支持或不支持，则要说明理由，并给予一定的指示，以使下级明白并接受。(3)准予性批复不能只写"同意"了事,必须写上"同意×××××",即要写明同意请示的事项才行。

3.结语　一般写"此复/特此批复",也可不写结语。

(四)落款

署发文机关名称、成文日期并加盖印章。

【例1】
国务院关于同意合芜蚌国家高新区建设国家自主创新示范区的批复

科技部、安徽省人民政府:

你们《关于支持合芜蚌国家高新区建设国家自主创新示范区的请示》(国科发高〔2016〕108号)收悉。现批复如下:

一、同意合肥、芜湖、蚌埠3个国家高新技术产业开发区(统称合芜蚌国家高新区)建设国家自主创新示范区,区域范围为国务院有关部门公布的开发区审核公告确定的四至范围。要按照党中央、国务院决策部署,贯彻落实全国科技创新大会精神,全面实施创新驱动发展战略,深入推进大众创业、万众创新,发展新经济,培育新动能。要充分发挥合芜蚌地区的科教优势和产业优势,促进高端人才与大众创业万众创新结合,把创新驱动发展战略深入到各个领域、各个行业,更多激发全社会创造潜力和调动科研人员积极性,全面提升区域创新体系整体效能,打造具有重要影响力的产业创新中心,努力把合芜蚌国家高新区建设成为科技体制改革和创新政策先行区、科技成果转化示范区、产业创新升级引领区、大众创新创业生态区。

二、同意合芜蚌国家高新区享受国家自主创新示范区相关政策,同时结合自身特点,不断深化简政放权、放管结合、优化服务改革,积极开展科技体制改革和机制创新,强化差异化发展的路径探索,突出特色,加强资源优化整合,在科技创新重大平台建设、推动大众创业万众创新、激发企业创新活力、战略性新兴产业集聚发展、科技成果转化、科技金融结合、知识产权运用与保护等方面积极探索,努力创造出可复制、可推广的经验。

三、同意将合芜蚌国家高新区建设国家自主创新示范区工作纳入国家自主创新示范区部际协调小组统筹指导,落实相关政策措施,研究解决发展中的重大问题。国务院有关部门要结合各自职能,在重大项目安排、政策先行先试、体制机制创新等方面给予积极支持。

四、安徽省人民政府要加强组织领导,建立协同推进机制,搭建创新合作的联动平台,认真组织编制实施方案,细化任务分工,集成推进合芜蚌国家高新区建设国家自主创新示范区各项工作。

国务院(印章)
2016 年 6 月 16 日

≫ 简析:这是一份准予性批复(发文字号:国函〔2016〕107 号)。标题即表明了"同意"的态度。正文首先是批复引语,然后以过渡句"现批复如下"引出具体的批复事项及批复要求。全篇层次清晰。

【例 2】

国家卫生计生委关于"撤村改居"后原乡村医生执业问题的批复

山西省卫生计生委:

你委《关于对"撤村改居"后原乡村医生执业问题的请示》(晋卫请〔2014〕74 号)收悉。经研究,现批复如下:

对"撤村改居"后原乡村医生执业问题,原卫生部先后于 2004 年 4 月和 2010 年 1 月作出《关于对〈乡村医生从业管理条例〉实施中有关问题的批复》(卫政法发〔2004〕112 号)和《关于城区扩大后原乡村医生执业问题的批复》(卫政法函〔2010〕31 号),这两个批复精神完全一致。即:"撤村改居"后,原来的村医疗卫生机构转型为城市社区卫生服务机构时,已取得合法行医资格并在该村医疗卫生机构工作的乡村医生,可以继续在转型后的城市社区卫生服务机构注册执业,其执业范围不变。对这部分乡村医生的管理,适用《乡村医生从业管理条例》;在执业证书有效期满后,不再进行执业注册。

此复。

国家卫生计生委(印章)
2014 年 9 月 3 日

≫ 简析:这是一份指示性批复(发文字号:国卫法制函〔2014〕314 号)。第一段是批复引语,然后用过渡句"现批复如下"引出批复事项。主体部分则是指示意见,最后以"此复"作为结束语。

第六节　意　见

一、意见的概念

根据《条例》规定,意见是一种适用于对重要问题提出见解和处理办法的公文。

二、意见的特点

(一)行文方向灵活

意见可上行、下行和平行。作为上行文,它主要是向上级机关提出建议和解决办法;作为下行文,它不仅向下级机关提出建议,也提出要求、部署工作、作出规定,有的意见本身就属方针政策;作为平行文,主要是提出意见供对方参考。在实际工作中,大量的平行文意见是由专家作出的评估性的鉴定结果及评审、论证意见等,这和法定公文的意见在性质及写作方式上有一定的区别。

(二)适用范围广泛

首先,意见对行文机关没有限制。党的机关、政府机关、人大、政协、军队及各团体、企事业单位都可以制发;其次,意见的功能广泛。上级机关既可以制发具有指示性的意见,也可以制发具有指导性的意见;下级机关既可以向上级献计献策,提出建设性意见,也可以请求上级机关将本意见批转给其他有关机关执行。

(三)内容具体、政策性强

意见提出的办法要明确具体,具有可行性、可操作性,便于下级机关理解和执行。同时要有依有据,不管是上行、下行还是平行的意见,都要符合国家的法律、法规和方针政策。

(四)程序性强

上行意见应按请示性公文的程序和要求办理。所提意见如涉及其他部门职权范围内的事项,主办部门应当主动与有关部门协商,取得一致意见后方可行文;如有分歧,主办部门的负责人应当出面协调,仍不能取得一致时,主办部门可以列明各方理据,提出建设性意见,并与有关部门会签后报请上级机关决定。上级机关应当对下级机关报送的"意见"作出处理或给予答复。下行意见如果对贯彻执行有明确要求的,下级机关就必须遵照执行。

三、意见的种类

(一)从意见的性质上分

1. 指示性意见　指示性意见是上级机关对下级机关提出的带有规定性、部署性和要求性的工作意见,它具有一定的强制性,要求下级机关必须执行。

2. 指导性意见　指导性意见是指上级机关针对下级机关工作在政策上、方向上及具体问题的把握上给予的建议,供下级机关工作时参考。指导性意见不具有强制性,下级机关可以根据实际情况灵活掌握,尽量采纳。

3. 建议性意见　建议性意见有两种情况,一是指下级机关就重要问题向上级机关提出见解,供领导决策参考,或职能部门为开展某项工作,需要有关平行、不相隶属的机关和部门配合,而就这项工作提出的见解和处理办法,并请求上级机关将本意见批转到有关机关和部门执行的意见;二是指职能部门向有关平行、不相隶属的机关直接提出的具有参考价值的建议,供其工作时参考。建议性意见不是强制性的,但如果上级机关采纳了下级机关的意见,并转发下去,建议性意见就可能转变为指导性意见或指示性意见。

(二)从意见的行文方向上分

有上行意见、下行意见和平行意见三种。

(三)从意见的传递方式上分

有直行式意见和呈转式意见。直行式意见就是直接发送给收文单位的意见。呈转式意见就是报请上级机关批转到有关机关和部门执行的意见。

四、意见的写作

(一)标题

发文机关+事由+文种

【例】　国务院关于建立健全粮食安全省长责任制的若干意见

（二）主送机关

上行意见的主送机关只能有一个，不能多头主送，而且不得以机关的名义向上级机关负责人报送。下行意见的主送机关可以是多重的，其位置可以在正文之前，也可以放在版记里。

（三）正文

1. 原因　即提出意见的依据、目的、意义。原因之后，通常用过渡句"现/特提出如下意见"引出意见的核心内容。

2. 建议办法　建议办法是意见的核心。多采用条文形式，分述对有关问题或工作的见解、建议或具体的解决办法。但上行意见中不能夹带请示事项，否则会造成公文处理的混乱。

3. 要求　要求是意见的结尾，上行意见通常使用"以上意见，请审阅""以上意见如无不妥，请批转×××××执行"等语句。下行意见的要求较为灵活，可以融入到建议办法中，也可以在所有的建议办法写完后提出。平行意见的结尾一般使用"以上意见，供参考"等用语。

（四）落款

署发文机关名称、成文日期并加盖印章。

【例1】

国务院办公厅关于实施公路安全生命防护工程的意见

各省、自治区、直辖市人民政府，国务院各部委、各直属机构：

"十五"时期以来，全国在普通国省干线公路上实施了公路安全保障工程，有效改善了公路行车安全条件。但是，我国幅员辽阔，公路点多、线长、面广，各地交通环境差异较大，部分公路尤其是农村公路安全隐患仍比较突出，道路交通事故易发多发。为适应工业化、城镇化和农业现代化快速发展要求，全面提升公路安全水平，切实维护人民群众生命财产安全，国务院同意在全国实施公路安全生命防护工程。经国务院批准，现提出以下意见：

一、总体要求

（一）指导思想。深入贯彻党的十八大和十八届三中、四中全会精神，落实国务院的决策部署,牢固树立以人为本、安全发展的理念,坚守发展决不能以牺牲人的生命为代价的红线意识,以防事故、保安全、保畅通为目标,以落实安全生产责任为主线,以加强基层基础建设为抓手,坚持公路建设、管理、养护、安全并举,紧紧抓住农村公路这一工作重心,按照"消除存量、不添增量、动态排查"方针,大力整治公路安全隐患,不断完善安全设施,依法强化综合治理,全面提升公路安全水平,促进全国道路交通安全形势持续稳定好转。

(二)基本原则。坚持突出重点、分步实施,着力整治事故多发易发路段隐患,满足公众安全出行基本需要。坚持属地管理、分级负责,落实地方各级政府的主体责任,加强中央部门的政策指导和资金支持。坚持政府主导、社会参与,切实加大公共财政的投入保障,同时注重发挥市场机制的作用。坚持依法治安、综合治理,严厉打击车辆超限超载违法运输等破坏损害公路设施行为,着力解决影响和制约道路交通安全的源头性、根本性问题,夯实道路交通安全基础。

(三)工作目标。

——2015年底前,全面完成公路安全隐患的排查和治理规划工作,健全完善严查车辆超限超载的部门联合协作机制,并率先完成通行客运班线和接送学生车辆集中的农村公路急弯陡坡、临水临崖等重点路段约3万公里的安全隐患治理。

——2017年底前,全面完成急弯陡坡、临水临崖等重点路段约65万公里农村公路的安全隐患治理。

——2020年底前,基本完成乡道及以上行政等级公路安全隐患治理,实现农村公路交通安全基础设施明显改善、安全防护水平显著提高,公路交通安全综合治理能力全面提升。

二、全面排查治理现有公路安全隐患

(四)全面总结普通公路安全保障工程实施经验,吸收近年来相关标准规范和国内外公路安全隐患治理研究成果,进一步提高公路安全隐患防治水平,抓紧制定《公路安全生命防护工程实施技术指南》。鼓励各地区结合当地实际,制订修订更高要求的公路隐患治理标准并组织实施。

(五)2015年6月底前,各地区要按照《公路安全生命防护工程实施技术指南》,组织力量集中对所有公路进行全面排查,摸清公路安全隐患底数,建立隐患基础台账。(略)

(六)各地区对排查出的安全隐患要列入治理计划,将隐患按照严重程度区分轻重缓急,实行省、市、县三级政府挂牌督办制度,逐一落实责任单位和责任人,落实治理资金,确定治理方案,明确治理时限。(略)

(七)要根据公路状况、事故特征、交通流量等实际,科学判断改造需求,制定切实可行的工程改造方案,注重整条路线的规模效益,科学有序组织实施。(略)

(八)地方各级人民政府要将公路安全设施维护纳入养护工程范畴,根据安全设施的使用年限定期进行维护更新。(略)

三、严格规范公路工程安全设施建设

(九)整合现有标准规定,吸收各地区经验做法,修订完善公路安全设施标准。建立公路工程技术标准的动态发展工作机制,根据经济发展和实际情况不断修订完善标准。(略)

(十)新建、改建、扩建省级及以上公路时,公路建设投资应按有关要求,认真测算并计列安全设施,审批部门要进行必要的审核,监管部门要加强监督管理,确保安全设施投资足额到位并同步建成。(略)

(十一)各级发展改革部门和交通运输部门要严格落实安全生产"三同时"制度,新建、改建、扩建公路建设项目必须充分考虑安全设施建设,切实做到同时设计、同时施工、同时投入使用。(略)

(十二)公路安全设施建设必须符合有关工程技术标准和合同约定的要求,鼓励采用标准化结构、标准化施工,严格执行基本建设程序,不得随意降低标准、更改设计方案,保证公路安全设施齐全有效。(略)

四、切实加大资金投入保障力度

(十三)经营性收费公路的安全设施完善资金由收费企业承担。地方各级人民政府及相关部门要督促收费企业整治安全隐患,加强对治理计划和实施进度的监督检查。

(十四)普通国省干线公路安全设施完善资金通过现有资金渠道予以保障。农村公路安全设施完善资金由县级人民政府财政预算内资金给予保障,省级财政要根据地方实际进行补助,中央财政通过车辆购置税等多种渠道安排资金投入,支持县级人民政府开展农村公路安全隐患治理工作。

(十五)各地区、各有关部门要引导和鼓励汽车制造、公路建设和公路运输、保险等相关行业企业积极参与公路安全设施建设,鼓励社会各界捐赠资金,按照相关规定和市场化原则探索引入保险资金,拓宽公路安全设施建设资金来源渠道。

五、大力推进公路安全综合治理

(十六)积极推动新技术和信息化手段的应用,不断投入交通技术监控等

管理设备,在急弯陡坡、临水临崖等重点路段已完善公路安全防护设施的基础上,进一步完善交通管理设施。(略)

(十七)进一步加强车辆生产、销售、登记、检验、营运准入等环节的监管,严厉打击非法生产、非法改装车辆的行为,严格追究非法生产、改装企业责任,坚决杜绝非法生产和改装车辆出厂上路。(略)

(十八)加快建立客货运驾驶人从业信息、交通违法信息、交通事故信息的共享机制,设立驾驶人"黑名单"制度。(略)

六、进一步加强组织领导和责任落实

(十九)各省(区、市)人民政府对本地区公路安全生命防护工程工作负总责,要加强组织领导,指导市(地)、县(市)人民政府严格执行相关技术标准要求,落实工程建设资金,有序组织实施。(略)

(二十)各省(区、市)人民政府要结合实际,科学编制本地区公路安全生命防护工程建设规划,统筹安排年度建设任务,确保将农村公路急弯陡坡、临水临崖等重点路段隐患整治低限指标落实到位,同时鼓励有条件的地区将工程规划建设向村道延伸。(略)

(二十一)地方各级人民政府要坚持依法严管、标本兼治,强化立足源头、长效治理,综合运用法律、行政、经济、技术等多种手段,加强车辆超限超载治理工作。(略)

(二十二)地方各级人民政府要把公路安全生命防护工程列入重要议事日程,纳入政府绩效考核,考核结果作为领导班子和领导干部综合考核评价的重要内容。(略)

国务院办公厅(印章)
2014 年 11 月 3 日

≫ 简析:这是一份指示性意见(发文字号:国办发〔2014〕55 号)。第一段是发文原因,然后以"经国务院批准,现提出以下意见"为过渡句,提出六项共二十二条意见。该意见内容具体,语言严谨,语气果断有力。

【例 2】
国务院办公厅关于深化改革推进出租汽车行业健康发展的指导意见

各省、自治区、直辖市人民政府,国务院各部委、各直属机构:
  为贯彻落实中央关于全面深化改革的决策部署,积极稳妥地推进出租汽

车行业改革,鼓励创新,促进转型,更好地满足人民群众出行需求,经国务院同意,现提出以下意见:

一、指导思想和基本原则

(一)指导思想。深入贯彻党的十八大及十八届二中、三中、四中、五中全会精神和习近平总书记系列重要讲话精神,落实党中央、国务院决策部署,按照"五位一体"总体布局和"四个全面"战略布局,牢固树立和贯彻落实创新、协调、绿色、开放、共享的发展理念,充分发挥市场机制作用和政府引导作用,坚持优先发展公共交通、适度发展出租汽车的基本思路,推进出租汽车行业结构改革,切实提升服务水平和监管能力,努力构建多样化、差异化出行服务体系,促进出租汽车行业持续健康发展,更好地满足人民群众出行需求。

(二)基本原则。

坚持乘客为本。把保障乘客安全出行和维护人民群众合法权益作为改革的出发点和落脚点,为社会公众提供安全、便捷、舒适、经济的个性化出行服务。

坚持改革创新。抓住实施"互联网+"行动的有利时机,坚持问题导向,促进巡游出租汽车转型升级,规范网络预约出租汽车经营,推进两种业态融合发展。

坚持统筹兼顾。统筹公共交通与出租汽车,统筹创新发展与安全稳定,统筹新老业态发展,统筹乘客、驾驶员和企业的利益,循序渐进、积极稳慎地推动改革。

坚持依法规范。正确处理政府和市场关系,强化法治思维,完善出租汽车行业法规体系,依法推进行业改革,维护公平竞争的市场秩序,保护各方合法权益。

坚持属地管理。城市人民政府是出租汽车管理的责任主体,要充分发挥自主权和创造性,探索符合本地出租汽车行业发展实际的管理模式。

二、明确出租汽车行业定位

(三)科学定位出租汽车服务。出租汽车是城市综合交通运输体系的组成部分,是城市公共交通的补充,为社会公众提供个性化运输服务。出租汽车服务主要包括巡游、网络预约等方式。城市人民政府要优先发展公共交通,适度发展出租汽车,优化城市交通结构。要统筹发展巡游出租汽车(以下简称巡游车)和网络预约出租汽车(以下简称网约车),实行错位发展和差异化经营,为社会公众提供品质化、多样化的运输服务。(略)

三、深化巡游车改革

（四）改革经营权管理制度。新增出租汽车经营权一律实行期限制，不得再实行无期限制，具体期限由城市人民政府根据本地实际情况确定。新增出租汽车经营权全部实行无偿使用，并不得变更经营主体。既有的出租汽车经营权，在期限内需要变更经营主体的，依照法律法规规定的条件和程序办理变更手续，不得炒卖和擅自转让。（略）

（五）健全利益分配制度。出租汽车经营者要依法与驾驶员签订劳动合同或经营合同。采取承包经营方式的承包人和取得经营权的个体经营者，应取得出租汽车驾驶员从业资格，按规定注册上岗并直接从事运营活动。要利用互联网技术更好地构建企业和驾驶员运营风险共担、利益合理分配的经营模式。（略）

（六）理顺价格形成机制。各地可根据本地区实际情况，对巡游车运价实行政府定价或政府指导价，并依法纳入政府定价目录。（略）

（七）推动行业转型升级。鼓励巡游车经营者、网络预约出租汽车经营者（以下称网约车平台公司）通过兼并、重组、吸收入股等方式，按照现代企业制度实行公司化经营，实现新老业态融合发展。（略）

四、规范发展网约车和私人小客车合乘

（八）规范网约车发展。网约车平台公司是运输服务的提供者，应具备线上线下服务能力，承担承运人责任和相应社会责任。提供网约车服务的驾驶员及其车辆，应符合提供载客运输服务的基本条件。对网约车实行市场调节价，城市人民政府认为确有必要的可实行政府指导价。

（九）规范网约车经营行为。网约车平台公司要充分利用互联网信息技术，加强对提供服务车辆和驾驶员的生产经营管理，不断提升乘车体验、提高服务水平。按照国家相关规定和标准提供运营服务，合理确定计程计价方式，保障运营安全和乘客合法权益，不得有不正当价格行为。（略）

（十）规范私人小客车合乘。私人小客车合乘，也称为拼车、顺风车，是由合乘服务提供者事先发布出行信息，出行线路相同的人选择乘坐合乘服务提供者的小客车、分摊部分出行成本或免费互助的共享出行方式。（略）

五、营造良好市场环境

（十一）完善服务设施。城市人民政府要将出租汽车综合服务区、停靠点、候客泊位等服务设施纳入城市基础设施建设规划，统筹合理布局，认真组织实施，妥善解决出租汽车驾驶员在停车、就餐、如厕等方面的实际困难。（略）

（十二）加强信用体系建设。要落实服务质量信誉考核制度和驾驶员从

业资格管理制度,制定出租汽车服务标准、经营者和从业人员信用管理制度,明确依法经营、诚信服务的基本要求。(略)

(十三)强化市场监管。要创新监管方式,简化许可程序,推行网上办理。要公开出租汽车经营主体、数量、经营权取得方式及变更等信息,定期开展出租汽车服务质量测评并向社会发布,进一步提高行业监管透明度。(略)

(十四)加强法制建设。要加快完善出租汽车管理和经营服务的法规规章和标准规范,明确管理职责和法律责任,规范资质条件和经营许可,形成较为完善的出租汽车管理法律法规体系,实现出租汽车行业管理、经营服务和市场监督有法可依、有章可循。

(十五)落实地方人民政府主体责任。各地要成立改革领导机制,加强对深化出租汽车行业改革的组织领导。要结合本地实际,制定具体实施方案,明确工作目标,细化分解任务,建立有关部门、工会、行业协会等多方联合的工作机制,稳妥推进各项改革任务。要加强社会沟通,畅通利益诉求渠道,主动做好信息发布,回应社会关切,凝聚改革共识,营造良好舆论环境。对改革中的重大决策要开展社会稳定风险评估,完善应急预案,防范化解各类矛盾,维护社会稳定。

国务院办公厅(印章)
2016 年 7 月 26 日

》简析:这是一份指导性意见(发文字号:国办发〔2016〕58 号),第一段交代行文目的,然后用过渡句"经国务院同意,现提出以下意见"引出五项十五条具体意见。文中"各地可根据本地区实际情况,对巡游车运价实行政府定价或政府指导价,并依法纳入政府定价目录","对网约车实行市场调节价,城市人民政府认为确有必要的可实行政府指导价"等措辞要求较宽松,体现出指导之意。

第七节 议 案

一、议案的概念

根据《条例》规定,议案是一种适用于各级人民政府按照法律程序向同级人民代表大会或人民代表大会常务委员会提请审议事项的报请性公文。

二、议案的特点

（一）作者的特定性

议案的制作者是法定的。根据《中华人民共和国全国人民代表大会组织法》的有关规定，全国人民代表大会主席团、全国人民代表大会常务委员会、全国人民代表大会各专门委员会、国务院、中央军事委员会、最高人民法院、最高人民检察院，全国人民代表大会一个代表团或者30名以上人民代表大会代表联名，可以向全国人民代表大会提出议案。全国人民代表大会常务委员会委员长会议、全国人民代表大会常务委员会组成人员10人以上、全国人民代表大会各专门委员会、国务院、中央军事委员会、最高人民法院、最高人民检察院可以向全国人民代表大会常务委员会提出议案。根据《中华人民共和国地方各级人民代表大会和地方各级人民政府组织法》有关规定，地方各级人民代表大会举行会议的时候，主席团、常务委员会、各专门委员会、本级人民政府，县级以上人民代表大会代表10名以上联名，乡、民族乡、镇人民代表大会代表5名以上联名，可以向本级人民代表大会提出议案。人民代表大会常务委员会主任会议以及省、自治区、直辖市、自治州、设区的市的人民代表大会常务委员会组成人员5人以上联名，县级的人民代表大会常务委员会组成人员3人以上联名、县级以上地方各级人民政府、人民代表大会各专门委员会，可以向本级常务委员会提出议案。除此之外的其他部门和人员无权提出议案。

（二）内容的法定性与可行性

根据《中华人民共和国宪法》《中华人民共和国全国人民代表大会组织法》《中华人民共和国地方各级人民代表大会和地方各级人民政府组织法》的有关规定，议案的内容必须是属于本级人民代表大会或人民代表大会常务委员会职权范围内的问题，超出其职权范围的不能作为议案提出，同时议案的内容还必须以法律、法规为依据，要考虑客观实际，必须切实可行，有助于实际问题的解决，这样才有被批准的可能。

（三）时间的限制性

议案必须在人民代表大会或者人民代表大会常务委员会举行会议的时

候或会前提出。会后提出的,不能列为议案,只能作为建议。

(四)内容的单一性和具体性

议案经过审议通过后,要送到有关部门承办,这就要求一事一案,不能多事一案,以方便审议、送达承办单位办理。同时要求议案事实准确,建议具体,因此拟写议案之前要深入调查研究,充分论证。

三、议案的种类

(一)根据提请议案的单位分

可分为人民政府议案、人民代表大会常务委员会议案、人民代表大会各专门委员会议案、人民代表团议案和人民代表议案。

(二)根据议案的内容分

1. 法律法规案　即提请全国人民代表大会审议通过的法律或提请全国人民代表大会、全国人民代表大会常务委员会、地方人民代表大会或地方人民代表大会常务委员会审议通过的法规的议案。

2. 重大事项案　即有关政府工作中涉及全局性、长远性工作事项提请人民代表大会或人民代表大会常务委员会审议的议案。

3. 机构变动案　即有关机构的增加、撤销及合并提请人民代表大会或人民代表大会常务委员会审议的议案。

4. 人事任免案　即有关政府工作部门领导人职务的任免提请人民代表大会或人民代表大会常务委员会审议的议案。

5. 外事条约案　即有关国家领导人草签的涉外条约提请人民代表大会或人民代表大会常务委员会审议的议案。

(三)根据议案形成的时间分

1. 会上议案　即在人民代表大会召开时提请审议的议案。

2. 平日议案　即人民政府或国务院各部委在人民代表大会常务委员会召开时就日常工作或有关法律法规提请审议的议案。

四、议案的写作

议案在写作上有公文式和固定表格式两种。公文式写法主要在各级政府提请审议事项时使用。固定表格式主要在人民代表、代表团、常务委员会组成人员等提请审议事项时使用。以下将介绍议案公文式写法：

(一)标题

提请议案单位名称＋案由＋文种

【例】 国务院关于提请审议《中华人民共和国土地法(草案)》的议案

(二)主送机关

议案的主送机关,只能是同级人民代表大会及其常务委员会,不能有其他并列机关。要采用全称或规范化简称,不得随意简化。

(三)正文

1.案据　即提出议案的缘由、目的。这部分要写清楚提出议案的原因、意义,与常规的根据式、目的式的公文开头写法类似。如:"为了××××/因×××/根据×××。"

2.方案　即对提请审议的事项写明解决的途径、措施等。如果是提请审议已制定的法律法规的,解决问题的方案就在法律法规之中,这部分只需写明提请审议的法律法规的名称即可,但要把法律或法规的文本作为附件。如果是任免性议案,要将被任免人的姓名和拟任免的职务写明。如果是提请审议重大决策事项的,要把决策的内容一一列出,供大会审阅。如果是建议采取行政手段解决某方面问题的,要把实施这一行政手段的方案详细列出,以便于审议。

3.结语　即对审议机构的请求,要用祈使语词。如:"请审议/现提请审议/请审议,并请作出批准的决定"。

(四)落款

落款包括发文机关领导人职务＋发文机关领导人的签名章及日期。如:国务院提交给全国人民代表大会的议案,要由总理签署;各省、市、自治区提交给同级人民代表大会的议案,要由省长、市长或自治区主席签署。

【例1】

重庆市人民政府关于提请审议陈绿平等四位同志职务任免的议案

市人大常委会：

根据《中华人民共和国地方各级人民代表大会和地方各级人民政府组织法》和《重庆市各级人民代表大会常务委员会人事任免工作条例》的规定，现提请审议陈绿平等四位同志职务任免事项。

一、提请决定任命

陈绿平为重庆市人民政府副市长；李殿勋为重庆市科学技术委员会主任；董建国为重庆市国土资源和房屋管理局局长。

二、提请决定免去

张定宇的重庆市国土资源和房屋管理局局长职务。

市长：黄奇帆

2015年1月30日

≫ 简析：这是一份人事任免议案（发文字号：渝府函〔2015〕10号）。正文点明了提请议案的依据及提请审议的人事任免事项，层次清晰，语言精练。

【例2】

福建省人民政府关于提请审议2016年省级预算调整方案（草案）的议案

省人大常委会：

2016年，财政部核定我省新增债务限额346亿元（不含厦门73亿元，下同），其中一般债务限额320亿元、专项债务限额26亿元。按照预算法的有关规定，现将新增债务限额分配以及省级预算调整方案汇报如下：

一、中央对新增债务限额安排的要求

按照财政部要求，新增债务资金要依法用于公益性资本支出，优先用于保障在建公益性项目后续融资；2016年要安排不少于5亿元用于扶贫开发，重点支持贫困村基础设施建设，改善贫困村生产生活条件；核定的外债转贷额度要按照批准的外债转贷规定用途使用。

二、我省新增债务限额分配方案

（一）安排财政部和省委省政府既定事项154.78亿元

1.安排外债转贷1.4亿元。财政部核定我省的新增债务限额有1.4亿元为中央转贷地方的世界银行贷款,按财政部已明确的项目安排,用于省交通运输厅湄洲湾航道项目0.96亿元、霞浦县福建渔港项目0.44亿元。

2.安排5.6亿元用于贫困村基础设施建设。按全省2216个贫困村,每村25万元的标准,安排5.6亿元,由相关县(市、区)结合当地实际情况统筹用于贫困村基础设施建设,改善贫困村生产生活条件。

3.安排116.78亿元用于城市公用设施项目建设。按照省政府扩大有效投资的要求,根据2016年全省扩大有效投资的目标任务情况和市、县(区)上报的城市公用设施项目建设资金需求情况,结合考虑贯彻落实省委省政府重点支持的扶贫开发县建设、新型城镇化建设、城市地下综合管廊以及海绵城市建设等因素进行分配,即在各地投资额占全省总投资额比例分配的基础上,一是对每个省级扶贫开发县各增加安排0.8亿元;二是对42个综合改革建设试点小城镇和15个小城市培育试点镇按不重复原则(共46个)各增加安排0.18亿元,6个新型城镇化试点县(市)各增加安排0.5亿元;三是综合考虑福州市、平潭综合实验区、武夷新区城市地下综合管廊和海绵城市项目建设情况,分别增加安排5.7亿元、3.7亿元和3亿元。

4.省委省政府已明确支持的事项31亿元。一是安排省级扶贫开发重点县每县1亿元用于产业结构调整,共23亿元;二是安排省铁办5亿元用于省级出资铁路建设;三是安排3亿元用于福州新区基础设施建设。

(二)按因素法分配191.22亿元

上述财政部和省委省政府既定事项共安排新增债务限额154.78亿元,剩余债务限额191.22亿元,拟按各地2015年预计可偿债财力、债务风险程度和困难程度并结合各地实际建设资金需求情况进行分配。

据此,各地区分配情况如下:省本级5.96亿元,福州68.42亿元,平潭综合实验区13.93亿元,莆田24.82亿元,三明29.67亿元,泉州52.62亿元,漳州42.7亿元,南平36.5亿元,龙岩30.5亿元,宁德40.88亿。

关于一般债务和专项债务的分配,考虑到财政部对各地专项债务率指标作单独评估,将新增专项债务限额分配给专项债务率较低的设区市本级,其中,福州市本级16亿元、漳州市本级10亿元。其余地区全部安排新增一般债务限额。

按照中央债务限额管理规定,年度地方政府债务限额等于上年地方政府债务限额加上当年新增债务限额(或减去当年调减债务限额)。我省(含厦门)债务限额情况如下:2015年债务限额5051.3亿元,加上2016年中央核定的新增债务限额419亿元,2016年债务限额5470.3亿元。

三、省级预算调整方案

按照上述分配方案,省级预算作如下调整:

(一)一般公共预算

1.增加省级一般公共预算收入320亿元,列入政府收支分类科目"地方政府一般债券收入"科目。

2.增加省级一般公共预算支出5.96亿元。

3.增加省级转贷市县支出314.04亿元,列入政府收支分类科目"地方政府一般债券转贷支出"科目。省级转贷市县的一般债务支出,由市县政府按程序编制预算调整方案,报同级人民代表大会常务委员会审查批准后,纳入市县财政一般公共预算管理。

(二)政府性基金预算

1.增加省级政府性基金收入26亿元,列入政府收支分类科目"专项债务收入"科目。

2.增加省级转贷市县支出26亿元,列入政府收支分类科目"债务转贷支出"。省级转贷市县的专项债务支出,由市县政府按程序编制预算调整方案,报同级人大常委会审查批准后,纳入市县财政政府性基金预算管理。

按照上述调整方案,2016年年初预算省本级财力570.33亿元,加上一般债务收入320亿元,减去一般债务转贷支出314.04亿元,2016年省本级财力调整为576.29亿元,比年初预算增加5.96亿元。相应安排省本级支出5.96亿元。2016年年初预算省本级政府性基金收入42.97亿元,加上专项债务收入26亿元,减去债务转贷支出26亿元,省本级政府性基金支出仍保持42.97亿元。

特提请审议。

省长:于伟国
2016年5月22日

≫ 简析:这是一份省级人民政府向同级人民代表大会常务委员会提请审议预算调整方案(草案)的议案。正文交代了发文依据,然后以过渡句"现将……汇报如下"引出具体提请审议的事项,文末以"特提请审议"作结语。

第八节 函

一、函的概念

根据《条例》规定,函是一种适用于不相隶属机关之间商洽工作、询问和答复问题、请求批准和答复审批事项的公文。

二、函的特点

(一)灵活性

灵活性主要表现在两个方面:一是写法灵活,既可以采用公文的格式写作,也可以用书信体处理;在语言的运用上既可以使用公文式语言,也可以采用较为灵活的语言。二是行文方向灵活,虽然函主要用于平行机关和不相隶属机关,但也可以用于上下级之间。

(二)适用的广泛性

广泛性也表现在两个方面:一是可以广泛应用于商洽工作、询问和答复问题、请求批准和答复审批事项,可以传递信息、交流情况、帮助解决问题等。二是任何组织、单位都可以使用,没有级别的限制。因此,函的作用范围比其他文种都宽,使用频率也高。

(三)内容的单一性

函在写作上要求一事一函,不允许一函多事,因此内容单一。

三、函的分类

(一)按函的形式分

1.公函 主要用于商洽、询问、答复工作中比较重要的问题和请求主管部门批准某些事宜。它的版面运用标准的函的格式并编文号,写作上也采用公文式语言。

2.便函　便函主要用于询问、联系、介绍某些一般性的事宜。它不编文号,也可以不列标题,用机关信笺直接书写。还可以事先印制出模板,需要时直接填写,单位介绍信大都采用这种方式。

（二）按函的内容性质分

1.商洽函　主要用于商量、联系工作,以得到对方的认可、协助。
2.询问函　向受文单位询问有关问题、征求意见时使用。
3.请批函　向有关主管部门请求批准具体事项时使用。
4.答复函　针对来函提出的问题或请求给予答复时使用。
5.知照函　将有关问题、情况、意见告知受文单位时使用。
6.协查函　即国家行政管理机关或公安机关希望有关单位协助查办违法案件的函。协查函在国家行政管理机关或公安机关异地办案协作中和协查通报一样起着十分重要的作用,可以提高办案效率。

（三）按函的行文方向分

1.去函　即主动给有关单位的行文。
2.复函　即被动答复来函单位的行文。

四、请示函与请示的区别

请示用于向直接的上级领导机关或隶属机关请求指示和批准,请示函用于向不相隶属的有关主管机关提出请求。

五、复函与批复的区别

批复针对直接的下级机关或隶属机关的请示给以指示和批准,复函针对不相隶属的有关机关提出的请求给以答复。

六、函的写作

（一）去函

1.去函的标题

发文机关＋事由＋文种

【例】　教育部办公厅关于公布部分省（区、市）高等职业学校备案名单的函

2. 主送机关　即受文单位。

3. 正文　(1)发函缘由。这部分要写明发函的原因、目的、依据。如："最近……""根据……""为了……""得悉/据悉……"。要开门见山,无须客套,不能将一般书信开头用的"你们好"等问候语在公函或便函中使用。(2)事项、问题。这部分要求一事一函,要具体而简练,条理清晰,切忌内容庞杂。(3)希望或要求。如要求对方答复的,应写"请函复""盼复"等。如不要求对方答复的,则用"特此函达""特此函告"。如是商洽函,则用"请大力支持为盼""请支持/协助为盼""请予支持/请予合作"等。

4. 落款　署发文机关名称、成文日期并加盖印章。

(二)复函

1. 复函的标题

(1)发文机关＋事由＋函(复函)

【例】　安徽省人民政府办公厅关于发布集中采购目录有关问题的复函

(2)发文机关＋同意＋事由＋函(复函)

【例】　教育部关于同意在辽宁美术职业学院基础上建立辽宁传媒学院的函

2. 主送机关　即受文单位,复函的主送机关与来函机关一致。

3. 正文　(1)发函原因,即引叙来函,写清来函的标题、文号,然后写"收悉"。如："《安徽省人民政府关于请批准安庆师范学院更名为安庆师范大学的函》(皖政秘〔2015〕143号)收悉。"(2)发函事项,即答复对方提出的问题和要求。要求答复明确,不能含糊。(3)结尾,即结语。可以写"此复""特此函复""专此函复",也可不写结语。

4. 落款　署发文机关名称、成文日期并加盖印章。

【例1】

住房城乡建设部办公厅关于征求《建筑工程设计招标投标管理办法(修订征求意见稿)》意见的函

发展改革委、水利部、交通部、财政部、工业和信息化部办公厅,各省、自治区住房城乡建设厅、直辖市、计划单列市有关部门,新疆生产建设兵团建设局、总后基建营房部工程管理局,有关中央企业、有关行业协会:

为进一步规范建筑工程设计市场,提高建筑工程设计水平,促进公平竞争,繁荣建筑创作,根据《中华人民共和国建筑法》《中华人民共和国招标投标法》《建设工程勘察设计管理条例》和《中华人民共和国招标投标法实施条例》等法律法规,我部研究起草了《建筑工程设计招标投标管理办法(修订征求意见稿)》,现公开征求意见,意见请于2015年10月30日前反馈我部(电子邮箱:kcsj604@163.com)。

附件:建筑工程设计招标投标管理办法(修订征求意见稿)

中华人民共和国住房和城乡建设部办公厅(印章)
2015年9月10日

》简析:这是一份征求意见的询问函(发文字号:建办法函〔2015〕807号)。正文交代了发文目的及依据,明确了需征求意见的事项、截止日期及联系方式。全文言简意赅。

【例2】
教育部关于同意在郑州经贸职业学院基础上建立郑州财经学院的函

河南省人民政府:

《河南省人民政府关于申报设置郑州财经学院的函》(豫政函〔2013〕129号)收悉。

根据《高等教育法》《民办教育促进法》《民办教育促进法实施条例》《普通本科学校设置暂行规定》的有关规定以及全国高等学校设置评议委员会六届三次会议的评议结果,经研究,同意在郑州经贸职业学院基础上建立郑州财经学院,学校标识码为4141013497;同时撤销郑州经贸职业学院的建制。现将有关事项通知如下:

一、郑州财经学院系本科层次的民办普通高校,由你省负责管理。

二、学校办学定位于应用技术类型高等学校,主要培养区域经济社会发展所需要的应用型、技术技能型人才。

三、学校全日制在校生规模暂定为8000人。

四、学校本科专业的增设问题,按我部有关规定办理。同意首批设置本科专业4个,即物流管理、电子商务(授管理学学士学位)、国际经济与贸易、投资学。

五、我部将适时对学校办学定位、教学质量和人才培养情况进行评估。

望你省加强对该校的指导和支持,结合优化区域高等教育结构布局的需要,引导学校按照办学定位,服务区域经济社会发展需要和经济发展方式转变,加强学校发展战略规划研究,加强内涵建设,创新人才培养模式,培养社会需要的应用型、技术技能型人才,不断提高教育教学质量和学生就业率,促进学校办出特色,办出水平,为河南省的经济发展和社会进步作出更大贡献。

附件:郑州财经学院章程

教育部(印章)

2014 年 5 月 16 日

≫ 简析:该函为答复函(发文字号:教发函〔2014〕119 号)。第一、二段为复函依据和同意的事项,从第三段至第七段为答复的详细事项,最后提出希望和要求。该文条理清晰,要求具体,便于受文者遵守和执行。

第九节 纪 要

一、纪要的概念

根据《条例》规定,纪要是一种适用于记载会议主要情况和议定事项的公文。在新《条例》出台前,纪要也称为"会议纪要"。纪要可以上行,向上级单位汇报会议情况和结果;也可下行,向下级机关传达会议精神和议定事项;还可以平行,要求与会单位共同遵守、执行。

二、纪要的特点

(一)纪实性

纪实性是纪要的灵魂。纪要必须如实反映会议的情况,用词必须准确,不夸大也不缩小。当然,对纪实性特点要辩证地理解。作为法定的公文,则不宜写入不同的意见,否则难以贯彻会议精神,它重在传达会议通过的决定、方案。而作为学术性的纪要,则要如实记录不同的有价值的意见,传播学术观点。

(二)纪要性

纪要不同于会议记录,不是有闻必录。它要求作者善于提炼精华,集中反映会议的主要精神和实质,突出"要"字,所以它要对会议记录及其他会议文件进行分析、综合,加以概括、提炼。

(三)及时性

纪要是专门为汇报、传达会议情况的,只有及时行文才能达到行文的目的。

三、纪要的种类

(一)从纪要的内容性质上看

1. 决定性纪要　即经过会议讨论,对某些事项或问题作出一致决定,需要与会各方共同遵守、执行时,用纪要形式写下的文字依据。
2. 研讨性纪要　即把工作研讨会议、经验交流会议或学术研讨会议的情况汇集起来的纪要。它侧重于汇集情况、交流经验,带有研究、探索的性质。

(二)从纪要的形式上看

1. 工作纪要　为解决某些实际问题专门召开工作会议或日常工作例会讨论形成的决定,以纪要的形式进行约束、传达。
2. 座谈会纪要　召集有关人士就特定的政策问题、社会问题、工作问题及学术问题等进行座谈,参加者可以畅所欲言。它是侧重于讲话、发言的内容记述和传达的纪要。

(三)从纪要形成的目的上看

1. 约束性纪要　要求与会各方共同遵守、执行会议作出的决定所形成的纪要。
2. 传达性纪要　以传达会议情况、传递信息、交流经验为目的而形成的纪要。

四、纪要的写作

(一)标题

1.会议名称＋文种

【例】 创业教育试点工作座谈会纪要

2.发文机关＋事由＋文种

【例】 北京市民政局 北京市气象局关于加强救灾合作问题的会议纪要

(二)题注

纪要的成文日期一般加括号写于标题下正中位置,以会议结束的日期或者领导人签发的日期为准,也有位于正文之后的。

(三)正文

1.会议基本情况 简要介绍会议召开的目的、指导思想;会议时间、地点、主持人、参加单位和出席人员或其总数;主要议程、讨论的主要问题;会议的意义等。基本情况之后,可以用过渡句"现将会议情况纪要如下"或"会议确定了如下事项"转入主体部分。

2.会议主要精神及议定的事项 这是纪要最重要的主体部分,主要写会议研究的问题、讨论的情况及意见,对今后工作的安排,会议作出的决定等。这部分内容必须经过分析、概括,用最精练的语言将会议的主要精神反映出来。具体写法有两种:(1)综合式,即将会议上主要人员或重要的发言内容、讨论的情况综合概括地叙述出来,必要时可以分段。一般小型会议的纪要多采用这种写法。在语言的运用上,常用"会议讨论了……""与会者认为……""会议指出……""会议认为……""会议强调……"等语句来叙述。(2)总结归纳式,即将会议上讨论研究的内容归纳出几个问题,每个问题列一小标题,或者分列条项。一般规模较大的会议的纪要多采用这种写法,既全面地反映了会议的主要精神,又清晰明了,便于读者阅读、理解。

3.结尾 一般提出希望、号召或要求,还可以写上下次会议由某某部门承办等。结尾不是必写内容。

【例1】

规划技术管理会议纪要
（2014年第20次）

2014年6月11日,望城区城乡规划局在局二楼会议室组织召开了技术审查会,对S108长湘高速乌山互通连接线、金潇路、樟木路道路工程规划设计方案进行了专题审查,区直相关部门、经开区规划建设局、滨水新城管委会、相关街道、乡镇和评审专家参加了会议。在听取了设计单位关于设计工作的汇报后,与会人员进行了认真讨论研究。现纪要如下:

会议明确了以下事项:

一、关于S108长湘高速乌山互通连接线规划方案

1. 需进一步明确项目设计范围,补充设计范围内相交道路、周边项目用地以及雷高路以东已建段道路的相关情况。

2. 雷高路至黄桥大道段位于经开区南片控规范围内,道路平面线型、纵断面标高等需做好与经开区南片控制性详细规划的对接。

3. 道路平面线型与经开区相关项目用地进行对接,线型的优化调整不能影响已审批的项目用地。

4. 雷高路至黄桥大道段道路横断面按三个方案报区规委会审定。黄桥大道至终点段近期按24.5米实施,远期改造为42米宽城市主干路,道路纵坡建议按市政道路相关技术标准要求,横断面设计需做好近远期结合方案。

（略）

二、关于金潇路、樟木路道路工程规划方案

1. 道路平面线型按规划线型进行设计。金潇路与银杉路交叉口展宽路段需要占用嘉宇·西苑项目用地,需得到项目单位的签字认可。

2. 需进一步核实道路两厢已批项目修规标高,道路纵断面设计结合项目修规标高进行适当优化,减少对已批项目修规标高的调整。道路标高调整建议由城投集团牵头,与相关项目单位进行衔接。

3. 道路标准横断面建议与周边已建道路保持一致。

4. 排水工程设计要进一步核实周边道路已建雨、污水管道标高,樟木路雨水管道需做好与明发商业广场项目内箱涵的对接,同时需充分论证取消樟木路上游部分污水管道的可行性。

长沙市望城区城乡规划局（印章）
2014年6月19日

》简析:这是一份涉及专业工作的会议纪要。第一段概述了会议的时间、地点、与会人员及会议内容,然后通过过渡句"现纪要如下"引出正文主体。主体是对两项工程规划方案的商讨。该纪要条理清楚,语言简练。

【例2】

全国数学教育研究会2014年国际学术年会会议纪要

全国数学教育研究会2014年国际学术会议于2014年6月27日至7月1日在兰州西北师范大学举行。共有430多位中国大陆代表以及30多位来自美国、澳大利亚、英国、匈牙利、香港、台湾等境外学者出席了会议。在西北师范大学大力支持下,会议组织工作有条不紊,井然有序,取得圆满成功。

开幕式由西北师范大学吕世虎教授主持。西北师范大学董晨钟副校长代表承办单位致辞,全国数学教育研究会理事长南京师范大学涂荣豹教授代表理事会致辞,并代表全国数学教育研究会对梁贯成教授荣获国际数学教育最高成就奖费莱登特尔奖(2013)表示祝贺。

本次会议安排了7个大会报告:

1. 香港大学梁贯成教授作了题为《书写会影响视觉感知能力吗?——一项关于汉英儿童在视觉感知能力方面的比较研究》的学术报告。(略)

2. 澳大利亚墨尔本大学 David Clarke 教授作了题为《数学教育国际比较研究的相互启示作用》的学术报告。(略)

3. 美国范德堡大学 Paul Cobb 教授作了题为《走向行动研究——如何大面积推进教学改革提升教学质量》的学术报告。(略)

4. 英国剑桥大学 Zsolt Lavicza 博士作了题为《通过技术促进中学STEM整合》的学术报告。(略)

5. 华东师范大学鲍建生教授作了题为《数学课堂教学的设计研究》的学术报告。(略)

6. 北京师范大学曹一鸣教授作了题为《数学教学知识研究及其启示》的学术报告。(略)

7. 西北师范大学吕世虎教授作了题为《中学数学课程发展六十年——历程、特点与启示》的学术报告。(略)

此次年会共收到学术论文210余篇,这些论文在研究方法、研究设计、研究的质量等方面都有明显提高。这一现象绝非偶然,是多年来数学教育共同体各位同仁齐心努力的结果。组委会学术委员会根据好中选优的原则进行审核,推荐分组报告论文152篇(其中英文报告12篇)。大会程序委员根据12个主题分成26个小组进行了小组论文报告。12个主题分别是：(1)数学教育理论研究的回顾与反思；(2)数学课程改革与数学教师发展；(3)数学课程改革与数学教师专业发展；(4)中小学数学课程与教材研究；(5)现代信息技术与数学教育改革；(6)大学数学课程建设与教学改革；(7)数学课堂教学的理论与实践；(8)数学学习心理研究；(9)数学史、数学文化与数学教育；(10)少数民族数学教育；(11)数学教师职前培养模式与课程建设；(12)数学教师职后培训研究。论文的作者既有国内外著名专家学者，也有在读的硕士、博士研究生。论文报告人精心准备，让与会者受益匪浅。分组报告讨论、交流的场面热烈。

本次会议期间，台湾陈明章等教授还组织数学与技术、数学与艺术两个工作坊，与参会代表进行了分享与交流。会议还安排了三节高中数学教学现场观摩课。(略)

学术委员会还对提交论文进行了评奖，评出一等奖20名、二等奖32名、优秀奖42名。

会议开幕之前召开了第六届理事会常务理事会会议。涂荣豹理事长代表第六届理事会作了工作报告，各位常务理事对研究会建设、各分会活动的开展等相关的工作进行了讨论和交流。6月29日晚上，召开了第七届常务理事会会议，进行了换届选举，产生了新一届理事会，曹一鸣担任理事长，代钦担任秘书长，并产生了新一届理事会副理事长、副秘书长，详见数学教育研究会网站(www.camedu.org.cn)。(略)

闭幕式由代钦教授主持，吕世虎教授代表组委会作大会总结，涂荣豹教授宣布新一届理事会人选，汪晓勤教授、李淑文教授宣布论文获奖名单。代钦教授宣布2015年常务理事会会议在内蒙古召开，2016年学术年会在武汉召开，由华中师范大学承办，相关具体事宜另行通知。

会议对西北师范大学以及为会议提供服务的教师和研究生志愿者表示感谢。

(曹一鸣执笔)

>> 简析：这是一份学术研讨会的会议纪要。采用层层递进的方式，第一段介绍会议召开的时间、地点、参会人员，第二段概括介绍会议开幕式的情况，然后通过"本次会议安排了7个大会报告"引出对7个报告的介绍。从第十一段开始对本次会议中的其他数学教学学术研讨及有关理事会工作等进行了概述，并商定了明后两年学术会议的地点及承办单位，最后对会议举办方及志愿者表示感谢。学术研讨性纪要一般都采用这种写作方式。

综合实训

一、不定项选择题

1. 2012年7月1日起执行的《党政机关公文处理工作条例》规定法定公文有（ ）
   A. 13种　　　　B. 14种　　　　C. 15种　　　　D. 16种

2. ×市广播电视局向市财政局行文请求批准有关事项应使用（ ）
   A. 报告　　　　B. 请示　　　　C. 请示报告　　　　D. 函

3. 在以下的建议类的文书中，属于机关法定公文的是（ ）
   A. 人民代表大会议案　　　　B. 人民代表大会建议
   C. 政协会议提案　　　　　　D. 职工代表大会提案

4. 下列公文文种中，行文方向最多的是（ ）
   A. 意见　　　　B. 报告　　　　C. 函　　　　D. 纪要

5. 下列公文成文时间写法不正确的是（ ）
   A. 2016年8月6日　　　　B. 二零一六年八月六日
   C. 二〇一六年八月六日　　D. 2016.8.6

6. 在文件拟稿中，如要引用某份公文，应当先引标题，后引（ ）
   A. 公文事由　　　　　　　　B. 发文字号
   C. 发文机关　　　　　　　　D. 成文日期

7. 以下行文应该使用"通告"的是（ ）
   A. ××大学告知校运动会的具体安排
   B. ××县政府向社会公开发文禁止乱占耕地
   C. ××公司任免本公司财务部总监
   D. ××公司告知有关单位参加××会议

8. 下列公文标题正确的是（ ）
   A. ××县人民政府关于加强上市猪肉卫生质量管理的决议
   B. ××省人民政府办公厅转发省民政厅关于进一步开展扶贫助残工作的意见的通知
   C. ××大学2015—2016学年学科建设交流会纪要
   D. ××市水利局关于上报本市××流域水能资源开发方案的报告

9. 以下机关之间的公文往来应使用平行文的有（　　）
A. 甲省民政厅与甲省人社厅
B. ××大学与××市公安局
C. ××省新闻出版广电局与国家新闻出版广电总局
D. 甲省财政厅与乙市园林局
10. 转发与批转公文时用（　　）
A. 通报　　　　B. 通知　　　　C. 意见　　　　D. 批复

二、判断题

1. 经批准公开发布的公文，同发文机关正式印发的公文具有同等效力。（　　）
2. 请示不得同时抄送下级机关。（　　）
3. 针对下级机关请示事项，批复意见若不同意可说明理由，也可将理由略去。（　　）
4. 在我国，各级机关组织对重大事项都可以发布命令。（　　）
5. 不得在报告等非请示性公文中夹带请示事项。（　　）
6. 纪要常用"会议"称谓引起下文，如"会议认为""会议指出""会议决定"等。（　　）
7. 函的表达应礼貌、得体、尊重对方，一般不用"必须""应该""注意"等指示性语词。（　　）
8. 请示、议案应一文一事。（　　）
9. "通报"叙述事实部分，要注意细节描写。（　　）
10. 主送机关应当使用机关全称或规范化简称，但不可使用同类型机关统称。（　　）

三、拟写三要素文件标题

1. 某省人民政府决定加快推进养老服务体系建设向各地区、省政府各部门等发文。
2. 某省财政厅针对本省农业厅申请批准追加拨款购置办公设备的来文制发复文，批准对方的请求。
3. 某省人民政府、省军区就做好2015年冬季退役士兵安置工作制发文件，使各单位周知。
4. 南京市人民政府发文向社会告知中山陵陵寝免费开放的事宜。

5. 某省委办公厅针对本省积极支援贫困地区和灾区的先进单位,发文进行表彰,使各单位周知。

四、改错题

1. 修改下列公文标题。

(1) ××公司关于完全彻底地开展增收节支活动的通报

(2) 关于联合举办招商大会的函告

(3) 国务院关于东北振兴"十三五"规划的答复

(4) 江苏省人民政府关于报请审批南京市城市总体规划的报告

(5) ××公司关于生产车间突发爆炸事故的通知

(6) 国务院办公厅关于转发银监会关于促进民营银行发展指导意见的通知

2. 指出下列"批复"的错误并改正。

关于原则禁止在××水库开发旅游项目的批复

××市人民政府：

贵市(××政(2016)83号)《关于在××水库开发旅游项目的请示》我们已经收到。

仔细阅读后,对所提问题已经全部了解。省政府经研究决定,禁止在××水库开发旅游项目。

特此批示。

二〇一六年七月二十七日(印章)

五、写作题(要求:文种选择正确,主旨明确,结构合理,语言得体,格式规范)

1. 请根据以下材料,以合肥市人民政府的名义拟写一份公文告知全体市民。落款日期为 2015 年 9 月 9 日。

为了增强广大市民的国防观念和防空防灾意识,进一步了解和熟知人民防空警报信号规定,检验合肥市防空警报的性能与效果,根据《中华人民共和国人民防空法》和《安徽省实施〈中华人民共和国人民防空法〉办法》的有关规定,合肥市人民政府经研究定于 2015 年 9 月 18 日上午 9 时 18 分至 9 时 33

分开展防空警报试鸣活动。具体内容是：预先警报，鸣 36 秒，停 24 秒，反复 3 遍为一个周期，时间 3 分钟；空袭警报，鸣 6 秒，停 6 秒，反复 15 遍为一个周期，时间 3 分钟；解除警报，连续鸣 3 分钟。试鸣期间，请各单位、全体市民和过往旅客保持正常工作和生活秩序。

2.请根据以下材料，以××大学教务处的名义，就选拔该校文典学院 2016 级试验班类学生事宜拟写一份公文发给各院系、校直机关有关部门。落款日期为 2016 年 9 月 4 日。

为促进多样性、个性化、高素质拔尖人才培养工作，努力提高××大学本科人才培养质量，××大学文典学院从 2016 级本科新生中采用校内选拔方式选拔优秀学生组建 2016 级"人文科学试验班"和"理科试验班"。选拔人文科学试验班计划 20 人、理科试验班计划 30 人。2016 级本科新生（艺术学院学生除外）均可自愿报名，人文科学试验班和理科试验班报名不受高考文理科限制。报名时间为 2016 年 9 月 5—7 日，逾期未报名或未按要求报名者视为自动放弃。参加文典学院选拔的同学到各自辅导员处登记报名，各院系教学办公室将报名情况汇总，并于 9 月 8 日上午 10：00 前将汇总表（见附件《××大学文典学院 2016 级试验班类选拔报名汇总表》）通过政务系统发送给招生办公室××老师，同时将汇总表纸质版加盖院系公章报送至教务处招生办公室。学校成立由相关学科专家和职能部门负责人组成的校内选拔工作组，对报名参加选拔的学生进行考核，根据考核成绩择优录取。

3.请根据以下材料，以××技校的名义，就实习事宜拟写一份公文发给××厂。落款日期为 2016 年 7 月 2 日。

××技校 2014 级汽车维修专业学生按照教学计划及与××厂签订的合作协议规定需要到××厂进行为期两个月的暑期实习。实习内容：汽车维修。实习时间：2016 年 7 月 8 日—2016 年 9 月 8 日；实习人数：20 人；食宿无需对方安排；实习费用按协议规定付给对方。学校将指派两位老师作为带队指导老师。

4.请根据以下材料，以国务院的名义，就 2011 年度国家科学技术奖励事宜拟写一份公文发给各省、自治区、直辖市人民政府，国务院各部委、各直属机构。落款日期为 2012 年 1 月 27 日。

为全面贯彻党的十七大和十七届六中全会精神，深入贯彻落实科学发展观，大力实施科教兴国战略和人才强国战略，促进科学技术事业发展和综合国力提升，国务院决定对为我国科学技术进步、经济社会发展、国防现代化建设作出突出贡献的科学技术人员和组织给予奖励。

根据《国家科学技术奖励条例》的规定,经国家科学技术奖励评审委员会评审、国家科学技术奖励委员会审定和科技部审核,国务院批准并报请国家主席胡锦涛签署,授予谢家麟院士、吴良镛院士2011年度国家最高科学技术奖;国务院批准,授予"流体力学与量子力学方程组的若干研究"等36项成果国家自然科学奖二等奖,授予"有机发光显示材料、器件与工艺集成技术和应用"等2项成果国家技术发明奖一等奖。(略)

国务院号召全国科学技术工作者要向谢家麟院士、吴良镛院士及全体获奖者学习,自觉弘扬求真务实、勇于创新的精神,以科教兴国为己任,坚持科学技术为经济社会发展服务、为人民服务,切实增强自主创新能力,为建设创新型国家、推动经济社会又好又快发展作出新的更大贡献。

5. 请根据以下材料,以国务院的名义拟写一份答复性公文给住房城乡建设部。落款日期为2016年9月17日。

国务院收到住房城乡建设部发文字号为"建城〔2016〕144号"的《关于设立文化和自然遗产日的请示》,经研究决定,同意自2017年起,将每年6月第二个星期六的"文化遗产日",调整设立为"文化和自然遗产日"。具体工作由住房城乡建设部与有关部门协调组织实施。

6. 请根据以下材料,以×市林业和园林局的名义,拟写一份公文发至各绿化施工企业,各有关单位。落款日期为2013年11月20日。

2013年11月17日上午,×市林业和园林局接到12345热线,反映在蜀峰湾公园发生砍伐树木事件。经调查,×市蜀山绿地建设综合开发公司在对蜀峰湾南湖圃地进行树木更新和补植,共砍伐枫杨30株(干径6—20cm)。该公司在进行树木更新补植前,未履行相关报批手续,也未做好向周边居民告知等相关工作,违反了《×市城市绿化管理条例》相关规定。经研究决定:按照《×市城市绿化管理条例》规定的擅自砍伐树木处罚上限(每株人民币1000元)对×市蜀山绿地建设综合开发公司予以共计人民币30000元的罚款;对该公司相关责任人进行处理;对该公司在全市园林绿化行业进行通报批评;奖励第一举报人人民币1000元。

7. 请根据以下材料,以会议召开单位的名义,拟写一份传达会议主要内容的法定公文。落款日期为2016年3月3日。

2016年3月2日上午,××注册会计师协会召开了本年度专业指导委员会第一次例会。参会委员应到25人,实到22人,缺席3人。秘书长简要通报

了最近秘书处的工作情况,并就大家关心的问题作了说明。会议由××主任主持,主要内容有:

(一)讨论了《专业指导委员会专项业务研究课题管理办法》(试行),并责成专业指导部根据委员提出的建议修改后,报协会秘书处。(略)

(二)决定在5月中旬召开有关2016年专业指导委员会各专业小组提交的课题鉴定和验收会,并责成专业指导部负责具体承办会议事宜。

(三)研究确定了今年专业指导委员会的工作重点。(略)

第四章 事务文书写作

事务文书是党政机关、企事业单位和社会团体在日常公务活动中为处理事务、实施管理、沟通信息、指导工作而制定和使用的法定公文之外的各种业务性文书的统称。事务文书不属于法定文件,其文种、格式、表达方式、制发程序等没有严格规定,而是约定俗成,但它在处理日常公务活动过程中应用范围广,使用频率高,具有极为广泛的适应性。

第一节 计 划

一、计划的概念

计划是党政机关、社会团体、企事业单位和个人,在一定时期内为了实现某项目标或完成某项任务而预先作的安排和打算。

计划是一个统称,人们通常所说的方案、要点、安排、打算、设想、构想、规划、纲要等也都属于计划。方案是指政策性和原则性较强、内容较完整的计划;要点是指简要性、概括性的计划;安排、打算是指时间较短、内容较具体的计划;设想、构想是指尚未成熟的粗线条的计划;规划、纲要是指时间跨度大、具有战略性意义、带有导向性质的方针政策。

二、计划的特点

(一)预见性

计划是在工作实施之前制定的,是对某项工作的目标、措施、方法、完成步骤以及可能出现的情况作出的预想。没有预见性就没有计划,预见性是计划的本质特征。

(二)可行性

计划中所提出的任务和奋斗目标不是凭空想出来的,而是根据有关政策、结合本单位实际情况进行充分的分析推理制定出来的有效措施和步骤,计划在制定之前一般都经过认真调研。计划的目标、任务要实事求是,措施、步骤要切实可行。

(三)约束性

计划一旦经讨论通过或上级批准,它就对实践产生了一定的约束力,与之相关的实践活动都必须按计划的内容严格执行。在执行过程中也可以根据实际情况随时修正,但修正计划必须认真研究,慎重修改。

三、计划的种类

(一)按内容划分

可分为生产计划、学习计划、工作计划等。

(二)按性质划分

可分为综合性计划、专题性计划等。

(三)按范围划分

可分为国家计划、地区计划、单位计划、部门计划、个人计划等。

(四)按时间划分

可分为远景计划、年度计划、季度计划、月度计划、周计划等。

(五)按形式划分

可分为条文式计划、表格式计划、文表结合式计划等。

四、计划的写作

(一)标题

1.单位名称+时限+事由+文种

【例】 ××学校2014—2015学年第一学期第二课堂活动计划

2.单位名称＋事由＋文种

【例】 ××公司销售工作要点

3.时限＋事由＋文种

【例】 2010—2015年城市发展规划

4.事由＋文种

【例】 科研工作设想

如果计划还需经大家讨论或领导审查,可以在标题的后面或下面加注"草案""初稿""讨论稿"等,用括号括上。

(二)正文

一般包括指导思想、总的任务要求、具体的措施步骤和注意事项等。

1.指导思想　主要写制订计划的指导思想与现实依据,包括党和国家的路线、方针、政策,上级的指示精神,本单位的实际情况,对当前形势的分析等。即写出"为什么做"。

2.目的和任务　要清楚地写明在什么时间做什么工作,完成什么任务,在数量、质量上达到什么要求。即写出"做什么"。

3.步骤和措施　包括计划实施的方法、步骤、主要措施,应注意的问题等。即写出"怎么做"。

4.结尾　可以用来提出希望,发出号召,展望前景,明确执行要求等;也可以在条款之后就结束全文,不写专门的结尾。

(三)落款

在正文右下方署上制订计划的单位名称,在署名的下一行写上日期。若标题中已有单位名称,此处可不必再署。

【例】

物流业发展中长期规划
(2014—2020年)

物流业是融合运输、仓储、货代、信息等产业的复合型服务业,是支撑国民经济发展的基础性、战略性产业。加快发展现代物流业,对于促进产业结构调整、转变发展方式、提高国民经济竞争力和建设生态文明具有重要意义。为促进物流业健康发展,根据党的十八大、十八届三中全会精神和《中华人民共和国国民经济和社会发展第十二个五年规划纲要》《服务业发展"十二五"规划》等,制定本规划。规划期为2014—2020年。

一、发展现状与面临的形势

（一）发展现状

"十一五"特别是国务院印发《物流业调整和振兴规划》以来,我国物流业保持较快增长,服务能力显著提升,基础设施条件和政策环境明显改善,现代产业体系初步形成,物流业已成为国民经济的重要组成部分。

产业规模快速增长。全国社会物流总额2013年达到197.8万亿元,比2005年增长3.1倍,按可比价格计算,年均增长11.5%。（略）

服务能力显著提升。物流企业资产重组和资源整合步伐进一步加快,形成了一批所有制多元化、服务网络化和管理现代化的物流企业。（略）

技术装备条件明显改善。信息技术广泛应用,大多数物流企业建立了管理信息系统,物流信息平台建设快速推进。（略）

基础设施网络日趋完善。截至2013年底,全国铁路营业里程10.3万公里,其中高速铁路1.1万公里;全国公路总里程达到435.6万公里,其中高速公路10.45万公里。（略）

发展环境不断优化。"十二五"规划纲要明确提出"大力发展现代物流业"。国务院印发《物流业调整和振兴规划》,并制定出台了促进物流业健康发展的政策措施。（略）

总体上看,我国物流业已步入转型升级的新阶段。但是,物流业发展总体水平还不高,发展方式比较粗放。主要表现为：一是物流成本高、效率低。（略）二是条块分割严重,阻碍物流业发展的体制机制障碍仍未打破。（略）三是基础设施相对滞后,不能满足现代物流发展的要求。（略）四是政策法规体系还不够完善,市场秩序不够规范。（略）

（二）面临的形势

当前,经济全球化趋势深入发展,网络信息技术革命带动新技术、新业态不断涌现,物流业发展面临的机遇与挑战并存。伴随全面深化改革,工业化、信息化、新型城镇化和农业现代化进程持续推进,产业结构调整和居民消费升级步伐不断加快,我国物流业发展空间越来越广阔。

物流需求快速增长。农业现代化对大宗农产品物流和鲜活农产品冷链物流的需求不断增长。新型工业化要求加快建立规模化、现代化的制造业物流服务体系。（略）

新技术、新管理不断出现。信息技术和供应链管理不断发展并在物流业得到广泛运用,为广大生产流通企业提供了越来越低成本、高效率、多样化、精益化的物流服务,推动制造业专注核心业务和商贸业优化内部分工,以新技术、新管理为核心的现代物流体系日益形成。(略)

资源环境约束日益加强。随着社会物流规模的快速扩大、能源消耗和环境污染形势的加重、城市交通压力的加大,传统的物流运作模式已难以为继。(略)

国际竞争日趋激烈。随着国际产业转移步伐不断加快和服务贸易快速发展,全球采购、全球生产和全球销售的物流发展模式正在日益形成,迫切要求我国形成一批深入参与国际分工、具有国际竞争力的跨国物流企业,畅通与主要贸易伙伴、周边国家便捷高效的国际物流大通道,形成具有全球影响力的国际物流中心,以应对日益激烈的全球物流企业竞争。

二、总体要求

(一)指导思想

以邓小平理论、"三个代表"重要思想、科学发展观为指导,深入贯彻党的十八大和十八届二中、三中全会精神,全面落实党中央、国务院各项决策部署,按照加快转变发展方式、建设生态文明的要求,适应信息技术发展的新趋势,以提高物流效率、降低物流成本、减轻资源和环境压力为重点,以市场为导向,以改革开放为动力,以先进技术为支撑,积极营造有利于现代物流业发展的政策环境,着力建立和完善现代物流服务体系,加快提升物流业发展水平,促进产业结构调整和经济提质增效升级,增强国民经济竞争力,为全面建成小康社会提供物流服务保障。

(二)主要原则

市场运作,政府引导。(略)

优化结构,提升水平。(略)

创新驱动,协同发展。(略)

节能减排,绿色环保。(略)

完善标准,提高效率。(略)

深化改革,整合资源。(略)

(三)发展目标

到2020年,基本建立布局合理、技术先进、便捷高效、绿色环保、安全有序的现代物流服务体系。

物流的社会化、专业化水平进一步提升。物流业增加值年均增长8％左右,物流业增加值占国内生产总值的比重达到7.5％左右。第三方物流比重明显提高。新的物流装备、技术广泛应用。

物流企业竞争力显著增强。一体化运作、网络化经营能力进一步提高,信息化和供应链管理水平明显提升,形成一批具有国际竞争力的大型综合物流企业集团和物流服务品牌。

物流基础设施及运作方式衔接更加顺畅。物流园区网络体系布局更加合理,多式联运、甩挂运输、共同配送等现代物流运作方式保持较快发展,物流集聚发展的效益进一步显现。

物流整体运行效率显著提高。全社会物流总费用与国内生产总值的比率由2013年的18％下降到16％左右,物流业对国民经济的支撑和保障能力进一步增强。

三、发展重点

1.着力降低物流成本。打破条块分割和地区封锁,减少行政干预,清理和废除妨碍全国统一市场和公平竞争的各种规定和做法,建立统一开放、竞争有序的全国物流服务市场。(略)

2.着力提升物流企业规模化、集约化水平。鼓励物流企业通过参股控股、兼并重组、协作联盟等方式做大做强,形成一批技术水平先进、主营业务突出、核心竞争力强的大型现代物流企业集团,通过规模化经营提高物流服务的一体化、网络化水平,形成大小物流企业共同发展的良好态势。(略)

3.着力加强物流基础设施网络建设。推进综合交通运输体系建设,合理规划布局物流基础设施,完善综合运输通道和交通枢纽节点布局,构建便捷、高效的物流基础设施网络,促进多种运输方式顺畅衔接和高效中转,提升物流体系综合能力。(略)

四、主要任务

1.大力提升物流社会化、专业化水平。鼓励制造企业分离外包物流业务,促进企业内部物流需求社会化。优化制造业、商贸业集聚区物流资源配置,构建中小微企业公共物流服务平台,提供社会化物流服务。(略)

2.进一步加强物流信息化建设。加强北斗导航、物联网、云计算、大数据、移动互联等先进信息技术在物流领域的应用。加快企业物流信息系统建设,发挥核心物流企业整合能力,打通物流信息链,实现物流信息全程可追踪。(略)

3.推进物流技术装备现代化。加强物流核心技术和装备研发,推动关键技术装备产业化,鼓励物流企业采用先进适用技术和装备。加快食品冷链、医药、烟草、机械、汽车、干散货、危险化学品等专业物流装备的研发,提升物流装备的专业化水平。(略)

4.加强物流标准化建设。加紧编制并组织实施物流标准中长期规划,完善物流标准体系。按照重点突出、结构合理、层次分明、科学适用、基本满足发展需要的要求,完善国家物流标准体系框架,加强通用基础类、公共类、服务类及专业类物流标准的制定工作,形成一批对全国物流业发展和服务水平提升有重大促进作用的物流标准。(略)

5.推进区域物流协调发展。落实国家区域发展整体战略和产业布局调整优化的要求,继续发挥全国性物流节点城市和区域性物流节点城市的辐射带动作用,推动区域物流协调发展。(略)

6.积极推动国际物流发展。加强枢纽港口、机场、铁路、公路等各类口岸物流基础设施建设。(略)

7.大力发展绿色物流。优化运输结构,合理配置各类运输方式,提高铁路和水路运输比重,促进节能减排。大力发展甩挂运输、共同配送、统一配送等先进的物流组织模式,提高储运工具的信息化水平,减少返空、迂回运输。(略)

五、重点工程

1.多式联运工程。加快多式联运设施建设,构建能力匹配的集疏运通道,配备现代化的中转设施,建立多式联运信息平台。(略)

2.物流园区工程。在严格符合土地利用总体规划、城市总体规划的前提下,按照节约、集约用地的原则,在重要的物流节点城市加快整合与合理布局物流园区。(略)

3.农产品物流工程。加大粮食仓储设施建设和维修改造力度,满足粮食收储需要。引进先进粮食仓储设备和技术,切实改善粮食仓储条件。(略)

4.制造业物流与供应链管理工程。支持建设与制造业企业紧密配套、有效衔接的仓储配送设施和物流信息平台,鼓励各类产业聚集区域和功能区配套建设公共外仓,引进第三方物流企业。(略)

5.资源型产品物流工程。依托煤炭、石油、铁矿石等重要产品的生产基地和市场,加快资源型产品物流集散中心和物流通道建设。(略)

6.城乡物流配送工程。加快完善城乡配送网络体系,统筹规划、合理布局物流园区、配送中心、末端配送网点等三级配送节点,搭建城市配送公共服

务平台,积极推进县、乡、村消费品和农资配送网络体系建设。(略)

7. 电子商务物流工程。适应电子商务快速发展需求,编制全国电子商务物流发展规划,结合国家电子商务示范城市、示范基地、物流园区、商业设施等建设,整合配送资源,构建电子商务物流服务平台和配送网络。(略)

8. 物流标准化工程。重点推进物流技术、信息、服务、运输、货代、仓储、粮食等农产品及加工食品、医药、汽车、家电、电子商务、邮政(含快递)、冷链、应急等物流标准的制修订工作,积极着手开展钢铁、机械、煤炭、铁矿石、石油石化、建材、棉花等大宗产品物流标准的研究制订工作。(略)

9. 物流信息平台工程。整合现有物流信息服务平台资源,形成跨行业和区域的智能物流信息公共服务平台。(略)

10. 物流新技术开发应用工程。支持货物跟踪定位、无线射频识别、可视化技术、移动信息服务、智能交通和位置服务等关键技术攻关,研发推广高性能货物搬运设备和快速分拣技术,加强沿海和内河船型、商用车运输等重要运输技术的研发应用。(略)

11. 再生资源回收物流工程。加快建立再生资源回收物流体系,重点推动包装物、废旧电器电子产品等生活废弃物和报废工程机械、农作物秸秆、消费品加工中产生的边角废料等有使用价值废弃物的回收物流发展。(略)

12. 应急物流工程。建立统一协调、反应迅捷、运行有序、高效可靠的应急物流体系,建设集满足多种应急需要为一体的物流中心,形成一批具有较强应急物流运作能力的骨干物流企业。(略)

六、保障措施

1. 深化改革开放。(略)

2. 完善法规制度。(略)

3. 规范市场秩序。(略)

4. 加强安全监管。(略)

5. 完善扶持政策。(略)

6. 拓宽投资融资渠道。(略)

7. 加强统计工作。(略)

8. 强化理论研究和人才培养。(略)

9. 发挥行业协会作用。(略)

七、组织实施

各地区、各部门要充分认识促进物流业健康发展的重大意义,采取有力措施,确保各项政策落到实处、见到实效。地方各级人民政府要加强组织领导,完善协调机制,结合本地实际抓紧制定具体落实方案,及时将实施过程中出现的新情况、新问题报送发展改革委和交通运输部、商务部等有关部门。国务院各有关部门要加强沟通,密切配合,根据职责分工完善各项配套政策措施。发展改革委要加强统筹协调,会同有关部门研究制定促进物流业发展三年行动计划,明确工作安排及时间进度,并做好督促检查和跟踪分析,重大问题及时报告。

》简析:这是一份内容完备的中长期工作计划,源自《国务院关于印发物流业发展中长期规划(2014—2020年)的通知》(国发〔2014〕42号),具有政策导向性。正文开头点出制定本规划的目的和依据,接着阐述我国目前物流业发展现状与面临的形势,即"为什么做",为后面的主要任务进行铺垫;然后对该规划的发展理念和主要目标进行阐述,即"做什么";最后对计划的行动方案、步骤和保障措施作了详尽的描述,即"怎么做"。本计划考虑周全,思路清晰,预见性、可操作性强。

第二节 总 结

一、总结的概念

总结是党政机关、社会团体、企事业单位和个人对一定时期内的某项工作、生产、学习、思想等情况加以回顾、分析、研究,从中找出经验和教训,引出规律性的认识,明确今后实践方向的文书。总结是对实践的认识,总结的过程是由感性认识上升到理性认识的过程。总结应对实践进行全面、深刻的概括。

总结的作用主要在于肯定成绩、积累经验、发现问题、找出教训、认识规律、明确方向,以指导今后的工作。

二、总结的特点

(一)实践性

总结的对象必须是自身的实践活动,总结的观点必须是从自身实践中抽象出来的认识,因此凡总结都应该采用第一人称。

（二）说理性

总结不仅要陈述工作情况，更要揭示理性认识。能否进行理性分析，找出带有规律性的东西，是衡量一篇总结写得好坏的重要标准。因此总结常采用叙议结合的表达方式。

（三）真实性

总结所使用的材料必须真实准确，分析问题应该本着实事求是的态度，按事物本来面目反映事物。

三、总结的种类

（一）按内容划分

可分为生产总结、学习总结、工作总结、思想总结等。

（二）按性质划分

可分为综合性总结、专题性总结等。

（三）按范围划分

可分为地区总结、单位总结、部门总结、个人总结等。

（四）按时间划分

可分为年度总结、季度总结、月度总结等。

四、总结的写作

（一）标题

1. 单位名称＋时限＋事由＋文种

【例】 ××学院2015—2016学年第二学期教学工作总结

2. 单位名称＋事由＋文种

【例】 ××公司员工培训工作总结

3. 时限＋事由＋文种

【例】 2016年支教工作总结

4.事由＋文种

【例】 工会工作总结

5.新闻式标题

【例】 让思想闪耀理性的光辉——《形式逻辑》学习总结

(二)正文

一般包括基本情况、成绩与经验及问题与教训、今后的意见等几个方面的内容。

1.基本情况　把总结的缘由、依据,所涉及的时间、地点、背景,事情的概况等交代清楚。

2.主要经验教训　这是总结的重点部分。主要说明在什么思想指导下,采取哪些措施,取得哪些成绩和经验,有哪些教训,并要求把这些经验教训从感性认识上升到理性高度。此部分宜采用叙议结合的表达方式。

3.今后努力方向　通常在总结经验教训的基础上提出今后的打算,制定新的措施,明确努力方向,表示今后的决心。这部分内容也可以不写。

(三)落款

在正文右下方署上单位名称,在署名的下一行写上日期。若标题中已有单位名称,此处可不必再署。

【例】

合肥市粮食局2013年工作总结

今年以来,市粮食局在市委、市政府的正确领导下,紧紧围绕市委、市政府建设"大湖名城,创新高地"的决策部署,全力实施"三大工程"(粮安工程、粮食产业化跨越工程、国有粮食企业效益提升工程),取得良好效果。截至2013年11月底,全社会粮食收购160万吨,其中国有粮食购销企业收购78万吨。最低价收购小麦16万吨,最低价收购中晚籼稻45万吨,已超额完成全年60万吨的目标任务;全市国有粮食购销企业实现销售收入16亿元,继续保持全省领先地位;新建空调低温仓1.5万吨,新增新农村科学储粮示范户1.5万户,落实粮食订单面积405万亩,均提前完成全年的目标任务;粮油加工产值达 268 亿元以上,完成全年目标任务 84%;市级××万吨储备粮和××万吨储备油储存安全,并安全优质保障驻肥部队的军粮供应。

一、今年以来主要工作

(一)大力实施"粮安工程"保障大湖名城米袋子安全

一是掌握粮源抓收购,助推农户增收 1.3 亿元。在夏、秋两季粮食收购工作中,全市共落实有效仓容 130 万吨,投入资金 1000 多万元,维修、添置了收购器材和检测仪器,协调落实收购资金近 30 亿元,培训收购人员近 600 人次。及时启动夏粮和秋粮最低收购价预案,促进了农民增收。强化监督检查,按照在地原则,成立联合检查组,促进了粮食收购政策落实,维护市场秩序。

二是落实储备抓创新,保障市场应急供应。严格按照省政府下达的××万吨市级储备粮和××万吨市级储备油的规模建立到位,并按规定完成了不低于合肥市区居民 10 天消费量的小包装成品粮油的任务。不断探索创新管理模式,建立了协管制度。强化市储粮轮换管理,到期轮换的市级储备粮一律通过安徽粮食批发市场统一招标轮换。完成了全国统一组织的库存检查工作。严格落实军粮供应政策,确保所有供应部队的粮食质量合格,等级达标。强化应急供应,以市军粮供应站点为基础,建立了覆盖全市的粮食应急供应点 60 多个,进一步提高了粮油应急供应水平。

三是落实政策抓建设,企业规范化管理进一步加强。根据国家粮食局"粮安工程"的部署安排,我市在全国率先启动了 60 万吨高大平房粮仓的新建重建任务,并制定下发《合肥市人民政府关于加强粮食仓储设施建设的意见》(合政秘〔2013〕160 号)。完成了空调低温仓 1.5 万吨建设和科学储粮示范 15000 户的任务。市政府出台了《关于加强市级储备粮油轮换价差收入使用管理意见》,保障了仓库维修费用的连续性。目前,经市政府批准支出市级储备粮油轮换价差收入 200 万元补助低温仓建设。继续开展"粮油仓储企业规范化管理三年提升行动"。大力发展生态科学储粮等新技术,实现"四合一"科学保粮覆盖率 80% 以上。

(二)大力实施"跨越工程",粮食产业化发展加速推进

认真落实《关于加快推进粮食产业化发展的意见》(合政秘〔2012〕68 号)文件。制定并下发了《粮食产业化"500 亿跨越工程提升年"活动》。确定了 2013 年 12 个重点建设项目,成立了局党组联系龙头企业制度,列出局党组成员牵头负责项目表,适时调度各个项目建设进度。强力推进招商引资工作,今年引进资金近 2 亿元,进一步完善了园区功能。目前,我市已建和在建粮食

产业化园区18个,有6个是列入省"861"计划的园区项目。完成优质粮油订单面积405万亩以上。在对粮食龙头企业进行调查摸底的基础上,确定重点培育××、××、×××等12家规模较大、效益较好、辐射力较强的大型粮油企业。

(三)大力推进项目建设,企业发展后劲显著增强

今年,市粮食局大力实施提升工程,即对现有的和国有资产进行集中整合,变分散为集中、变劣质为低质、变低效为高效。为此市政府专门下发了《关于市属国有粮食企业国有资产处置有关问题的会议纪要》,支持我局实施提升工程。当前,正全力推进六大项目建设。一是抓好军粮供应大厦项目。该项目位于长江东大街与铜陵路交叉口,总投资2.1亿元,占地7.53亩,大厦总建筑面积24000平方米,军粮供应面积5000多平方米,是新建前的10倍,现在正在进行地面建筑物拆迁。二是抓好粮食产业化大厦项目。该项目位于潜山北路和史河路交叉口,与蜀山区合作建设,总面积15000平方米,其中粮油面积5000平方米。项目以精品粮油展示、粮油贸易洽谈和粮油项目招商为主要功能,同时兼备粮油科技研发、粮油品牌推广和粮油产业孵化等功能。三是抓好合肥粮食物流园项目。该项目位于双凤开发区,占地280亩,已完成投资2亿元,建成现代化高大平房仓12栋,仓容总量达15万吨;建成油罐6座、在建2座,罐容总量达2.4万吨;建成铁路专用线1268米、复线长500米、铁路专用线罩棚13000平方米;建成日产400吨粮食烘干系统一套。四是抓好巢湖粮食产业园项目。该项目位于巢湖市栏杆镇,总投资1.2亿元,占地100亩,计划新建仓容为10万吨、罐容1万吨,目前已开工建设,明年建成并投入使用。五是抓好粮油食品市场项目。积极推进粮食产业转型发展,对位于樊洼路的原合肥粮食三库整体招租。该项目占地面积110亩,现已建成全省最大的茶叶食品城。六是抓好60万吨仓容建设项目。目前,各县(市)正在积极推进仓储设施建设,力争用3年时间,完成全市60万吨建设。项目建成后,将有力地促进我市国有粮食企业产业升级发展。

当前,各企业生产经营状况良好,经济效益稳中有进,始终保持全省前列。

二、当前形势和存在的主要问题

习总书记在视察鄂州市鄂城区杜山镇东港村育种基地时强调"粮食安全要靠自己"。年初,李克强总理在视察国家粮科院时强调,我国今后粮食消费还将刚性增长,十几亿人的吃饭问题,谁也"背"不起。并要求粮食系统要"广积粮,积好粮,好积粮"。今年中央一号文件也指出,中国保障国家粮食安全

和重要农产品有效供给任务艰巨。我市作为省会城市,现有人口750万,按每人每年消费400公斤原粮计算,每年粮食总需求达300万吨。我市小麦种植面积155万亩,中晚稻种植面积455万亩,年产粮食300万吨,产销处于紧平稳状态,按照"大湖名城"的建设规划,我市很快将由粮食产销平衡区变为销区,维护全市粮食安全,责任重大,任务艰巨。

一是仓储设施建设任务繁重。我市年消费粮食总量300万吨,按照国家产区粮食储备不少于3个月供应量,销区不少于6个月规定,我市粮食常规储备需要仓容80万吨,收购储备合计需仓容160万吨。但我市国有粮食企业现有符合储粮标准的有效仓容仅50万吨,粮食储备和可用仓容矛盾突出。今年秋粮收购工作中,全市仓容缺口矛盾突出。今年秋粮收购工作中,全市仓容缺口达20万吨。特别是巢湖、庐江等县(市)仓容异常紧张,尤其是巢湖市第一批委托的收购站点仓容收满以后,第二批收购站点的仓储条件较差,影响储粮安全。今年我市在全国率先落实"粮安工程",启动60万吨高大平房仓的建设任务,下一步督查落实任务重。

二是国有粮食企业机制创新能力不强。通过近年来的努力,全市粮食系统基本完成了国有粮食企业的改革,但这只是解决了"老人、老账和老粮"的表面问题,企业内在的机制和体制不能适应市场竞争,还存在着依赖政策的思想。

三是粮食产业化企业品牌不多。当前,我市的粮食企业大都以粗加工和单一加工为主,循环经济和深加工不够,除××米业发展米糠油外,其他企业在循环经济上基本无所作为。全市粮食加工企业小而多,品牌杂,真正叫得响,让消费者记得住的品牌不多。

》简析:这是一份业务性工作总结。正文前言部分概述了全年工作基本情况,接着分类介绍了2013年度的主要工作情况、做法和经验,然后分析了当前形势及工作中存在的主要问题。在语言表述上采用叙议结合的表达方式。

第三节　调查报告

一、调查报告的概念

调查报告是对某项工作、某个事件、某一问题进行深入细致的调查研究后,将调查经过、情况、认识和结论以书面形式表达出来的一种应用文书。

调查报告力求反映出事件、经验或问题的来龙去脉、前因后果,从而引出带有规律性或富有指导性的结论、意见。因此它不仅被公务人员使用,媒体记者也常常利用它来反映社会问题。

二、调查报告的特点

(一)针对性

调查报告直接服务于现实工作,这就需要针对现实中的具体工作或问题进行系统的调查,或总结经验,提供情况;或反映问题,查明真相。因此针对性是调查报告的关键,针对性越强其价值也就越大。

(二)真实性

调查报告的内容必须真实。事实是调查报告的基础,作者必须客观地反映调查对象的真实情况,实事求是地分析评价,得出符合客观实际的结论。没有真实性,调查报告也就失去了应有的作用。

(三)叙述性

调查报告的重点在于表述调查所得的材料和结果,同时要从中得出结论和意见,这就决定了它要以叙述为主,同时辅以议论。它的主要内容是叙述事实,说明情况,在此基础上进行分析综合,而无需完整的论证过程。

三、调查报告的种类

(一)反映情况的调查报告

这类报告通常比较全面、系统地反映一个地区、一个系统或一个部门的基本情况,它可以提供全面的情况,或者反映出某种动态、倾向,以引起有关部门的重视,成为决策的参考依据。

(二)总结典型经验的调查报告

这类报告通过对具有参考价值和借鉴作用的典型经验的分析,为贯彻执行党的路线、方针、政策提供具体的经验和方法。它往往通过对某项工作的具体做法和实际收效的调查,分析概括出具有启发和参考意义的经验和办法,以指导和推动整体工作。

(三)介绍新生事物的调查报告

这类调查报告比较全面完整地反映新生事物的发展过程和成长规律,揭示它的现实意义和社会作用。它多在"新"字上下功夫,重在扶持和促进新生事物的成长壮大。

(四)揭示问题的调查报告

这类调查报告是根据工作需要,为了解决矛盾和问题而写的。它通过对社会生活和工作中存在的不良现象和问题的调查,指出其危害性,分析产生问题的根源,提出解决问题的建议和办法,引起重视,促其解决。

(五)考察历史事实的调查报告

这类报告是根据现实的需要,对某些需要重新审定的历史事件进行调查,其目的是还原历史真相。

四、调查报告的写作

(一)标题

1. 公文式标题
【例】 ××市经济开发区关于特色工业园区建设情况的调查报告
2. 调查报告内容+文种
【例】 湖南农民运动考察报告
3. 新闻式标题
【例】 不让后代子孙埋怨我们——关于北京市河流污染情况的调查报告

(二)正文

1. 导语　可以开门见山、直截了当地提出问题,介绍主要事实;可以先摆情况,然后提出问题,介绍基本经验;可以夹叙夹议地叙述事实,表明作者对所叙事实的基本看法;还可以将调查的时间、地点、调查对象、调查原因、目的、调查人员、调查方式等向读者先作扼要介绍。

2. 主体　详述调查研究的具体情况、事实、做法、经验以及从中得出的各种认识和结论。写法上有纵式结构、横式结构以及纵横式结构的区别。

纵式结构是按照事物的产生、发展、变化的过程,以时间的先后为序书写。这种写法一般适用于对某个事件的始末进行调查研究后写成的报告。

横式结构是指调查报告的主体分为几个部分,按照事物的内在逻辑关系进行分类。把材料横向排列,逐个进行叙述,达到从各个方面分析问题、得出结论的目的。

纵横结构是兼具纵式和横式特点的结构。可以先纵式,后横式,反之亦可。

3. 结尾　再一次明确结论,深化主题;或提出意见、建议等。也可无特别结尾。

(三)落款

在正文右下方署上个人姓名或调查组名称,在署名的下一行写上日期。具名也可在标题的下一行。

【例】

科技工作者想什么?盼什么?
——第三次全国科技工作者状况调查报告之一

为贯彻落实中央书记处关于深入开展科技工作者状况调查的指示精神,全面了解我国科技工作者队伍的总体状况,及时准确掌握科技工作者在就业方式、科研环境、生活状况、流动趋势、思想观念等方面出现的新情况新问题,进一步开发利用好科技人力资源这一战略资源,2013年下半年,中国科协组织开展了第三次全国科技工作者状况调查(简称第三次面上调查)。本次调查依托分布在全国的654个科技工作者状况调查站点进行,覆盖科研院所、高等院校、企业、医疗卫生机构和县域基层单位的各类科技工作者群体,共发放问卷36000份,回收合格问卷34196份,有效回收率95%。为确保数据代表性,课题组根据第六次全国人口普查数据中各地区就业人员数量和受教育程度构成情况,对样本作了加权处理。本期《光明调查》刊发的是第三次全国科技工作者状况系列调查报告的第一篇。

1　科技工作者队伍年轻化、高学历化特征明显

近年来,我国科技人员队伍保持快速增长,呈现出年轻化、高学历的趋势,越来越多的科技人员通过自主选择而不是组织分配来择业,科技人员的国际化程度也在不断提高。

一是队伍规模稳定增长。据测算,我国科技人力资源总量从2006年近4200万增长到2012年近6800万。国家统计局数据显示,R&D(研究与发展)人员全时当量从2007年的173.6万人年增长到2012年的324.7万人年,增长了87%。本次调查对355家企业、科研院所、高校、医疗卫生机构、中学等用人单位报表汇总结果显示:自2008年以来,86.5%的单位科技人员都有不同程度增加,其中14.4%的单位增加50%以上,28.5%的单位增加20%—50%。

二是年龄结构继续年轻化。本次调查表明,2013年我国科技工作者平均年龄为36.8岁,其中35岁以下占45.7%,35—44岁占31.8%,45岁及以上占22.5%。与2008年第二次全国调查相比,平均年龄降低0.6岁,35岁以下比例增加7.6%。这一结果与近年来高等教育快速发展、大量高校毕业生进入科技工作者队伍是一致的。据统计,2008—2012年间毕业的普通本专科学生人数高达2851万,仅比1949—2007年毕业生总数3287万少436万。目前,我国高校普通本专科在校学生总数2391万人、研究生在校学生总数172万人,这预示着科技人力资源仍将保持快速增长,科技工作者队伍将继续呈现年轻化趋势。

三是高学历化趋势明显。本次调查发现,2013年科技工作者队伍中博士学位获得者占12.6%,硕士占20.9%,本科占48.0%,大专占14.7%。其中,研究生以上学历占比从2003年的11.4%增加到2008年的25.7%,再增加到2013年的33.5%,说明科技工作者队伍长期保持高学历化趋势。高校和科研院所高学历特征尤为明显,研究生以上学历分别占81.2%、47.6%。在35岁以下组和35—44岁组中,获得研究生学历的比例分别为37.5%、36.6%,45岁及以上组中获得研究生学历的比例为21.2%。近年来高等教育的扩张使得研究生毕业生人数快速增长,2002年之前累计毕业生总数为76万人,2003年至2007年间累计毕业生达102万人,2008年至2012年间累计毕业生达201万人,表明科技工作者队伍高学历化趋势仍将持续。

四是自主择业比例增加。调查显示,26.8%的科技工作者因为组织分配或调动进入现单位工作,另外近四分之三则是自主选择职业的结果,自主择业比例比2008年增加13个百分点。科技工作者择业时看重的主要因素包括:能发挥专业技能(43.5%),工作稳定(41.5%),符合个人兴趣(29.5%),

便于照顾家庭(16.1%)。科技工作者平均工作年限(工龄)为14年,比2008年调查降低0.7年;自工作以来曾经更换过单位的比例为36.0%,比2008年调查高11个百分点,说明科技工作者职业忠诚度有所下降。

五是科研人员国际化水平较高。调查表明,6.1%的科技工作者有过一年及以上的海外留学或工作经历,其中科研院所的科研人员有海外经历的比例为8.3%,高校的科研人员有海外经历的比例为21.7%。科研院所和高校的科研人员参加国际学术团体的比例分别为4.1%、11.0%;最近三年曾在国际学术会议上宣读论文的比例分别为12.9%、34.8%;最近三年发表SCI论文的平均值分别为0.8篇、2.0篇。

六是科技工作者对党和国家事业的支持程度进一步增强。调查显示,95.5%的科技工作者认为必须坚持党的领导,70.0%的科技工作者积极关注国家出台的政策方针。93.9%的科技工作者赞同"国家实施创新驱动发展战略,为科技工作者施展才华提供了更加广阔的天地"。同时,科技工作者的知识产权意识、对经济社会发展的关注程度明显提高,近三年中30.9%的科研人员获得过专利,高于2008年调查的21.5%;43.0%的科研人员有科研成果转化为产品或应用于生产,其中企业、科研院所、高校的科研人员有成果转化的比例分别为65.6%、47.1%和25.6%。总体来看,广大科技工作者拥护中国共产党的领导,热爱祖国和人民,忠诚于党和国家事业。

2　科技评价导向、科技资源分配是科技工作者关注焦点

调查显示,科技工作者对现行科技评价导向、科技资源分配和科研管理、职业发展空间等关系切身利益的问题反映较多,科技工作者生活压力大、平均健康状况不容乐观,幸福感还有待提高。

一是对实现两个百年目标的信心还需进一步提振。对我国"在2020年全面建成小康社会""在2049年建成富强、民主、文明、和谐的社会主义现代化国家"的发展目标,分别有34.7%、32.4%的科技工作者表示信心不足。对我国"到2020年进入创新型国家行列""在2049年成为世界科技强国"的发展目标,分别有39.1%、33.6%的科技工作者表示信心不足,青年、高学历群体对国家未来发展目标的信心不足现象比较突出。

二是对自身能力水平的判断并不乐观。74.1%的科研人员认为我国科技工作者的研究能力落后于发达国家,这一比例高于2008年的65.4%。69.6%的科研人员认为科技工作者队伍中不安心做科研的情况比较严重或非常严重,这一比例高于2008年的62.0%。此外,85.1%的科研人员认为我

国原创性科技成果少,82.5%的科研人员认为关键技术自给率低。这种情况说明科技工作者队伍的创新自信还比较缺乏。

三是认为科技评价导向不尽合理。调查表明,59.4%的科技工作者认为现行科技评价导向不合理,其中科研人员认为评价导向不合理的比例高达68.2%。以发表论文、承担科研项目数量为例,81.8%的科研人员表示发表论文对于完成考核要求非常重要或比较重要,近三年承担过项目的科研人员中,91.7%认为承担项目对完成业绩考核作用非常大或比较大。52.0%的科技工作者认为现行评价制度驱使造成学术不端行为频频出现。对现有科技奖励的社会影响,26.2%的科技工作者认为示范效应非常明显,同时11.6%认为负面效应非常明显。

四是对科技资源配置和科研管理问题反映较多。对于政府的科技资源,28.4%的科技工作者认为分配结果不公平,26.6%认为分配过程不公平,25.4%认为资源使用效率不高。63.4%的科技工作者认为科技项目及经费管理存在不合理之处,其中科研人员持这种看法的比例达71.1%。科研人员反映在申报和承担财政项目时曾经遇到的突出问题包括:项目限定的人员费比例太低(59.7%)、申报周期过长(56.1%)、审批程序不透明(50.7%)、申报手续复杂(48.8%)、评审时拉关系走后门(45.4%)、资金到位不及时(36.1%)、结项验收走形式走过场(33.0%)、招标信息不公开(28.0%)、项目经费的违规使用或挪用(16.7%)。

五是期待拓宽个人职业发展空间。调查发现,科技工作者对目前工作总体满意率为54.9%,其中职称、职务晋升(26.3%)、收入(25.2%)、单位学术氛围(32.3%)、单位组织进修培训(28.5%),20.0%的科技工作者明确表示对个人发展空间不满意。17.8%的科技工作者没有职称,比2008年调查高出9.6个百分点;其中大型企业18.5%、中小企业45.7%没有职称,远超过2008年的10.1%、20.9%。初级、中级、副高职称人员中分别有30.3%、33.8%、22.7%对职称职务晋升不满意。26.2%的科技工作者考虑过更换目前的职业或工作单位,大型企业、中小企业中这一比例分别为31.2%、30.2%,35岁以下青年群体则为30.1%,表现出相对较强的流动意愿。

六是生活幸福感有待提高。调查表明,我国科技工作者2012年平均收入为74137元,比2007年的41159元增长了80%,略低于全国城镇单位就业人员平均工资的增幅(89%),有30.5%的科技工作者对自己的收入状况不满意。54.4%的科技工作者认为自己的社会地位在当地属于中下层或下层,感觉生活很幸福或比较幸福的不足四成(37.5%)。50.2%的科技工作者认为自己身体非常健康或比较健康,低于2008年调查的54.1%,另外38.1%认为一般,11.7%认为自己不健康,表明当前科技工作者队伍的平均健康状况不容乐观。44.4%的科技工作者感到压力大,其中大学教师、科研人员中感到压力大的比例更高,分别为 55.2%、52.7%,49.1%的硕士、58.1%的博士感到压力大。

3 激发科技工作者的创新热情、创造活力

当前,我国正在实施创新驱动发展战略,推动以科技创新为核心的全面创新。发挥科技创新对经济社会发展的支撑和引领作用,必须深化科技体制改革,形成有利于出人才出成果的科技评价制度,必须改革科技资源分配制度,完善科技管理体制,不断激发科技工作者的创新热情。

一要加强宣传教育,引导科技工作者践行社会主义核心价值观。目前构成我国科技工作者队伍的主体是新中国成立之后出生成长的中青年,近八成是在改革开放之后成长起来的,受教育程度和基本素质明显提高,同时思想意识多元、多样、多变的特点也十分显著,个人价值取向更为明显。应面向科技工作者开展有针对性的宣传教育活动,采用多种形式精心解读社会主义核心价值体系的丰富内涵,大力培育践行社会主义核心价值观,提高科技工作者的价值判断力。创新宣传教育的方式,以老一辈科学家为主题,通过主题展览、经典剧目、影视作品、传记作品等方式,开展有吸引力、感染力的宣传活动,引发心灵共鸣,进一步增强科技工作者履行历史责任感和社会责任感的自觉性和坚定性。加强科学道德和学风建设,推动建立长效机制,使科研诚信真正成为对科技工作者的自觉要求和行为规范。

二要改革科技评价制度,形成有利于出人才、出成果的激励导向。积极改变现有人才评价中过度与论文、项目和经费数量挂钩的现象,鼓励科技工作者更加关注长远、关注经济社会和民生重大需求,努力做出有原始创新、解决重大发展问题的科技成果。确立用人单位在科技人才评价中的主体地位,建立分类评价体系,根据科技人才所从事的工作性质和岗位,确定相应的评价标准和方式,让从事基础研究、社会公益研究、应用研究、技术开发以及科研辅助、科技管理的各类人才,各尽其能、各得其所。尊重科研活动的客观规律,适当延长评价周期,简化评价程序,减少考核活动,鼓励科技人才持续研究和长期积累。注重发挥科技社团在科技人才评价中的基础作用,把科学精神、科学道德作为科技人才评价重要内容,纳入科技人才评价指标体系,推动营造理性质疑、学术民主、兼容并蓄、奖掖后学的良好氛围。

三要改革科技资源配置方式，完善科研管理制度。加快科研资源配置方式改革，根据科技活动和人才成长的规律和特点，实行更具导向的支持方式，对基础研究、前沿高技术研究和社会公益类科研活动实行长期、稳定、充足的经费支持，对产业技术研发则充分发挥市场配置资源的决定性作用。深化科技计划管理改革，简化项目评审程序，加强事后评估，建立信用体系，提高管理效率，保障科技人才用于科研的时间。加大公共科技资源开放共享力度，重视对科研基础条件和数据等方面投入，鼓励和支持开放共享，完善国家科技报告体系建设，促进承担财政支持科研课题的科技工作者面向公众开展科普活动。加快实现科技计划管理过程公开透明，建立第三方监督机制，发挥科技社团等第三方机构客观、中立的作用，对科技管理全过程予以监督和评价评估。

四要建立合理的薪酬体系和分配方式，调动科技工作者的积极性、创造性。充分尊重科技工作者创造性劳动的价值，建立健全科研机构和高等学校岗位绩效工资制度，完善科研人员收入分配政策，确保优秀科技人才收入维持在有竞争力的水平。完善科研补贴制度，改革现有科研单位和高校的薪酬体系，提供有针对性的政策激励和福利保障。鼓励企业探索建立知识、技术等要素按贡献参与分配的制度，探索实行技术成果、知识产权折价、股权期权激励等科技人才激励方式。加大知识产权保护力度，强化知识产权、技术成果等对科技人才创新创业的激励作用，制定职务技术成果管理条例，提高技术成果转化和应用中主要发明人的收益比例。通过多种方式，改善青年科技人员的生活条件，减轻生活压力，提高待遇。

五要大力培育科学文化和创新文化，营造良好的创新环境。着力推动科学文化建设，加大对优秀学术传统的研究和宣传力度，推动科技界进一步认同社会主义核心价值观，发挥科学共同体在培育科学文化中的基础和导向作用，大力弘扬科学精神，推动形成有利于创新的良好学术氛围。对高级研究人员实行学术年假制度，让他们有更多的机会进行学术交流，帮助他们舒缓工作学习压力。加大科普宣传力度，精心策划节目和报道内容，用科学知识、科学态度、科学思考引领社会思潮，巩固和壮大主流舆论，增强全社会公众的创新自信和对科技发展的支持理解，培育崇尚科学、勇于创新的社会价值观。广泛开展对优秀科技人物和创新团队优秀事迹的宣传，树立优秀典型，塑造科技工作者的良好社会形象，营造尊重劳动、尊重知识、尊重人才、尊重创造的良好氛围。

六要组织开展多种形式的学术交流和举荐表彰,畅通科技工作者成长成才渠道。发挥学术交流对人才培养的促进作用,支持科技社团举办高端、前沿、跨学科学术交流活动,支持科技期刊提升质量和影响力,吸引国际科学组织在华召开国际一流学术会议,支持国内知名专家积极参与国际学术团体活动并争取担任领导职务。注重搭建多种形式、不同层次的合作交流平台,推动优秀人才拓展视野、提升能力。适应科技迅猛发展的形势要求,广泛开展面向科技工作者的继续教育,支持用人单位建立在职学习长效机制,鼓励科技工作者在"干中学",不断提高科研水平和创新能力。改革科技奖励制度,坚持以用为本,充分发挥科技社团的同行评价作用,对科技工作者的学术水平、研究能力、科研产出和诚信状况作出客观评价,通过科学合理的奖励机制推动德才兼备的优秀人才脱颖而出,在合适的工作岗位、合适的专业领域、合适的条件保障支持下创造出更加丰硕的科技成果,创造更加辉煌的科技业绩。

(中国科协"第三次全国科技工作者状况调查"课题组 执笔人:邓大胜、李路路、史慧、高晓巍、刘春平、张丽)

》简析:这是一篇发表在《光明日报》2015年1月23日05版上的调查报告,系第三次全国科技工作者状况系列调查报告的首篇。标题采用新闻式标题写法,两个疑问句简单直接、引人思索。导语部分概述了调查报告的背景、目的、主题,调查的时间、地点、调查对象、调查方式等。主体部分从科技工作者的队伍建设、现阶段关注的主要问题和面临的困境、激发科技工作者创新热情与创造活力的具体举措三个方面进行了叙述、分析和总结。全篇结构清晰、数据翔实、说服力强,对于准确掌握和解决当前科技工作者在就业方式、科研环境、生活状况、流动趋势、思想观念等方面出现的新情况、新问题具有较强的参考价值。

第四节 述职报告

一、述职报告的概念

述职报告是党政机关、社会团体、企事业单位的干部或工作人员,向主管领导、人事部门、单位职工或选区的选民,陈述自己任职时期内的工作情况的自我述评性报告。

述职报告是我国实行新的干部人事管理制度和专业技术人员管理及考核体系的一个重要工具,具有其他文种不可替代的作用。

二、述职报告的特点

(一)内容的限定性

述职,必须紧紧围绕岗位职责和目标来进行。无论是汇报工作成绩,还是说明存在问题、概括今后工作打算,所用的材料都被限定在述职人的职责范围内。不属于自己的岗位职责,即使做了某些工作也不必写入报告中。这也是述职报告与总结的区别之一。

(二)主体的唯一性

述职是自我述评,而不是从第三者的角度检查、总结和评价他人的工作情况,必须用第一人称表述。

(三)时间的限制性

一是述职的内容必须是在任职期限内的,不是这一期间做的工作不需写入;二是报告时间的限制性。述职者必须按考核时间的要求写出书面报告,向特定人员宣读并上交上级有关部门。

(四)行文的严肃性

述职报告是考察干部的重要依据之一,一般都要存入人事档案,因此,述职者必须严肃认真地对待述职报告的写作。报告中述说的"实绩",必须真实准确,语言质朴平易,切不可添枝加叶、文过饰非。

三、述职报告的种类

(一)按性质划分

可分为综合性述职报告、专题性述职报告等。

(二)按时间划分

可分为任期述职报告、年度述职报告、临时性述职报告等。

（三）按目的划分

可分为晋职述职报告、例行述职报告等。

四、述职报告的写作

（一）标题

1. 文种式标题，只写"述职报告"
2. 姓名＋时限＋事由＋文种或省略某些要素

【例1】 ××2015—2016年任旅游局长职务的述职报告

【例2】 2014—2015年试聘期述职报告

【例3】 党委书记2015年度述职报告

3. 新闻式标题

【例】 做经济工作也要讲政治——××公司××述职报告

（二）称谓

即对听取述职报告的对象的称呼。

（三）正文

1. 前言　概述任职人的基本情况，包括何时任何职，变动情况及背景，岗位职责和考核期内的目标任务情况等；对自己工作尽职的整体评价。这部分要写得简明扼要，给听者一个大体印象。

2. 主体　是述职报告的中心内容，主要写实绩、做法、经验、体会或教训、问题。这部分要写得具体充实、有理有据、条理清楚。由于这部分内容涉及面广，所以宜分条列项写出，"条""项"要注意内在逻辑关系。还应注意不能照搬总结写法，应按照岗位职责标准规范述职，用实绩说明履职的好坏。

3. 结尾　作适当的自我批评，表明今后的设想和决心。要从实际出发，对今后工作作出战略性规划，表明尽职的态度。

最后可用"以上报告，请审阅（查）/以上报告，请批评指正/述职完毕，请批评指正"等作结。

（四）落款

在正文右下方署上述职人姓名,在署名的下一行写上日期。具名也可在标题的下一行。

【例】

××大学后勤党委副书记2016年度述职述廉报告

一年来,在校党委、行政和后勤党委的正确领导下,在同志们的大力支持配合下,我立足本职工作岗位,紧紧围绕年度工作重点,着力提高思想政治素质和业务工作水平,身体力行,真抓实干,认真履行工作职责,较好地完成了学校和后勤党委赋予的各项工作任务。现将一年来的工作和党风廉政建设落实情况汇报如下:

一、加强政治学习,提高思想认识

加强政治学习,着力提高思想认识水平,是做好工作的重要政治保证。按照学校和后勤党委的统一部署,坚持把政治学习摆在突出位置,积极参加"两学一做"学习教育,学原文、读原著、深入领会习近平总书记重要讲话精髓、中央的路线和各项方针政策,及时把思想认识统一到中央的精神上来。自觉同党中央保持高度一致,坚决维护党中央的权威,坚决维护党和政府在人民群众中的形象,自觉加强党性修养,增强明辨是非的能力,时刻严格规范和约束自己的言行,认真遵守各项规章制度,进一步树立自己正确的世界观、人生观和价值观。

二、身先士卒,当好配角

在工作中,我始终注意摆正自己的位置,并努力做到三点:一是立足本职,当好主要领导的参谋助手,积极维护党委的权威。坚持摆正位置,对属于职责范围内的事尽职尽责,不推诿扯皮;对暴露出的问题和矛盾,主动承担责任,不遮遮掩掩。二是把握一个"度"字,做到到位而不越位,自觉服从领导,不争权、不越位,小事积极解决,大事及时汇报。三是强调一个"和"字,多理解沟通,相互配合支持,积极维护班子团结,努力成为班子团结的积极因素。在坚持党性、坚持原则的前提下,只要是自己职权范围内的工作,果断决策,大胆工作,积极地、创造性地落实主要领导和班子的决策;在落实过程中我结合实际,充分发挥自己的主动性和创造性,做了一些拾遗补缺和不断完善的工作。

三、求真务实,尽职尽责

一年来,我坚持工作勤勤恳恳,实事求是,尽职尽责,努力使自己分管的

各项工作都能取得较好的成绩:

1. 认真制订学习计划。组织参加每月定期召开的中心组学习,制订学习计划,统筹安排学习内容。检查各支部"三会一课"活动情况。组织全体党员观看了电影《雷锋的微笑》和纪实片《榜样》。

2. 发挥助手的组织、协调、沟通作用,多请示、多汇报,多了解支部和党员的工作状况,及时安排布置各项工作任务,认真检查、督促落实。处理好日常工作事务。

3. 利用后勤党委党务公开网页、有关会议、通知、公示栏等多种形式,适时向党员和广大职工通报了班子建设、中心工作、廉政建设、制度建设、党费收缴以及后勤分工会的会费收缴和开支情况。

4. 按照后勤党委2015年"三严三实"专题民主生活会的整改方案,认真落实整改措施,在以"师生为主体、服务挺在前"为主题、深入开展作风建设活动中进行了积极探索。

5. 在建党95周年之际,举办了党员"学党史、知党情、强党性""读书学习月"活动,并举办了一次党史知识竞赛。

6. 起草撰写了后勤党委所有的文字材料。

7. 大力开展社会主义核心价值观、职业道德教育。6月25日,组织全体党员和入党积极分子,到革命圣地西柏坡进行了参观学习。

8. 遵照《党章》,并按照××省高校发展党员的实施细则要求,严格履行入党手续,把握发展党员工作中培训、政审、考察、审批、转正等各个环节。今年,新发展党员1名,预备党员转正1名。

9. 在党员组织关系集中排查中,严格按照上级文件要求认真进行筛选清理。通过党员本人填写个人信息,查阅党员人事档案,核实了党员身份信息,重点核实了入党时间、转正时间。作为学校流动党员的管理单位,我重点对流动党员进行了排查。我校流动党员主要由职工子弟中无正式工作的高校毕业生和退伍军人党员组成。其中15人没有固定工作,或在个人小公司打工,5人自费出国留学。排查中,我积极联系其家长和工作单位,阐明利害关系,说服家长,有8人转出了组织关系。

10. 对推选出的模范人物的先进事迹,通过校报、网站进行了宣传报道,通过身边人物的先进事迹,激发广大职工的工作动力。

11. 积极组织职工参加了校工会组织的各项文体活动,并取得了优良的成绩:三八拔河前三名、运动会团体总分第五名、排球第二名、毽球第五名等。

分工会和各工会小组举办了年底迎新游艺、羽毛球、登山、骑行、扑克、象棋等活动,丰富了职工的业余生活,促进职工的身心健康。

12.建立了职工困难户档案,随时掌握他们的困难和思想动态,积极为他们争取补助。关心职工生活,主动探望生病住院的职工,为困难职工发放和争取补助。为1人发放补助500元,为3人争取困难补助6000元。遇职工婚丧嫁娶时,代表党委及分工会上门家访,在关心慰问的同时,提醒职工特别是党员干部要把规矩挺在前面,不可逾越"红线"。

13.积极配合各职能处、科、中心开展职工技能培训,协助校医院举办了"心肺复苏""止血包扎"两项技能比赛。

14.在省万名干部入企服务两个月的工作中,对×××××××有限公司进行了调研,解决了企业村企矛盾、电力直销对接、贷款5000万、消防工程验收等问题,撰写了入企服务调研报告。

15.参加了学校组织的全省扶贫第三方评估工作,16天时间共走访3县、15个村、300个农户。每天工作近16个小时,冒雪进山、步行入户,吃苦、严谨、廉洁的工作作风得到了省扶贫办和各市、县有关领导的高度评价。

四、勤政廉洁,以身作则

一年来,始终抱着对党负责、对人民负责的态度,忠于职守,持重行事,率先垂范,严格要求,管住自己,把住关口,较好地履行了"一岗双责"。

一是强化廉政教育。组织广大党员干部学习《党章》《准则》《条例》和习近平总书记系列重要讲话精神,学习校纪委印发的《警钟长鸣》等警示资料,组织全体职工观看《公职人员职务犯罪典型案例分析》《四风之害》《作风建设在路上》《打铁还需自身硬》等警示教育片。还利用网页宣传反腐败三字经、廉政建设十字歌和廉政名言警句。

二是坚持立身行事。把廉洁作为自己的第一准则,着力树立良好形象。严格按照共产党员的标准要求自己,自觉遵守国家的法律和各项规章制度,始终以身作则,要求别人做到的,自己首先做到,要求别人不做的,自己首先不做,不搞特殊化。堂堂正正做人,克己奉公,防微杜渐,做到自重、自省、自警、自励,努力树立良好形象。在处理公与私、感情与原则等问题上,做到原则面前不让步,不含糊,是非分明,立场坚定,作风扎实。在严格执行并落实党风廉政建设责任制上,遵守《廉政准则》,落实"八项规定"等有关加强党风廉政建设的规章条例。自觉加强党性修养,增强明辨是非的能力,不说与党章要求不相符的话,不做与党章规定不一致的事,做到一言一行符合党员标准,一点一滴体现党员风采,一心一意为党旗增辉,维护了党和政府在人民群众中的形象。

三是严格执行廉政规定。在办公用房、公务用车、公务接待以及严禁公款吃喝等方面严格按照规定要求,没有违纪行为,没有在企业领取任何报酬,特别在第三方评估工作中,没有收受任何现金、有价证券、支付凭证和土特产礼品等馈赠。

总结一年来的工作,取得了一些成绩和进步,但同时感到还有很多不足,自己的知识仍需进一步更新丰富,工作能力还需进一步加强提升。在今后的工作中,要继续以求真务实的态度抓学习,以开拓创新的精神抓工作,不断改进工作方法,加强廉洁自律,尽心竭力做好各项工作,为我校的发展努力奋斗!

述职人:×××
×年×月×日

》简析:这是一份结构完整、条理清晰的述职述廉报告。前言部分用简短的语言对本人的履职情况进行了整体评价;主体部分紧扣职责要求分条列项介绍了工作实绩、具体做法、心得体会等;结尾部分作出自我批评并表明今后的努力方向与尽职态度。本篇述职报告存在的问题是在谈到工作不足之处时过于笼统表面,同时缺少称谓。

第五节 简 报

一、简报的概念

简报,即简明的信息报道,是党政机关、社会团体、企事业单位编发的用以传达信息、反映情况、交流经验、指导工作的带有一定新闻性质的应用文书。在实际工作中,"内部参考""信息快报""情况反映""思想动态""简讯"等都属于简报的范畴。

二、简报的特点

(一)真实性

简报中反映的材料必须本着实事求是的精神,真实可靠,不能有半点虚构和马虎。要做到有喜报喜，有忧报忧，既不能以偏概全，也不要张冠李戴。

（二）简明性

简报素有"公文轻骑兵"之美誉，"简"是简报的固有属性。简报的"简"，不是简单空洞，而是指叙事简明扼要，概括精练。这就要求我们在编写简报时选择最有意义的典型材料，选题小，开掘深，重点突出，文字简洁。

（三）及时性

简报具有新闻报道的某些特点，只有快，才能发挥它的优势。应着重报道新近发生的有意义的、典型的事实，迅速及时地反映情况、传递信息。

三、简报的种类

（一）按内容划分

可分为工作简报、情况简报、经验简报、会议简报等。

（二）按性质划分

可分为综合性简报和专题性简报等。

四、简报的写作

（一）报头

报头排在简报的首页上方，约占三分之一的版面。主要包括：

1.简报名称　简报名称应根据简报的行业性质或内容作用等确定。如"简报""××会议简报""市场信息""高教通讯""文化动态"等。报头大红套印，美观醒目。

2.期号　有的以年度为单位编号，有的则统编总期号，定期以外如有增刊可另编期号，会议简报的期数则以一次会议始终为时限按次编号。期号印在简报名称的正下方，用圆括号括起。

3.编印单位　在期号左下侧，左空一格写编发单位名称，如"××局办公室编"或"××会议秘书处编"等。

4. 印发时间　在期号右下侧,右空一格写印发简报的年月日,与编印单位位于同一水平线上,样式为"×年×月×日"。

5. 密级　密级一般分为绝密、机密、秘密三级,应视简报内容而定,印在简报名称右上方空白处,也有的简报在此位置印"内部刊物""注意保存"等字样。

6. 红色横线　距编印单位及印发时间下 4mm 处画一条红色横线,长度同版心。

(二)报文(报核)

1. 目录　对于刊登两种以上内容的简报,可在首页印制目录,便于读者了解简报的梗概。

2. 按语　按语也称"编者按"或"按",它的作用是对简报内容加以提示、说明或评论,以引导读者注意,多用于专题性简报。此项不是必写内容。

3. 标题　简报标题与新闻报道的标题一样可以灵活多样。

(1)揭示主题式

【例】　加强"两学一做"学习　发挥党员模范带头作用

(2)概括内容式

【例】　省教育厅领导出席我校高考阅卷动员大会

(3)对仗式

【例】　地震无情　人间有爱

(4)设问式

【例】　"雷锋精神"还要不要

(5)正副标题式

【例】　加强科技成果转化,提升地方科技竞争力
　　　　——××研究所积极推进××市"科教兴市"工作

4. 正文

(1)导语　可采用新闻导语的写法,直接切入主题或交代事件要素,也可采用公文导言的写法,明确行文根据与目的。

(2)主体　要紧扣导语,通过大量的有说服力的典型材料,把导语中概括出来的观点和内容具体化。

(3)结尾　结尾不是必写内容,应依据简报所反映的内容而定。有的照

应全文,深化主题;有的指明事件的发展趋势;有的提出发人深省的思考;有的补充未尽事宜等。

（三）报尾

相当于公文的版记部分,在末页最下方画两条黑色横线,线内注明报送发范围、对象、印数等。

【例】

××大学简报

（总第375期）

××大学办公室编印　　　　　　　　　　　　2016年第6期

目　录

校党委召开八届十次全体会议
学校开展中央巡视组巡视"回头看"反馈意见对照整改工作
我校举行2016届学生毕业典礼暨学位授予仪式
校党委召开协商民主课题研讨会
省人大代表政协委员视察我校评卷工作

简　讯

省委组织部、省委教育工委领导来我校宣布干部任职决定
省委调研督导组来我校进行"两学一做"学习教育专项调研督导
学校聘任第十届学生校长助理
我校与境外合作交流活动丰富
我校主办首届博士（后）中国创新发展高峰论坛
我校1项目入围国家重点研发计划
我校3课题入选省委省政府重大决策部署舆情跟踪研判项目
报告讲座
相关获奖

校党委召开八届十次全体会议

6月12日下午,校党委召开八届十次全体会议,审议通过《关于深入学习宣传和贯彻落实习近平总书记视察安徽重要讲话精神的实施意见》和《中共××大学委员会关于深入推进全面从严治党的实施意见》。

会议强调,全校上下要切实将习近平总书记视察安徽重要讲话精神,落

实到推动学校党的建设和教育事业改革发展上来。一是抓好党建,谋好发展。围绕习近平总书记指明的安徽发展的"一大目标、五大任务",贯彻落实省委提出的深入推进全面从严治党的若干意见,进一步完善学校教育事业发展"十三五"规划,科学制定学校"双一流"建设方案。二是统筹推进,协调落实。要将落实党委制定的两个实施意见,与"两学一做"学习教育结合起来;与做好中央巡视组巡视"回头看"反馈意见对照整改工作结合起来;与促进学校教学科研、管理服务等各项事业改革发展结合起来。三是带头落实,做好表率。学校党委委员特别是常委会成员要履职尽责,振奋精神,狠抓落实,以严的要求、实的作风、真的担当,推进学校党的建设和改革发展再上新台阶,确保"十三五"开好局、起好步。

学校开展中央巡视组巡视"回头看"反馈意见对照整改工作

6月7日,校党委书记×××主持召开学校党委常委会(扩大)会议,传达学习省委召开的中央巡视组巡视"回头看"反馈意见整改动员部署大会精神,研究学校贯彻落实意见,决定成立学校巡视整改工作领导小组。会后,陆续制订总体方案和专项整治工作方案,形成了"一总七专"完备的对照整改体系。

6月17日,×××主持召开对照整改动员部署会并强调,要认真学习贯彻习近平总书记关于巡视工作的重要讲话,学习贯彻省委动员部署大会精神,从政治和全局的高度抓好对照整改,确保按照省委要求全面彻底整改到位。会后,陆续推进全面对照整改和"小金库"、基层党组织长期不换届、不按规定交纳党费、滥发津贴补贴、"酒桌办公"、行业协会和学会不规范、干部人事管理突出问题等专项整治工作。

6月29日,×××主持召开领导班子专题民主生活会,严格按照省委要求,深入贯彻落实习近平总书记系列重要讲话特别是巡视整改工作重要讲话精神,总结学校对照整改阶段性工作,认真开展再对照、再剖析、再推进。

我校举行2016届学生毕业典礼暨学位授予仪式

6月24日,我校2016年毕业典礼暨学位授予仪式在××校区举行。校领导×××、×××、×××和校学位委员会成员出席典礼并在主席台就座。毕业典礼由副校长×××主持。

校长××向毕业生送上祝福与希望。校党委副书记、纪委书记×××宣读准予毕业和学位授予决定,副校长×××宣读品学兼优毕业生表彰决定。毕业生代表、教师代表、家长代表先后发言。学校有关部门、单位主要负责人等参加典礼。

校党委召开协商民主课题研讨会

6月22日,校党委书记×××在××校区主持召开协商民主课题研讨会,校长××出席会议并讲话。

与会代表围绕"加强人才队伍建设""全面深化改革,最大限度调动广大师生员工积极性""全面依法治校,大力贯彻实施《××大学章程》""服务科学决策,构建××大学智库"等课题踊跃对话协商,直陈问题和建议,共同探讨破解发展难题和下一阶段工作的思路与举措。

会议强调,要找准抓住关键性、制约性和深层次问题,使协商活动重点更突出、方向更明确、内容更有针对性。要着眼构建多元化、多层次的协商格局,努力把问题议深议透,对策措施对路管用。要认真吸收和转化研讨成果,把跟踪问效和抓落实的工作做好,确保把研讨的意见转化为推动发展的实际成效。

省人大代表政协委员视察我校评卷工作

6月14日上午,省政协副主席××率部分省人大代表、省政协委员及省市新闻媒体20余人,实地探访我校高考阅卷现场。

省教育厅副厅长×××主持网评工作汇报会议,并介绍了2016年我省高考及网评工作情况。校党委书记×××介绍了语文科目阅卷点的工作进展情况。××对评卷组织工作给予充分肯定并对我校连续13年承担高考语文试卷评阅工作表示感谢。校领导××、×××、×××等参加汇报会。

简　讯

（略）

分送:省委办公厅,省政府办公厅,省委宣传部;
　　省委办公厅信息处,省政府办公厅信息处,省政府办公厅三室。

》简析:这是一份××大学综合性工作简报,报头、报文、报尾俱全,格式符合要求。报文中目录部分一目了然,引领下文。简报采用新闻报道式写法,时间、地点、人物、事件等要素交代清晰,内容扼要,语言简洁。

第六节 公　示

一、公示的概念

公示是党政机关、企事业单位、社会团体及单位内部机构为了使工作能做到公开、公平、公正,而事先征求群众意见的周知性文书。作为一种新型文种,公示产生仅十余年,但已经相当广泛地被应用于全国各行各业,公示制度有利于发扬民主,加大了我国各项政务工作的透明度。

二、公示的特点

(一)发文单位的广泛性

公示对发文机关没有限制。表现在:一是对发文机关的级别没有限制;二是一个独立的机关可以发布,机关内各部门单位也可以发布。

(二)语言的简明性

公示的语言简明扼要,只要写明公示原因、公示事项、时间限制、联系方式即可,无需在理论上进行论述、评价。

(三)内容的多样性

公示内容不限于为提拔或调整干部,它还可以用于党组织的发展、拟表彰的先进或拟评选的优质产品、优质工程、优秀作品等等,内容多样。

(四)时间的限定性

公示在时间上明确具体,一般以 5—7 个工作日为宜,具体时间视实际情况而定,以便于后续工作的进行。

三、公示的种类

(一)按公示的内容划分

1.评前公示　即在评选表彰先进人物、先进集体等前,将上报的拟表彰者公之于众，以征求群众意见的公示。

2.任前公示　即将党委(党组)集体讨论研究确定拟提拔或调整的干部(地厅级以下，包括地厅级，除特殊岗位外)的有关情况，通过一定的方式，在一定范围和期限内进行公布，广泛听取群众的反映和意见的公示。

3.认前公示　即进行资质认证过程中广泛听取群众意见的公示。

4.录用公示　即国家机关、事业单位经考试、考察、初步审查后，将拟录用人员名单公之于众，广泛听取群众意见的公示。

5.中共党员发展、转正前公示　即各中国共产党组织对拟发展的或预备期满拟转正的中共党员名单公之于众，广泛听取党内外人士意见的公示。

此外，还有规章制度公示、信用保证公示、捐款捐物公示、收费价格公示、住房分配公示等。

(二)按公示的范围划分

1.内部公示　即在部门内部或系统内部采用张贴或内部网络方式征求群众意见的公示。

2.社会公示　即通过各种媒体，如报纸、电视、广播、因特网等，向社会公布拟表彰者、拟任用者等，以征求群众意见的公示。

四、公示的写作

(一)标题

1.发文机关＋事由＋文种

【例】　××学院关于预备党员转正名单公示

2.事由＋文种

【例】　干部任职前公示

3.时间＋事由＋文种

【例】　2015年度中心城第一批符合廉租住房保障申报条件人员名单公示

(二)正文

1.公示原因　即为什么要进行公示。

2.公示事项　即公示的内容。

(1)评前公示要介绍被评者姓名、性别、工作单位或被评者名称、所属单位；

任前公示要介绍被评者姓名、性别、出生年月、籍贯、民族、学历、职称、工作简历、政治面貌、拟任职务等；认前公示要写明哪些单位经初步审查符合条件，具有某种资格；录用公示要写明哪些人经考试、初步审查合格拟录用；中共党员发展、转正前公示要写被发展人姓名、所属单位、经初步审查合格拟发展。

（2）公示单位的电话号码、网站、公示情况受理部门地址。

（3）公示的时间，一般为5—7个工作日。

（三）落款

署上发文单位名称和成文日期。

【例1】

合肥市标准化菜场改造补助项目公示

依据《合肥市人民政府关于进一步加强城区菜市场建设改造与管理的意见》(合政秘〔2013〕128号)精神，现将合肥市标准化菜场改造补助项目公示如下，公示期为2014年10月22日至2014年10月26日，如有异议，请在公示期内向市监察局反映，电话：（略），电子邮箱：（略）。咨询电话：（略）。

附件：合肥市标准化菜场改造补助项目公示表

合肥市商务局　合肥市财政局
2014年10月22日

▷ 简析：这是一份涉及项目补助的公示。该文发文原因、公示事项、公示时间及联系方式俱全，语言简洁。具体公示内容则以表格形式在"附件"中呈现。

【例2】

淮北市第四届道德模范及提名奖人选公示

为了集中展示我市公民道德建设的丰硕成果，在全社会形成学习、关爱、崇尚、争当道德模范的浓厚氛围，大力培育和践行社会主义核心价值观，按照《关于开展第四届淮北市道德模范评选活动的通知》(淮文委〔2014〕6号)文件精神，市文明委决定表彰第四届全市道德模范，此次评选表彰的道德模范分为孝老爱亲模范、助人为乐模范、见义勇为模范、诚实守信模范、敬业奉献模范五类，共计20人(其中道德模范10人，道德模范提名奖10人)。

根据各地各部门的推荐意见并经纪检、计生、综治等部门审核，市第四届道德模范评委会根据各位候选人事迹，从103名候选人中初步确定了王怀芬、周贻安、马彩侠、高婷婷、周启峰、周建、姜恒、胡本华、荐雪梅、孙燕飞等10名同志为第四届淮北市道德模范人选，王保村、黄正典、单曙光、徐彩玲、谢艳花、王建、杨增伟、宋兴发、梅连超、张秀丽等10名同志为第四届淮北市道德模范提名奖人选。

为确保评选工作的公开、公平、公正，现面向社会进行为期一周的公示，听取社会各界意见，接受广大群众监督。公示时间：9月24日至9月30日；监督电话：（略）；邮箱：（略）。

淮北市文明办
2014年9月24日

》 简析：这是一篇评前公示。第一段为公示目的与原因，第二段为公示人选名单，最后部分告知反映情况的联系方式及公示时限。

第七节　提　案

一、提案的概念

提案适用于各级政治协商会议的委员及各党派、群众团体、职工代表大会等的代表，提出请求本级政治协商会议及本党派、团体、组织的代表大会讨论处理的建议、批评和意见。

二、提案的特点

（一）作者的特定性和广泛性

提案适用于各级人民政治协商会议、各党派党员代表大会和单位职工代表大会的代表等，因此它有特定的作者，但是由于它没有级别的限制，涉及面广，所以作者又是广泛的。

（二）时间及人数上的自由性

提案可以在会议召开时提出，也可以在会前会后提出；既可以由多人提出，也可以由一人提出。

（三）涉及内容的广泛性

提案内容可以涉及社会政治、经济、文化、道德和生活的各个方面、各个领域，大至党和国家的大政方针，小至与群众生活密切相关的切身问题，但是它必须符合国家的法律法令、方针政策，以事实为依据。

（四）内容的单一性和具体性

提案的内容要求一事一案，不能多事一案，以方便审议、送达承办单位办理。同时提案提出之前要作深入调查研究，这样才能做到事实准确、建议具体，以方便承办单位办理。

三、提案的分类

（一）政协提案

即政协委员、参加政协的各民主党派、人民团体，委员小组、各专门委员会提请政协审议的提案。

（二）各党派提案

即各党派召开党员代表会议时，党员代表提交会议审议的提案。

（三）职工提案

即各单位召开职工代表大会时，代表们将收集到的职工的意见、建议提交职工代表大会审议的提案。

（四）人民团体提案

包括各学会、协会以及共青团、学生会召开代表大会时，代表提交会议审议的提案。

四、提案与议案的区别

(一)适用对象不同

议案只能用于各级权力机关,即人民代表大会和各级人民代表大会常务委员会;提案适用各级人民政治协商会议、各党派党员代表大会、人民团体代表大会和职工代表大会等,适用范围较为广泛。

(二)提出者不同

议案的提出者受法律的限制,而提案的提出者不受法律的限制,在人数上,可以联名提,也可以一人提。

(三)提出时间不同

议案必须在会议期间或会前备案会中提出,并受截止时间的限制;提案可以在大会期间提出,也可以在会前、会后提出。

(四)性质不同

人民代表大会和人民代表大会常务委员会是权力机关,所以议案一经审议通过立案就具有法律的约束力,起法律监督作用,其承办单位必须办理;各级政治协商会议及各党派、团体、职工代表大会等起民主监督、参政议政作用,所以提案是民主监督、参政议政的工具,其承办单位尽量办理,也可以视情况决定如何办理。

(五)内容不同

议案的内容必须是属于本级人民代表大会或者本级人民代表大会常务委员会职权范围内的问题,超出其职权范围的不能作为议案提出。而提案的内容不受限制。

五、提案的写作

1. 标题　事由＋提案
2. 提案人姓名、联系方式
3. 附议人姓名

4. 提案依据
5. 提案内容
6. 建议

【例】

关于加强对网售食品健康安全监管的提案
(全国政协十二届二次会议提案第 0166 号　提案人:致公党中央)

　　随着电子商务的广泛应用,网络经济快速发展,网购食品因其时尚而又便捷的消费方式,备受网络消费者的追捧,网络食品市场成为行业的一个新兴增长点。网络交易消除了交易的时间与地域障碍,消费者在享受便捷的消费方式同时有可能会因为网络交易的虚拟性、隐蔽性和不确定性而面临着种种安全隐患。

　　为更好地促进网络经营食品的安全监管,保障人民群众健康安全,我们对网售食品安全监管工作提出如下建议:

　　一、完善食品安全相关法律,推行食品安全集约化监管

　　《食品安全法》仅针对实体经营场所进行条件审核,目前尚无明文规定对经营食品的网店办理此证,也没有明确将"网络食品销售者"列入接受法律监督的对象,从而在立法上出现了漏洞,让执法者无所适从,面临监管执法尴尬。因此,第一,加快对网购食品监管的立法进程,在《食品安全法》基础上,制订相关法律、法规、规章互补,通过法律给网络食品销售模式下一个明确的定义,明确市场准入的门槛,即要求网络食品经营者均应先办理执照,再上网经营,从准入源头环节引导经营者自律。第二,学习和参照国外食品安全监管集中化的行政管理模式,将食品安全监管的主要职能集中于一个专业化的行政机构。

　　二、推行网络食品安全和管理信息公开制度

　　一是要求所有从事网络食品经营主体必须用网络技术手段建立网络食品监管台账和对其销售的食品开展索证索票;二是对于手工制作的或散装的食品必须提供相关证照;三是规范网络食品信息发布内容。在食品的相关页面必须根据《产品质量法》和《食品安全法》的规定如实明示食品的生产厂家、地址、电话、商品保质期、许可证号等必要的标签、标识、说明书和相关检验报告书等信息。手工制作的或散装的食品则必须说明食品生产、运输、流通到贮藏各环节情况、许可证件、检验检疫合格证明、质检合格证明和各批次的质量检验报告书。

三、加强源头控制，发挥网络交易平台的自律监控作用

那些为网络交易提供第三方平台服务的网络交易平台、为网络交易提供接入服务的电信运营商以及影响范围、交易规模较大的大型商务网站是网络经营活动的"源头"。要通过运用技术手段、与公安网监、工商、电信管理部门合作等途径，摸清"源头"情况。在监管过程中，首先要明确网络食品销售平台为第一责任人，对于网络平台疏于监管而引发的食品安全事故，由网络平台提供者承担连带赔偿责任。同时，明确网站一是要保留网上经营者档案和交易历史数据、配合职能部门开展调查；二是要对网上交易的商品信息、销售信息进行审查和监督管理，发现问题应及时采取措施并向监管部门报告；三是要保障网络交易安全，包括技术安全、支付安全等；四是要建立先行赔偿制度，在网络消费纠纷发生时，可使用卖家预存在网站的保证金对买家进行赔偿；五是要大力打击信用炒作，打击通过虚构交易行为提升网店信用级别、增加交易机会的不诚信现象。

四、加强合作，建立健全各职能部门之间的协调机制

由于《食品安全法》对网络食品交易监管没有作出明确细致的规定，因此在监管过程中，建议由地方政府出面，建立一个网络食品监管平台，加强工商、卫生、食药监、税务、电子信息管理等职能部门之间的协调配合，明确适用的法律法规，依托各部门的技术力量，形成多部门齐抓共管的局面。同时，通过网络食品监管平台增加网络巡查的频率，从广告监测、企业管理、消费者投诉三个方面加强对网络食品安全的监管。设立广告监测中心，主要监测各大网站页面上的食品广告，着重纠察夸大、虚假的食品广告。针对有实体店的网络经营者，采取严格的管理办法，除办理食品流通许可证外，还要开展经常性的抽样检查，保证食品安全。加强举报投诉处理工作，对于消费者投诉的商家，严格按照《消费者权益保护法》和《食品安全法》重点检查，予以处罚或取缔。

五、注重监管人才培养，加强监管技术手段，提高监管效能

建立一支既精通计算机知识和现代网络技术，又有相对丰富工商执法经验的复合型网络监管执法专业队伍是当务之急。同时加强后台技术控制，在网上发布销售食品的信息，必须填写卫生许可证或检验检疫合格证明、质检合格证明等，并且需要提供卫生许可证、健康许可证等各种证件。根据网络案件跨区域、取证难的特点，由省级工商局牵头统一筹建工商"电子数据取证分析中心"，解决网络案件取证难和证据易丢失等问题。

六、建立消费投诉处理机制，做好网售食品消费维权工作

一是指导大型商务网站建立交易安全保障机制和消费者权益保护制度、

措施,设置消费投诉举报电子标示链接;二是健全完善各级维权网络,拓宽投诉举报渠道;三是做好消费警示和提示工作;四是加强维权知识的宣传工作,提高消费者的自我保护能力;最后就是解决管辖问题。网络交易无地域限制的特征决定了过去以地域管辖、级别管辖为主要特征的监管措施和方式已不能适应目前网络交易的要求,必须以信息化为手段和依托,实行全国联网一体化监管,资源共享,以网管网。

》简析:该提案围绕"加强对网售食品健康安全监管"这个主题,在第一、二段写明提案的背景与目的,然后提出具体六点建议,具有较强的现实意义。

第八节 会议方案

一、会议方案的概念

会议方案是在会议召开前对构成会议的各个要素作出系统周密安排的会议类文书。一般大中型或重要的会议需要事先拟定会议方案。

二、会议方案的特点

(一)预见性

由于会议筹备工作量较大,而且未来充满不确定性,各种突发情况都有可能发生,所以在制订方案时一定要做到事无巨细,具有预见性,以保证会议的顺利召开。

(二)指导性

会议方案是对会议组织工作的提前规划,具有可操作性,可以指导各项筹备工作的有序开展。

(三)复杂性

会议方案要确定各项具体内容,诸如会议时间、会议地点、会议出席人员的邀约、会议文件的准备、后勤服务等,涉及人员广,内容庞杂。

三、会议方案的种类

(一)根据会议性质分

可分为工作会议方案、业务会议方案、座谈会议方案、纪念会议方案等。

(二)根据编写形式分

可分为文字式会议方案、表格式会议方案及文字表格式会议方案。

四、会议方案的写作

(一)标题

会议名称＋文种

【例】 ××大学第十次教师代表大会方案

(二)正文

1.前言　主要说明会议召开的背景、任务、目的和意义。

2.主体

(1)会议名称　正式会议必须有一个恰当、确切的名称。如"安徽省未来学研究会第五届换届选举大会"。大中型的会议名称被制作成横幅标语,置于会议主席台的上方或后方,作为会议的标志,简称"会标"。

(2)会议召开的时间、地点

(3)会议议题　会议所要讨论、报告的主要内容,所反映的是会议的目的、主题和任务。

(4)与会者　包括出席会议的各类人员。

(5)会议议程　会议议题的程序化形式,即将会议议题按照主次、轻重等内在联系有机地排列起来。议程表应在会前发给与会人员。

(6)会议日程　日程安排是把会议议程规定的各项活动按照单位时间分解细化,至少要具体到上午、下午、晚上,以简短的文字表达或制成表格形式。

(7)会议筹备分工　一般可以作如下分工:接待组、秘书组、宣传组、后勤组、保卫组等,确定小组负责人、组员、工作职责,工作任务落实到每一个人。

（8）会议经费预算　主要包括文件资料费、通讯费、会场租用费、会议宣传公关费、会议住宿补贴费、会议伙食补贴费、会议交通费等。会议经费可以表格形式列出。

（三）落款

写明制发部门及日期。

【例】

××科技有限公司2015年年会活动策划方案

一、年会筹备小组

总策划：××

总执行：××/××

成员：××公司及××公司所有部门成员

二、年会内容

◆活动名称：××科技有限公司2015年年会

◆活动基调：喜庆、欢快、盛大、隆重

◆活动主题：以客户为中心，以奋斗者为本

◆活动目的：对2014年公司的工作成绩进行总结，展望公司2015年的发展愿景；同时丰富员工企业文化生活，激发员工热情，增强员工的内部凝聚力，增进员工之间的沟通、交流和团队协作意识。

◆活动日期：2015年2月10日 16:00—20:00

◆活动地点：××××酒店

◆参会人数：××公司171人、××公司112人、厂商30人，共计313人

◆参会人员：××公司员工、××公司员工、特邀嘉宾

◆活动内容：总经理致辞、文艺汇演、晚宴（详细流程见附表一）

三、工作分工（详细分工见附表二）

（一）文案组（负责人：××，××）成员5名

◆负责主持人形象设计、串词、祝酒词起草、审核

◆总经理讲话稿起草、审核

（二）会场布置组（负责人：××，××）成员5名

◆负责设计、联系制作年会舞台背景墙、横幅、签名板及各种材料的打印和制作

◆负责鲜花或花篮的采购/租赁
◆现场摄影、DV摄像
◆开场PPT制作,年会期间除节目音乐外所有音乐搜集
◆负责与酒店工作人员配合调试功放、灯光、音响、话筒、投影、电脑,并播放年会现场所有节目伴奏带及颁奖音乐和进场PPT等
◆会场安全检查(消防、电源、设备等)

(三)节目组(负责人:××,××)成员5名

1.节目类型:唱歌、舞蹈、小品、话剧(歌舞剧)、魔术、乐器演奏、戏曲、相声、时装秀等

2.选取节目规则:以抽签的形式,每个部门可抽取2个节目签,从中选取一个类型节目表演

3.节目质量标准:若彩排时达不到质量要求,须重新编排直至达到要求

4.节目彩排时间:1月25日—2月5日每日选抽两个部门彩排。文艺汇演节目内容的要求是"以客户为中心,以奋斗者为本"。节目组负责人具体工作如下:

◆负责完成对所有节目的排练、设计、筛选及后期的彩排工作
◆负责节目的编排及演出的顺序和流程衔接
◆负责联系租用或购买节目所需的服装道具和主持人、演职人员的化妆等
◆负责小游戏的提供、抽奖奖项设置等
◆负责安排文艺节目评委及奖项设置
◆负责确定颁奖人员

(四)迎宾组/礼仪组(负责人:××,××)成员5—6名

◆年会进场入口处迎接嘉宾,并引领入座
◆负责嘉宾、参会人员的签到,并发放年会礼品(做好登记)
◆负责配合抽奖奖品、文艺表演奖品的发放
◆负责年会过程中放礼炮

(五)后勤组(负责人:××,××)成员5名

◆负责活动所需的礼品、奖品、纪念品、食品及其他年会所需物品的购买、准备、保管及发放
◆负责与酒店工作人员的沟通、协调工作

四、活动费用预算（具体费用分配由各项目负责人自行安排）

五、相关注意事项

（一）活动前

◆年会开始前，年会筹备小组成员必须确保每人持有一份"年会流程具体执行方案"

◆在年会开始前 30 分钟，必须对所有年会所需要用到的设备进行调试、检查

◆确保年会场地布置，所需物资、参会人员、表演人员全部到位

（二）活动中

◆对工作人员进行明确的分工，每项工作都必须责任到人，保持手机的开通（统一设置振动）以便及时联络

◆一场活动的顺利进行需要各个方面的配合，更需要对现场环节的控制及管理

（三）活动后

◆年会后期的纪念视频制作、发放（由行政人事部制作 DVD 并统一发放，每人一张）

◆年会照片的收集及保存

◆年会总结

附表一：年会基本流程表（略）

附表二：年会分工明细表（略）

》简析：这是一份内容完备的年会筹备方案。从年会涵盖的内容到筹备人员具体分工、工作流程到经费预算和注意事项等，都作了周密细致的考虑。方案以文字说明为主，辅之以两份表格，指导性和实操性很强。

第九节　会议记录

一、会议记录的概念

会议记录是指在会议过程中，由专人把会议的情况和内容如实记录下来而形成的书面材料。

二、会议记录的特点

（一）真实性

会议记录的执笔者只有记录权而没有改写权，必须将会议的真实情况如实准确地记录下来。

（二）原始性

会议记录是按照会议推进过程所作的原始记载，一般不需要整理加工。会议简报和会议纪要虽然也是真实的，但却不是原始的，这是会议记录与两者的很大不同。

（三）备考性

会议记录是编写会议纪要、会议简报及拟写经会议讨论通过的决议、决定等文件的重要依据，也可作为编史修志的凭证。

三、会议记录的种类

按照会议性质来分，会议记录大致可分为办公会议记录、专题会议记录、联席会议记录、座谈会议记录等。

四、会议记录的写作

（一）标题

会议名称＋文种

【例】××大学管理学院党政联席会议记录

（二）正文

1. 会议组织概况
（1）会议时间　应具体到年、月、日、时。
（2）会议地点　如"××会议室""××礼堂"。
（3）出席人出席人数不多的，可将出席人姓名一一写上；对于人数较多的会议，一般只写明出席人数。

(4)列席人　指不具有正式资格,无表决权和选举权但有发言权的参会者,参照出席人记录方法。

(5)缺席人　写上缺席人姓名及缺席原因。

(6)主持人或主席　写上姓名和职务。

(7)记录人　写上姓名和职务。

目前很多单位都有打印好的会议记录本,格式已经固定,记录人在会议开始之前,按记录本所列项目填写会议组织情况即可。

2.会议内容

这是会议记录的主要组成部分,是随着会议的进行而逐步形成的。记录内容大体包括会议的议程、议题,报告和讲话,讨论和发言,会议决定事项,遗留问题等。对会议内容是作简要记录还是详细记录,要视会议的重要性和会议性质而定。会议结束后,可另起一行空两格写上"散会"二字。

(三)落款

主持人或主席和记录人应分别在正文的右下方签名,以示负责。

【例】

××村党支部会议记录

时间:2014年6月22日上午10点

地点:村党支部办公室

出席人:张××、袁××、韩××

主持人:赵××(村党支部书记)

记录人:许××(村党支部秘书)

议题:研究庆祝七一活动安排

讨论:(按发言顺序记录)

主持人:"七·一"快到了,为庆祝建党93周年,今天把大家找来,就是想研究一下怎么开展庆祝活动。我先发表一下我个人的看法:今年"七·一"庆祝活动,要求全体党员都要参加,通过庆祝活动,增强他们的责任感和使命感。一是在七一前夕搞一次困难党员走访活动。对村里的新中国成立前老党员,生活困难党员进行走访,尽可能地帮助他们解决生产生活难题,让他们感受到党组织的关怀和温暖。二是开好民主生活会。在"七·一"期间,召开支部班子成员和党员群众代表参加的民主生活会,开展批评和自我批评,找出班子和个人存在的问题和不足,以便在今后工作中克服,更好地为群众服务,大家要早做好发言准备。三是进行党员民主评议。对党支部的全体党员的思想、工作、学习、作风进行民主评议,全体党员和群众代表参加,评议结果汇总后进行公示。对评议不合格的党员,进行诫勉谈话。以上是我个人的几点想法,请大家发表意见。

韩××:"七·一"是党的生日,应该在党的生日来临之际,对老党员和困难党员进行走访,在给他们送去党组织关怀的同时,还要给他们送去物质上的帮助,为他们解决实际困难,使这些为党和人民作出积极贡献的老党员感受到党和人民一直在关注他们。

袁××:民主生活会要扩大到党员群众代表参加,虽然是党内的重要会议,但听听群众意见也是发扬民主的好做法,我建议吸收村民议事会和党员议事会成员参加。

张××:我感觉不能只开展自我批评,还要勇于对其他班子成员提出批评,以便于改进工作。评议党员工作一定要搞好,以便增强党员的党性观念和党员意识。同时庆祝活动要吸收入党积极分子参加,让他们也参与组织生活,接受培养。

……

与会人员经过充分讨论、协商,一致决定:

"七·一"前夕开展困难党员走访、民主生活会和民主评议党员三项活动,全体党员要提前做好相关准备,把活动组织好。

上午10时30分散会。

主持人:(签名)　　　　　　　　记录人:(签名)

▶ 简析:这份会议记录主要包括会议组织概况和会议内容两大部分,要素齐全,结构完整,条理清晰。

综合实训

一、不定项选择题

1. 提案可以(　　)

A. 在会议召开期间提出　　B. 在会前提出

C. 在会后提出　　D. 由多人提出

2.公示的特点有(　　)

A.语言的简明性　　　　　　　　B.内容的多样性

C.时间的限定性　　　　　　　　D.发文单位的广泛性

3.在简报中"编者按"的主要作用包括(　　)

A.强调发文机关的权限　　　　　B.提示强调编发材料内容的重点

C.交代编发材料的原因和目的　　D.评价编发材料的指导意义

4.以下可以作为述职报告结语的是(　　)

A.以上报告,请审阅　　　　　　B.以上报告,请批评指正

C.述职完毕,请批评指正　　　　D.此致敬礼

5.以下属于计划类文件的是(　　)

A.××市城中村改造方案

B.××县2014—2017年科技扶贫工作规划

C.××公司2015年第三季度工作要点

D.××大学2016级新生接待工作安排

6.会议方案中不可缺少的要素有(　　)

A.会议议程　　B.会议时间地点　　C.与会者　　D.会议议题

7.计划的特点有(　　)

A.预见性　　　B.多样性　　　C.可行性　　　D.约束性

8.调查报告的特点有(　　)

A.真实性　　　B.针对性　　　C.理论性　　　D.叙述性

9.述职报告的结尾内容一般包括(　　)

A.自我批评　　B.努力方向　　C.表示决心　　D.总结工作

10.下列哪一项不是会议方案的特点(　　)

A.复杂性　　　B.预见性　　　C.号召性　　　D.指导性

二、判断题

1.在日常工作中,各单位编发的"快报""简讯""内部参考"等其形式与简报相同,属简报的范畴。(　　)

2.总结和述职报告都是以实践主体对其自身的实践活动的回顾、反思、总结为基础,对自身的工作进行自我评估,因此,两者都用第一人称写作。(　　)

3.时间跨度大,具有战略性意义,带有导向性质的计划又称作方案。(　　)

4.计划一经认可就具有约束力,因此它是不可改变的。（　）

5.会议记录和纪要都是记录会议基本情况和主要内容的文书,所以写法基本相同。（　）

6.总结的过程是由感性认识上升到理性认识的过程。（　）

7.调查报告表达方式主要以叙述为主。（　）

8.简报的报尾相当于公文的版记部分,在末页最下方注明报送发范围、对象、印数等。（　）

9.公示这一文种的出现有利于发扬民主,加大了我国各项政务工作的透明度。（　）

10.提案的内容可以多事一案。（　）

三、改错题

1.修改以下计划的标题。
(1)××市支持小微企业发展五年计划
(2)2016年教师培训工作安排构想
(3)××大学2017年招生工作规划
(4)××公司关于第一季度销售计划
(5)2015—2016学年第二学期安徽省××高校学生会工作计划

2.指出下面"会议记录"存在的问题并加以修改。

××公司党支部会议记录

时　间:2016年6月8日

地　点:公司内部

出席人:赵×× 白×× 于×× 刘×× 郑×× 刘××

记录人:刘××

主持人:赵××

首先由赵××发言。接着进行了两项内容:第一项是对入党积极分子的培养情况进行了总结,对各人的优缺点进行点评,提出了改进之处,支部成员一致同意将蔡××、尚××列为党建对象。第二项是召开了党内民主生活会,全体党员进行了自我检查,并开展了相互批评。张××认为支部成员的工作还不够细致,工作方法还应改进。支部书记赵××对此进行了解释,并表示将尽力改善。

散会。

四、写作题(要求:主旨明确,结构合理,语言得体,格式规范)

1.根据自己的实际情况,撰写一份2016年度学习(工作)总结及2017年度学习(工作)计划。

2.假如你是××大学管理学院档案学专业的一名本科生,请设计一份"关于大学生诚信档案构建的调查问卷",并实地走访省内多所高校,搜集相关资料,撰写一篇调查报告。

3.请根据以下报道,代此次会议的承办方——××大学文学院会议筹备组为会议的顺利召开撰写一份筹备方案。

全国高等院校语言类课程建设与
教学改革研讨会在我校召开

本网讯(吴×× 学生记者 杨×× 潘×× 徐×)5月9日,全国高等院校语言类课程建设与教学改革研讨会在××校区召开。研讨会由××大学文学院和××出版社联合主办,全国40多所高等院校100多名代表出席了会议。

校党委常委、教务处处长×××介绍了我校课程建设和教学综合改革的经验、做法,高度评价了我校国家级重点学科汉语言文字学专业近年来在课程建设和教学改革方面,特别是古代汉语课程建设和教学改革方面取得的成绩。

会议邀请了××省文史馆馆长、中国文字学会会长××教授,教育部长江学者、××大学文学院××教授,××大学文学院××教授,××大学文学院院长××教授,××大学××教授、××教授等专家就古代汉语、现代汉语、语言学概论课程建设与教学改革作主题发言。

××教授作题为《古代汉语教学改革与教材建设——以提升古书阅读能力为中心》的发言,从古代汉语课程教学定位的视角,详细阐述了古代汉语的教学目的、影响阅读古书能力的基本要素、基本方法;在分析20世纪50年代照搬苏联教学模式造成的不良影响和新形势下教育环境、学习目的和中文学科地位下滑的基础上,指出古代汉语教学改革的必要性,提出了古代汉语教材建设应遵循的原则。

××教授从古汉语课程开设情况、教学现状、教学改革尝试、教材使用的思考等方面阐述了自己的心得体会。××教授对《古代汉语》中的具体实例,作了具体生动的教学分析。××教授详细介绍了《古代汉语》的教学大纲、备课课件、习题集和试题库。××教授讲授了现代汉语教学中实际问题,阐述了现代汉语教学中的一些基本原则与方法。××教授指出语言学概论教学的根本目标就是学以致用,也就是培养学生运用所学理论观察、分析、解释语言现象的能力。

与会人员还就上述专家的发言进行了充分的互动交流,就教材选用与学生培养、考研和就业的关系,教材编写与本科生课程考核等问题进行了热烈讨论,现场气氛十分活跃。

(摘编自××大学新闻网相关报道)

第五章 商务文书写作

商务文书是商务往来和经营管理活动中使用的各种文书的总称,它涉及商业活动、商务工作以及特定的商务内容等,是应用文的一个重要分支。写作商务文书的要求是:掌握相关经济政策,熟悉业务知识,注重真实性与时效性等。

第一节 广告文案

一、广告文案的概念

广告,即"广而告之",是为了某种特定的需要,通过一定形式的媒介,公开而广泛地向公众传递信息的传播活动,包括以营利为目的的商业广告和不以营利为目的的非商业广告。广告的内容有四个要素:广告主、广告信息、广告媒介和目标受众。广告的本质是传播,广告的灵魂是创意。

广告文案是广告创作的核心,狭义的广告文案仅指广告作品的语言文字部分;广义的广告文案则包括围绕广告活动而产生的各种文字材料,如广告计划书、广告策划书、广告预算书等。

二、广告文案的特点

(一)真实性

广告文案所反映的内容应是事实的真实,不允许弄虚作假。广告可以供人欣赏,但不能引人上当。真实是广告的生命。

（二）传播性

广告是一种说服性信息传播活动，广告文案将广告信息通过大众媒体传递给目标消费者，以诱导消费者购买广告商品。只有当目标消费者接受了广告信息，并同意广告所传递的观点时，广告信息才能发挥作用，从而实现广告传播的过程。

（三）创意性

创意的本质就是使广告所包含的信息能得到更好传达，对诉求对象产生更大的影响作用。有创意的广告文案因其独特新颖的表达方式唤起消费者注意，并调动兴趣，激发欲望，从而实现消费行为。

（四）艺术性

广告除宣传推广商品的目的外，越来越强调它的艺术功能。很多广告文案的撰写都注意语言的艺术性，言有尽而意无穷，给人以美的享受。

三、广告文案的种类

（一）按刊载媒介划分

可分为影视广告、广播广告、电话广告、报纸广告、杂志广告、邮政广告、包装广告、路牌广告、网络广告、手机广告等。

（二）按写作体式划分

可分为陈述体广告、描写体广告、对话体广告、证书体广告、诗歌体广告、幽默体广告等。

四、广告文案的写作

（一）标题

标题是广告文案的主旨或基本内容的集中表现，代表着广告的"眼睛"和"灵魂"，所以应力求简明、新颖、生动、醒目，有趣味性、吸引力。广告文案的标题从揭示主旨或基本内容的角度来划分，可分为直接标题、间接标题和复合标题。

1. 直接标题　这种标题直接把广告最重要的内容如商品的名称、特点、用途、产地等重要情况告诉受众。

【例1】　选择《读者》,也就选择了一类优秀文化,一种新的视野,一位人生的挚友

【例2】　嘉士伯,可能是世界上最好的啤酒

【例3】　小天鹅食府为阁下创造一个跨越时空和地域的品尝佳境

2. 间接标题　这种标题是用委婉迂回的手法暗示广告的主旨或基本内容,着力勾起受众想了解企业或商品、服务的兴趣和欲望,达到引导受众群体细看正文,接受诉求的目的。

【例1】　身未动,心已远(旅游卫视品牌形象宣传语)

【例2】　发光的不全是金子(美国某银器广告)

【例3】　不是仙境,胜似仙境(黄山旅游广告)

【例4】　万一你有三长两短时,你太太将会如何(某人寿保险公司广告)

3. 复合标题　这种标题是把直接标题与间接标题结合起来,互相观照,使标题既清楚明白,又富有情趣。

【例1】　从12月23日起,大西洋将缩小20%——欢迎选择美国飞越大西洋抵达伦敦的新航线

【例2】　小到一颗螺丝钉——四通的服务无微不至

（二）正文

正文是广告文案的主体,要对标题所揭示的主旨或概括的基本内容作出说明,包括商品名称、性能、品种、商标、规格、型号、用途、特点、结构、使用和保养方法、经营范围和经营项目、收购或销售方式、时间、地点、接洽办法、对用户所负的责任等,根据具体情况,可以有所取舍。

（三）标语(口号)

这是文案的重要组成部分,亦可单独使用。主要是用简洁有力、形象易记的语言激发消费者的购买心理、指引消费者的购买行动。标语有时与标题重合。

【例1】　人头马一开,好事自然来(人头马酒广告)

【例2】　只溶在口,不溶在手(m&m巧克力广告)

【例3】 钻石恒久远,一颗永留传(De Beers 钻石广告)

【例4】 滴滴一下,美好出行(滴滴打车广告)

(四)落款

又称"随文",主要写出供受众群体联系用的企业名称和标志、商标牌号、地址与网址、电话号码、电报挂号、传真、银行账号、联系人姓名等。

【例1】

"裂帛"广告文案(节选)

裂帛,简单的字面意义:撕裂丝帛。当然,也一样,可以撕裂常态,撕裂规则,撕裂时空,撕裂那些委屈而难以割舍的情感。撕裂,同样也是开始的痕迹,在一切发生之后。这些,仅仅是一种可能,从每个看见并喜欢裂帛的人那里,引申并生成并备注的一种可能,人生需要裂帛的勇气。

裂帛的风格即参照本心、无拘无束,被大众指认为自然风、民族风,却不以其为终点。用服饰延伸着人类文化中,人们对色彩、自然、情感共通的热爱与表达,分享内心生活的感动和喜悦。有着狂喜、神秘、流浪、异域的意态气场,被誉为离客户心灵最近的品牌。

经常有人问:裂帛在服饰创作中最想表达的是什么呢?其实,裂帛最想表达的就是:强烈地生活。裂帛不是凭空而来,是对自身生活的提炼,持久的热爱,还有一种尝试与开始的勇气。裂帛,向内行走。向内,是一切的开始;向内行走就是回归本体,觉察本体,展露真性情的过程。撕裂规则,强烈地生活。所有的"与众不同"不过是与心相同……

》简析:这是服饰品牌"裂帛"的广告文案节选(注:编者作了少许改动)。文案以富含哲理、诗性的语言阐释了品牌的风格与内涵,艺术气息浓厚,令人印象深刻。

【例2】

2016周杰伦携"地表最强"旋风席卷合肥

他的演唱会,你一定等了很久!

他的演唱会,你错过一定会后悔!

他的演唱会,会带给你视觉盛宴!

他的演唱会,会唱出你的青葱记忆!

他是周杰伦!周杰伦"地表最强"世界巡回演唱会·合肥站门票开始全面接受预订!

周杰伦,一个时代的符号,每个人的心中都会有一首周杰伦的歌。就算我们不再是那个哼着七里香、晴天、稻香、听妈妈的话的小年轻了,牛仔很忙,但请给我一首歌的时间,怀念我们说好的幸福呢。青春终会落幕,但留在青春里的记忆不会消失。

对于每一个喜欢他的忠实歌迷而言,有他的音乐印迹才算完整,有他的歌声陪伴才算知足!当"地表最强"的旋风席卷合肥,我们只有去现场感受这场畅快淋漓的邂逅,才好慰藉他陪我们曾经走过的青春。

周杰伦演唱会历来是创新高科技视觉体验及震撼的音响效果的表率,2014年合肥摩天轮演唱会更将奢华发挥到极致,整体舞台化身时光穿梭机,突破3D局限,打造全新4D视听效果,将很多"不可能"都变成他的"第一次"。此番王者再度回归,视听效果也将极具未来科技感。

当众多歌手以周杰伦的演唱会为标杆苦苦追随时,他已经超越自己进入更高的境界。周杰伦追求完美、超越自我的性格,让他的演唱会一次比一次精彩!一次比一次强大!周而复始,地表最强!

在最新出炉的演唱会前导海报中,已经透露出周杰伦此次演唱会的太空科技元素,悠游在浩瀚宇宙中的航天员给予大家无尽宽广的想象。有趣的是,航天员手持演唱会门票,打算搭乘航天飞机返回地球。连航天员都迫不及待要回到地球看周杰伦的演唱会!你,还在等什么?!

演出时间:(略)

演出地点:(略)

贵宾专线:(略)

主办单位:(略)

温馨提示:(略)

≫ 简析:这是2016年周杰伦"地表最强"世界巡回演唱会合肥站的一则广告文案(注:编者作了少许改动)。文案首先以一组排比句先声夺人,有效吸引了受众的关注目光;接着用感性的语言,融入周杰伦的经典曲目《七里香》《晴天》《稻香》《听妈妈的话》《牛仔很忙》《说好的幸福呢》,勾起所有歌迷的青春回忆;然后紧扣"地表最强",突出介绍了本场演唱会力求呈现的高科技视听效果;最后结合演唱会海报,以"连航天员都迫不及待要回到地球看周杰伦的演唱会!你,还在等什么?!"再次激发受众对演唱会的向往。

第二节　经济合同

一、经济合同的概念

1999年10月1日实施的《中华人民共和国合同法》(以下简称《合同法》)规定:合同是平等主体的自然人、法人、其他组织之间设立、变更、终止民事权利义务关系的协议。

签订合同是一种法律行为,其主要作用是:有利于维护合同当事人的合法权益,明确当事人的权利、义务。

经济合同是指在经济活动中,双方或多方当事人之间,为实现一定的经济目的,明确相互权利义务关系而订立的合同。

二、经济合同的特点

(一)合法性

经济合同的内容要符合《合同法》的规定,具有强制合法性特点。

(二)平等互利性

签订经济合同的双方或多方的法律地位是平等的;合同条款中,权利、义务也是相互的、对等的,不能将其建立在损害对方或他方的利益之上。

(三)协商一致性

经济合同的签订是一个协商一致的过程。合同的内容只有表达当事人彼此一致的意愿,其条款才能成立。任何不经双方或多方协商一致而改变合同者要承担违约责任。

(四)规范性

规范性具有两层含义:其一是指依法成立的合同对当事人具有法律约束力;其二是指合同的写法和格式有固定要求。

三、经济合同的种类

(一)以给付义务是否由双方当事人互付为标准

分为双务合同与单务合同。

(二)以当事人取得权益是否须付相应代价为标准

分为有偿合同与无偿合同。

(三)以合同的成立除双方意思表示一致外,是否需付标的物或完成其

分为诺成合同与实践合同。

(四)以合同相互间的主从关系为标准

分为主合同与从合同。

《合同法》从内容性质上将经济合同分为买卖合同、供用电、水、气、热力合同、赠与合同、借款合同、租赁合同、融资租赁合同、承揽合同、建设工程合同、运输合同、技术合同、保管合同、仓储合同、委托合同、行纪合同、居间合同等15种有名合同。

四、经济合同的写作

(一)首部

首部主要包括以下几项:

1. 标题　即合同的名称。合同的标题多种多样,有的由"合同的性质＋文种"组成,如"购销合同""建筑工程合同""借款合同"等;有的由"业务范围＋合同性质＋文种"组成,如"农机产品购销合同"等;还有其他形式,但"合同"二字不能少。为了便于归档查考,往往在标题的右下方注明编号。

2. 合同当事人名称或者姓名　即签订合同的双方或多方的名称或者姓名。要准确写出签约单位或个人的全称、全名,并在其后注明双方约定的固定指代:"甲方""乙方"。如有第三方,可将其称为"丙方"。不论在什么情况下,合同中都不能用不定指代"你方""我方"来指代当事人。当事人的名称应在标题左下方空两格写起,当事人要写全称。为正文叙说简便,在名称前面或后面注明代称,如"甲方""乙方"或"供方""需方"等。

3. 引言 即合同的开头部分,主要写签订合同的目的或签订合同的依据,常用的表述句式是:"为了……"或"根据……"。若选用"表格式合同",则应依据国家工商总局或有关部门制订的合同的规范文本要求填写有关内容。

(二)主部

主部是合同的主要部分,一般采用条文法结构,详细写明主要条款和其他条款的内容。

1. 主要条款 合同的内容由当事人约定,一般应具备以下条款:

(1)标的 即合同当事人权利义务所共同指向的对象,是合同的基本条款。没有标的的合同是无效合同。标的可以是物、货币、劳务、智力成果等。签订合同的双方对标的要协商一致,写得具体、明确。

(2)数量和质量要求 即从数量和质量的角度对标的进行精确度量,它决定双方当事人承担的权利义务的大小、范围。数量是标的具体的计量,如借款金额、工作量等。要明确标的的计量单位,如吨、米、件等。质量要求是对标的质的要求,如产品、商品、工程的优劣程度。应明确标的质量的技术标准(如国家标准、行业标准等)、等级、检测依据等。

(3)价款或报酬 即合同标的的价格,是合同双方当事人根据国家法律、法规、政策和有关规定,对标的议定的价格,是合同一方以货币形式取得对方商品或接受对方劳务所应支付的货币数量。要明确标的的总价、单价、货币计算标准,付款方式、程序,结算方式,若与国外以及某些地区合作,还要写明支付币种。

(4)合同履行的期限、地点和方式 履约期限就是合同的有效期限,是合同法律效力的时限和责任界限,过时则属违约。日期用公元纪年,年、月、日书写齐全。地点是指当事人履行合同义务、完成标的任务的地点。履行方式是当事人履约的具体办法,如借贷合同的出资方要以提供一定的货币来履约;劳务合同的某一方要提供某种具体的劳动服务,如照看小孩、打扫卫生等。

(5)违约责任 即合同的当事人不能履约或不能完全履约时,所要承担的经济责任和法律后果。具体包括违约金、赔偿金和其他承担责任的法律形式等。

2. 其他条款 即除上述必备条款外,经双方当事人协商确定的其他条款。具体包括:

(1)不可抗力条款　此条款的作用是：如果发生了当事人不能预见、不能避免且不能克服的客观事故（如洪水、地震、台风等），而导致履行合同困难时，当事人便可根据这一条款，依据《合同法》规定，部分或全部免予承担责任。此条款的内容应包括不可抗力事故的范围、后果等。

(2)解决争议的方法　此条款主要约定在履行合同发生争议时解决问题的方式和程序，要明确注明是通过仲裁解决、协商解决还是诉讼解决。

(三)尾部

尾部是指合同的结尾和落款部分。主要包括：

1.合同的有效期限和文本保存　有效期限是指合同执行生效、终止的时间，是合同当事人要求必须具备的条款。文本保存是注明合同文本的保管方式，即合同一式几份，当事人保管的份数。

2.落款　这部分主要是各种具名和签约日期，包括当事人双方（或多方）单位（个人）名称、代表姓名。如需上级机关、主管部门或司法机关批准、签证、公证的，要写明机关、部门全称或代表姓名。所有具名都要加盖印章。为联系方便，还应注明当事人的地址、电话、电子邮箱、邮政编码等。具名下方要写明签约的年、月、日。

有些合同有特殊要求，或有附件，也要在尾部注出。通常是在合同正文"其他条款"之后注明："合同附件、附表均为本合同的组成部分，且有同等的法律效力。"如工程承包合同常要在"附件"中列出：工程项目表、工程进度表、工程图纸等。附件名称应标注在合同落款的最下方，即"年、月、日"之后的位置。

【例】

聘用合同范本

甲方(聘用单位)：

乙方(受聘人)：

甲乙双方根据国家和本市有关法规、规定，按照自愿、平等、协商一致的原则，签订本合同。

第一条　合同期限

1.合同有效期：自＿＿＿＿年＿＿月＿＿日至＿＿＿＿年＿＿月＿＿日止(其中＿＿＿＿年＿＿月＿＿日至＿＿＿＿年＿＿月＿＿日为见习期，试用期)，合同期满聘用关系自然终止。

2. 聘用合同期满前一个月,经双方协商同意,可以续订聘用合同。

3. 签订聘用合同的期限,不得超过国家规定的退离休时间,国家和本市另有规定可以延长(推迟)退休年龄(时间)的,可在乙方达到法定离退休年龄时,再根据规定条件,续订聘用合同。

4. 本合同期满后,任何一方认为不再续订聘用合同的,应在合同期满前一个月书面通知对方。

第二条　工作岗位

1. 甲方根据工作任务需要及乙方的岗位意向与乙方签订岗位聘用合同,明确乙方的具体工作岗位及职责。

2. 甲方根据工作需要及乙方的业务、工作能力和表现,可以调整乙方的工作岗位,重新签订岗位聘任合同。

第三条　工作条件和劳动保护

1. 甲方实行每周工作40小时,每天工作8小时的工作制度。

2. 甲方为乙方提供符合国家规定的安全卫生的工作环境,保证乙方的人身安全及人体不受危害的环境条件下工作。

3. 甲方根据乙方工作岗位的实际情况,按国家有关规定向乙方提供必要的劳动保护用品。

4. 甲方可根据工作需要组织乙方参加必要的业务知识培训。

第四条　工作报酬

1. 根据国家、市府和单位的有关规定,乙方的工作岗位,甲方按月支付乙方工资为____元人民币。

2. 甲方根据国家、市府和单位的有关规定,调整乙方的工资。

3. 乙方享受规定的福利待遇。

4. 乙方享受国家规定的法定节假日、寒暑假、探亲假、婚假、计划生育等假期。

5. 甲方按期为乙方缴付养老保险金、待业保险金和其他社会保险金。

第五条　工作纪律、奖励和惩处

1. 乙方应遵守国家的法律、法规。

2. 乙方应遵守甲方规定的各项规章制度和劳动纪律,自觉服从甲方的管理、教育。

3. 甲方按市府和单位有关规定,依照乙方的工作实绩、贡献大小给予奖励。

4. 乙方如违反甲方的规章制度、劳动纪律,甲方按市府和单位的有关规定给予处罚。

第六条 聘用合同的变更、终止和解除

1. 聘用合同依法签订后,合同双方必须全面履行合同规定的义务,任何一方不得擅自变更合同。确需变更时,双方应协商一致,并按原签订程序变更合同。双方未达成一致意见的,原合同继续有效。

2. 聘用合同期满或者双方约定的合同终止条件出现时,聘用合同即自行终止。在聘用合同期满一个月前,经双方协商同意,可以续订聘用合同。

3. 甲方单位被撤销,聘用合同自行终止。

4. 经聘用合同双方当事人协商一致,聘用合同可以解除。

5. 乙方有下列情形之一的,甲方可以解除聘用合同:

(1) 在试用期内被证明不符合聘用条件的;

(2) 严重违反工作纪律或聘用单位规章制度的;

(3) 故意不完成工作任务,给公司造成严重损失的;

(4) 严重失职,营私舞弊,对甲方单位利益造成重大损害的;

(5) 被依法追究刑事责任的。

6. 有下列情形之一的,甲方可以解除聘用合同,但应提前三十天以书面形式通知受聘人:

(1) 乙方患病或非因工负伤医疗期满后,不能从事原工作,也不愿从事甲方另行安排适当工作的;

(2) 乙方不能胜任工作,经过培训或者调整工作岗位,仍不能胜任工作的;

(3) 聘用合同订立时所依据的客观情况发生重大变化,致使已签订的聘用合同无法履行,经当事人协商不能就变更聘用合同达成协议的;

(4) 乙方不履行聘用合同的。

7. 有下列情形之一的,甲方不能终止或解除聘用合同:

(1) 乙方患病或负伤在规定的医疗期内的(符合《实施意见》第三条第5款规定者除外);

(2) 女职工在孕期、产期、哺乳期内的(符合《实施意见》第三条第5款规定者除外);

(3) 法律、法规规定的其他情形。

8. 有下列情形之一的,乙方可以通知聘用单位解除聘用合同:

(1) 在试用期内的;

(2) 甲方未按照聘用合同约定支付工作报酬或者提供工作条件的。

9. 乙方要求解除聘用合同,应当提前三十天以书面形式通知甲方。

第七条 违反和解除聘用合同的经济补偿

1. 经聘用合同当事人协商一致,由甲方解除聘用合同的(不包括在见习期),甲方应根据乙方在本单位工作年限,每满一年发给相当于一个月工资的经济补偿,最多不超过十二个月。

2. 乙方不能胜任工作,经过培训或者调整工作岗位仍不能胜任工作,由甲方解除聘用合同的,甲方应按其在本单位工作年限,工作时间每满一年,发给相当于一个月工资的经济补偿金,最多不超过十二个月。

3. 聘用合同订立时所依据的客观情况发生重大变化,致使已签订的合同无法履行,经当事人协商不能就变更合同达成协议,由甲方解除聘用合同的,甲方按受聘人员在本单位工作年限,工作时间每满一年发给相当于一个月工资的经济补偿金。

4. 甲方单位被撤销的,甲方应在被撤销前按乙方在本单位工作年限支付经济补偿金。工作时间每满一年,发给相当于一个月工资的经济补偿金(经济补偿金的工资计算数为乙方被解除聘用合同的上一年月平均工资)。

5. 聘用合同履行期间,乙方要求解除聘用合同的,应按不满聘用合同规定的期限,支付当月基本工资作为违约金给甲方。

6. 乙方因"用人单位未按照聘用合同的约定支付工作报酬"而通知甲方解除聘用合同的,甲方应按合同约定结算并解除聘用合同的同时支付欠发的工作报酬。

第八条 其他事项

1. 甲乙双方因实施聘用合同发生人事争议,按法律规定,先申请仲裁,对仲裁裁决不服,可向人民法院提起诉讼。

2. 本合同一式三份,甲方二份,乙方一份,经甲、乙双方签字后生效。

3. 本合同条款如与国家法律、法规相抵触时,以国家法律、法规为准。

甲方(盖章) 乙方(签字)

代表(签字)

签约时间: 年 月 日

≫ 简析:这是一份聘用合同范本,采用的是条文式写法。条款部分详尽规定了"合同期限""工作岗位""工作条件和劳动保护""工作报酬""工作纪律、奖励和惩处""聘用合同的变更、终止和解除""违反和解除聘用合同的经济补偿"等,表述清晰,权责明确,可供签订其他类似合同时参考借鉴。

第三节　招标书　投标书

※　招标书

一、招标书的概念

招标书是招标方利用投标者之间的竞争,达到优选投标者目的所形成的对招标事项作出解释和说明的告知性文件。招标书也称为招标通知、招标公告、招标通告、招标启事、招标说明书等。

二、招标书的特点

(一)公开性

招标书是一种告知性文件,它一般通过大众传媒向社会公开,因此也称作招标广告。

(二)规范性

招标书的制作过程和基本内容必须符合《中华人民共和国招标投标法》的基本规定和要求,规范而明晰。

(三)时限性

招标书要求在短时间内获得结果,时间紧迫,必须对招标时间和招标项目的完成时间有明确限定。

三、招标书的种类

根据不同的分类方法,招标书有不同的种类。

(一)按时间划分

可分为长期招标书和短期招标书。

(二)按计价方式划分

可分为固定总价项目招标书、单价不变项目招标书和成本加酬金项目招标书等。

(三)按性质和内容划分

可分为工程建设招标书、大宗商品交易招标书、选聘企业经营者招标书、企业承包招标书、企业租赁招标书、劳务招标书、科研课题招标书、技术引进或转让招标书等。

(四)按招标的范围划分

可分为国际招标书和国内招标书。

四、招标书的写作

(一)标题

标题一般由招标单位名称、标的物和文种三部分构成,根据这种构成,标题有四种写法：

1.招标单位名称＋标的物＋文种

【例】 ××大学南区健身馆扩建工程招标通告

2.招标单位名称＋文种

【例】 中华人民共和国××投资企业公司招标公告

3.标的物＋文种

【例】 建筑安装工程招标书

4.文种

【例】 招标书、招标公告、招标通告、招标通知、招标启事

(二)正文

一般用条文式,有的也可用表格式。招标书的正文一般应依次写明以下内容：

1.前言　概括写明招标单位的基本情况、招标目的依据、招标项目名称、招标范围等。

2. 主体　这是招标书的重点和核心,要具体、准确地写明招标具体要求、招标方式、招标范围、招标程序等内容。

(三) 结尾

要写清招标单位名称、法人代表、签署日期并加盖印章。还应注明单位地址、联系方式等。

【例】
合肥××股份有限公司年度工程咨询定点单位招标公告

合肥××区公共资源交易中心受合肥××股份有限公司委托,拟对"合肥××股份有限公司年度工程咨询定点单位"以公开方式进行政府采购,欢迎具备条件的单位参加投标。

一、项目名称及内容

1. 招标编号:2014××××0078;

2. 招标内容:合肥××股份有限公司年度工程咨询定点单位,详细见招标文件;

3. 工程地点:合肥××区。

二、投标资格

1. 符合《政府采购法》第二十二条规定;

2. 投标人资质:具备国家发展和改革委员会颁发的工程咨询【建筑类(编制项目可行性研究报告)】乙级及以上资质并取得相应能评资质;

3. 具有不少于2个类似项目工程咨询业绩(最低有1个产业园项目业绩,须提供与委托单位签订的科研编制合同);

4. 投标人一旦中标,必须按照采购人的要求,在规定的时间内提交合格的成果,报主管部门审批通过;

5. 投标人需在合肥市设立公司总部或分公司(提供营业执照、员工社保、完税凭证等原件或已加盖公章复印件备查),并配备一名负责人,全面负责本招标项目,直接与采购人对接、联系、协调,未经采购人同意,不得擅自更换;

6. 本次招标不接受联合体投标;

7. 资格审查方式:资格后审。

三、时间、地点

1. 报名时间:2014年11月3日—2014年11月10日(工作日)

　　　　上午:9:00—11:30　下午2:00—5:00

2.报名地点:××区管委会(×××路×××号)行政服务大厅财政窗口
3.开标时间:2014年11月14日下午2:30
4.开标地点:××区管委会(××路860号)206室

四、报名资料
报名单位介绍信原件

五、项目联系人
××股份有限公司:×工　　　　电话:××××—××××××××
××资源交易中心:×工　　　　电话:××××—××××××××

合肥××区××××交易中心(印章)
2014年11月3日

▶▶ 简析:这是一份招标公告,标题由招标单位名称、标的物和文种三个部分组成。前言部分概括交代了招标方、被委托方及招标项目名称,主体部分将项目名称及内容、投标资格、报名及开标时间地点、所需资料、联系方式等有关事项逐一列出,简明清晰。

※ 投标书

一、投标书的概念

投标书是指投标者按照招标文件的条件和要求而制作的专门递送给招标单位的文书。投标书又称标函、标书、投标申请书等,它是投标者为了中标而对招标文件提出的要求的响应和承诺。

二、投标书的特点

(一)竞争性

投标书是投标方说明自己实力的文书,由于招标方将通过投标书来确认中标者,因此,投标书本身就成为投标方展开竞争活动的重要手段。

(二)针对性

投标书的内容是按照招标书提出的要求和条件而写,内容上具有很强的针对性。

(三)约束性

投标书一旦送达招标方就具有了约束性。招标方将就各方递交的投标书展开评标、定标等一系列工作,投标方不得再更改投标书上承诺的内容。

三、投标书的种类

根据不同的分类方法,投标书有不同的种类。

(一)按时间划分

可分为长期投标书和短期投标书。

(二)按投标方人员组成情况划分

可分为个人投标书、合伙投标书、集体投标书、全员投标书和企业(或企业联合体)投标书等。

(三)按性质和内容划分

可分为工程建设项目投标书、大宗商品交易投标书、选聘企业经营者投标书、企业承包投标书、企业租赁投标书、劳务投标书、科研课题投标书、技术引进或转让投标书等。

(四)按范围划分

可分为国际投标书和国内投标书。

四、投标书的写作

(一)标题

投标书的标题主要有四种形式:

1. 投标单位名称+标的物+文种

【例】 ××建筑工程公司承包××公司建筑安装工程投标书

2. 投标单位名称+文种

【例】 ××装潢公司投标书

3. 标的物＋文种

【例】 ××大桥改造工程投标书

4. 文种

【例】 投标书、投标申请书、标书

(二)抬头

即顶格写明招标单位的名称。如"××大学实验楼工程招标办公室"。

(三)正文

1. 前言　概括写明投标目的、依据、项目名称等。

2. 主体　根据招标文件的要求,如实写明投标者的资质情况和具备投标的条件,提出标价,明确具体保证措施以及其他要说明的应标条件和事宜等。

(四)结尾

要写清投标人名称、法人代表、投标日期并加盖印章。还应注明单位地址、联系方式等。

【例】

银行储蓄管理项目投标书

××银行：

1. 根据已收到的招标编号为××××的"银行储蓄管理项目"工程的招标文件,遵照《××××招标投标管理办法》的规定,经过反复论证、认真分析,我公司愿意按人民币××××元(大写：　　)的投标总价完成我们投标文件所报的全部工作内容,以此作为本工程的结算依据,并遵守招标文件的要求承担本合同工程的实施、完成及其缺陷修复工作。

2. 如我公司中标,我们承诺在××××年×月××日开工,××××年×月××日竣工,即××天(日历日)内竣工并确保工程质量优良。

3. 如我公司中标,我们承诺在招标文件规定的时间内,以招标文件规定的方式和项目额度提供具体化项目实施方案。

4. 我公司同意在规定的开标之日起30天的投标文件有效期内,严格遵守本投标书的各项承诺。在此期限届满之前,本投标书将始终对我方具有约束力,并随时接受中标。

5.在合同协议书正式签署生效之前,本投标书连同贵单位的中标通知书将构成我们双方之间共同遵守的条件,对双方具有约束力。

6.如我公司在本投标文件有效期内撤回投标文件,或在收到中标通知书后的7天内未能或拒绝签订合同协议书,则视为自动放弃。

7.我公司金额为人民币××××元的投标保证金与本投标书同时递交。

投标单位:(盖章)
单位地址:
法定代表人或其授权委托人:(签字、盖章)
邮政编码:
电话:
传真:
日期:

》简析:这是一份项目投标书,标题由标的物和文种两个部分组成,抬头是招标单位名称。正文中对银行储蓄管理项目进行报价并进行相关承诺,内容针对性和约束性强。结尾是投标单位名称、法人代表姓名、联系方式等并加盖印章。

第四节 经济活动分析报告

一、经济活动分析报告的概念

经济活动是指人们从事物质资料的生产活动及其相应的交换、分配和消费的活动。

经济活动分析报告是根据会计报表、计划指标、会计核算、统计资料等数据材料,对某部门、某企业或者社会某方面的经济活动状况进行分析、研究、评估后形成的书面报告。

二、经济活动分析报告的特点

(一)时效性

经济活动分析报告提供情况、信息、预测的时间早晚,常对企业起着至关重要的作用。所以经济活动分析报告应力求及时、迅速。

(二)分析性

经济活动分析报告不仅要将各种数据进行定量、定性、定时的分析,以便找出相互间的关系,而且还要从不同的侧面、角度对宏观和微观的、全面和局部的、有利和不利的因素进行深入的分析和比较说明。

(三)指导性

经济活动分析报告应对前期全部或局部经济工作进行总结、评价,针对现状提出意见、建议和措施,以指导下一步的经济活动。

三、经济活动分析报告的种类

(一)按分析的时间划分

可分为事前分析报告、事中分析报告和事后分析报告。

(二)按形式划分

可分为文章式、表格式和文章表格结合式分析报告。

(三)按部门划分

可分为财政部门、税务部门、银行部门、统计部门、审计部门等部门的分析报告。

(四)按内容和性质划分

可分为专题性分析报告和综合性分析报告。

(五)按涉及范围划分

可分为宏观分析报告和微观分析报告。

四、经济活动分析报告的写作

（一）标题

1.分析单位名称＋分析时限＋分析对象＋文种,有时也可略去单位和时限

【例】 中国农业银行××省分行2016年第一季度储蓄结构分析报告

2.新闻式标题

【例】 谁能告诉我,是对还是错——"买房热"中的"冷"思考

（二）正文

正文由前言、主体、结尾三部分组成,所遵循的内在基本结构是"提出问题—分析问题—解决问题"。

1.前言　一般要交代所需分析对象的基本情况,揭示分析的意图。前言的表述可用叙述式或者列表式,也可两者兼用。

2.主体　它是分析报告的核心,这部分通常是依据一定的经济指标,对经济活动进行综合分析研究评价,得出结论。

分析报告主体部分常采用以下几种分析方法：

（1）对比分析法　又叫比较分析法。这种方法是将可比的数据资料放在同一基础上（时间、范围、项目、条件等）进行对比,根据比较结果来研究经济活动状况,找出差异及其原因。根据需要可以与原定计划比,与过去比,与先进单位比。

（2）因素分析法　就是剖析、探究影响经济活动的各种因素,如经营管理、生产技术、工艺流程、产品质量、产品结构、流通渠道、资金周转、气候环境等客观与主观因素,从而探寻取得成绩或存在问题的根本原因。

（3）指数分析法　就是通过指数计算和分析,对产品产量指数、成本指数、商品价格指数、消费指数等进行研究,从而得出以数据资料为依据的精确结论。

（4）预测分析法　就是通过对过去和当前的大量经济活动现象的分析,找出经济活动规律,预见未来发展趋势,作出正确决策。

3.结尾　一般是根据主体部分所反映的问题,提出改进意见、建议或措施。

(三)落款

落款即署名和日期。若标题正下方已有撰写单位名称或个人姓名,结尾就不再署名,只标注日期(年、月、日);若标题下无署名,可在正文结尾后的右下方署名并标注日期。

【例】

2016年上半年广西壮族自治区经济运行情况分析报告

今年以来,面对错综复杂的国内外形势,经济下行压力不断加大,特别是6月份广西又遇到局部地区发生洪涝灾害等困难,全区上下在自治区党委、政府的坚强领导下,全面贯彻落实创新、协调、绿色、开放、共享发展理念,紧紧围绕"五稳",狠抓"41条"降成本政策措施落实,全力以赴做好稳增长的各项工作,经济呈现总体平稳、稳中有进的态势。上半年,全区生产总值增长7.2%,比一季度提高0.2个百分点。但工业增长仍有较多不确定因素,工业投资、民间投资持续低位增长,经济下行压力仍然较大。

一、经济运行稳中有进,主要指标保持增长

上半年,广西生产总值7311.64亿元,按可比价格计算,同比增长7.2%,增速比全国高0.5个百分点,比一季度提高0.2个百分点,增速排全国第21位、西部第9位。分产业看,第一产业增加值769.92亿元,增长3.1%;第二产业增加值3606.90亿元,增长7.6%,其中工业增加值3090.04亿元,增长7.4%;第三产业增加值2934.82亿元,增长7.8%。三次产业对经济增长的贡献率分别为4.2%、53.4%、42.4%,其中工业贡献率为44.8%。

附:2015—2016年广西GDP增速与全国对比图(略)

(一)农业生产总体稳定

上半年,全区农林牧渔业增加值803.36亿元,同比增长3.3%,比一季度提高1.1个百分点。其中,种植业增加值275.96亿元,增长6.1%;牧业304.26亿元,下降1.2%;林业67.46亿元,增长6.6%;渔业122.23亿元,增长4.0%。种植业、牧业增速分别比一季度提高0.9和1.8个百分点,林业增速回落3.8个百分点,渔业持平。

(略)

(二)工业生产稳中有升

上半年全区规模以上工业增加值同比增长7.6%,高于全国1.6个百分点,比一季度提高0.3个百分点,排全国第13位,西部第6位。

(略)

(三)固定资产投资保持增长

上半年,全区固定资产投资8351.89亿元,同比增长13.7%,增速比一季度回落0.4个百分点,比1—5月提高0.3个百分点,比全国高4.7个百分点,排全国第8位,西部第6位。

从产业看,第三产业投资增速明显快于二产。(略)

从主要投资领域看,基础设施建设、房地产开发和企业技术改造投资保持较快增长。(略)

(四)进出口降幅持续收窄

上半年,全区进出口总值1381.69亿元(人民币,下同),同比下降4.0%,降幅比一季度收窄6.9个百分点。其中,出口681.59亿元,下降8.7%,降幅比一季度收窄11.7个百分点。

从贸易方式看,加工贸易同比增长6.3%,比一季度回落6.9个百分点;边境小额贸易进出口同比下降12.5%,降幅收窄15.7个百分点;一般贸易下降13.4%,降幅收窄4.4个百分点。

从贸易国别(地区)看,对东盟进出口同比下降3.2%,比一季度收窄9.1个百分点,其中对越南进出口增长0.3%,对柬埔寨进出口增长165.1%,对老挝进出口增长202.8%。

(五)交通运输增速有所回升,邮电业务高速发展

在高铁和动车拉动下,全区交通运输增速有所回升。(略)

北部湾港吞吐量增速加快。(略)

在飞速发展的4G网络及网购带动下,全区邮电业务继续保持高速增长势头。(略)

(六)商品房销售较快增长

上半年,全区商品房销售面积1598.34万平方米,同比增长16.0%,增速比一季度回落2.4个百分点,其中住宅销售面积1487.01万平方米,增长19.9%,回落1.9个百分点。商品房销售额829.97亿元,同比增长19.9%,其中住宅销售额737.72亿元,增长28.4%。

(七)民生指标平稳增长

居民消费价格温和上涨。(略)

消费品市场总体平稳。上半年,全区社会消费品零售总额3252.81亿元,

同比增长9.8%,比上年同期提高0.8个百分点,低于全国0.5个百分点,增速排全国第20位、西部第8位。

按销售单位所在地分,城镇社会消费品零售总额2865.52亿元,同比增长9.7%,比上年提高0.9个百分点;农村387.29亿元,增长10.7%,提高0.6个百分点。(略)

附:2010—2016年广西社会消费品零售总额增速与全国比较图(略)

居民收入稳定增长,农村外出务工收入继续增加。上半年,全区居民人均可支配收入9170元,同比名义增长9.3%,扣除价格因素实际增长7.1%。(略)

(八)经济运行环境平稳

财政收支平稳增长。上半年,全区财政收入1306.32亿元,同比增长8.9%,增速较上年同期回落0.5个百分点。一般公共预算收入837.51亿元,增长8.5%,同比提高3.1个百分点。(略)

上半年,全区一般公共预算支出2049.90亿元,同比增长14.1%。(略)

金融运行保持平稳。(略)

工业品价格同比降幅收窄。(略)

二、区域经济发展不平衡

上半年,全区14个市中,有7个市增速高于全区平均水平,分别是防城港市增长10.1%,高于全区2.9个百分点;钦州市增长10.1%,高于全区2.9个百分点;百色市增长9.0%,高于全区1.8个百分点;玉林市增长8.2%,高于全区1.0个百分点;梧州市和北海市增长8.0%,高于全区0.8个百分点;贵港市增长7.6%,高于全区0.4个百分点。

(略)

三、供给侧改革稳步推进

(一)"三去一降一补"取得新进展

去产能方面,钢铁行业作为去产能攻坚领域之一,上半年粗钢产量下降1.0%。去库存方面,工业企业和商品房库存出现积极变化。(略)

在降成本方面,企业主营业务成本涨幅回落,1—5月规模以上工业企业主营业务成本同比增长6.0%,涨幅同比回落2.4个百分点。5月份开始,国家全面实行营改增,全区规模以上工业企业营业税金将会下降40%左右。

补短板方面,薄弱领域投资增长较快。(略)

(二)工业结构继续优化,新增企业拉动力显现

高技术产业加速增长。上半年,高技术产业增加值同比增长6.6%,分别

比1—3月、1—4月和1—5月提高1.3、1.9和1.3个百分点。

新增企业拉动力显现。(略)

工业用电量降幅持续收窄。(略)

(三)投资结构趋向优化

一是服务业投资比重提高。上半年全区服务业投资占全部投资比重为54.6%,比上年同期提高2.7个百分点。二是高耗能行业投资比重下降。(略)

四、当前需要关注的突出问题

当前,广西经济运行基本面保持稳定,一些主要指标出现积极变化。但同时也必须清醒看到,当前广西正处在转型升级、动能转换的关键阶段,"三去一降一补"和供给侧改革任务依然艰巨,经济运行筑底企稳的基础尚不牢固,经济运行中存在的问题不容忽视。

(一)局部出现洪涝灾害,甘蔗种植面积持续下降

6月份,受强降雨影响,广西局部地区发生洪涝灾害,截至6月30日,已有马山、藤县、柳江、柳城、鹿寨、融安等多县区出现灾情。

(略)

(二)工业增长仍存在较多不确定因素

尽管上半年规上工业增加值增速较一季度加快,但加速中仍存在不少问题。

新动力发展仍处于相对弱势。全区高技术产业增速和比重仍在低位徘徊,且出现减速和乏力的苗头。(略)

旧动力仍处于主导地位。在全国"去产能、去库存"的大背景下,全区高耗能行业不降反增。(略)

需求不足的问题依然突出。(略)

主要工业产品出厂价格走势仍然低迷。(略)

(三)投资增速回落,工业投资、民间投资增速持续走低

2011—2013年,广西投资保持20%以上的增速,2014年以来逐步放缓至20%以下,今年上半年全区投资增长13.7%,比上年同期回落4.8个百分点。

附:2011—2016年上半年全区固定资产投资增速(%)图(略)

投资增速回落的主要原因:

一是工业投资大幅回落。2011—2015年上半年,广西工业投资增速从35.9%的高位逐步回落到15.3%,今年以来回落至个位数增长。上半年,全

区工业投资增长6.3%,低于去年同期7.4个百分点,低于一季度0.3个百分点。(略)

二是民间投资持续低迷。2011—2015年上半年,广西民间投资增速从45.1%的高位回落到17.4%,今年3月份以来回落到个位数增长,上半年,全区民间投资增长7.4%,同比回落10.0个百分点,民间投资占投资比重为62.7%,同比下降3.8个百分点。

三是大项目支撑乏力。今年上半年,全区新开工项目平均投资规模为3814万元,同比下降5.3%。新开工项目中,亿元以上项目仅占2.3%。全区亿元以上项目完成投资1877.38亿元,仅占全部投资的22.5%。

(四)服务业部分指标增速回落

客运量增速持续回落。上半年,全区客运量同比下降0.2%,比上年同期回落1.9个百分点。其中铁路客运量增速从上年同期的58.3%高位回落至21.3%,回落幅度达37.0个百分点;公路客运量下降4.0%,降幅同比扩大1.1个百分点;水路客运量下降3.3%,同比回落17.5个百分点。

内河港口吞吐量增速持续下跌。内河港口吞吐量同比增速由1—4月的4.7%、1—5月的3.7%跌至上半年的2.9%,增速持续回落。

五、几点建议

当前广西经济下行的形势依然严峻,企稳回升趋势尚不明朗,制约发展的突出问题不容忽视,全区各级各部门要紧紧围绕"五稳"和"41条"降成本政策措施,突出重点,定向发力,确保各项工作有序进行。

(一)以"两学一做"为契机,统一思想凝心聚力

全区上下要把开展"两学一做"学习教育作为一项重要政治任务和重头工作,切实担负起抓学习教育的主体责任,扎实推进"两学一做"学习教育,真正把基础在"学"、关键在"做"的要求落到实处。(略)

(二)围绕"三去一降一补",推动供给侧改革

要紧紧围绕"三去一降一补"工作,落实"41条"降成本政策措施,各级部门进一步降低制度性交易成本,降低企业税赋负担和行政事业性项目收费,切实降低企业人工成本和财务融资等经营性成本,降低物流成本。针对广西电价较高的情况,切实落实降低工商业销售电价,改进企业减产停产期间电费计算方式,继续实施丰枯水季节性电价,开展峰谷分时电价政策试点等措施,提高广西传统产业市场竞争力。

(略)

(三)优化工业发展环境,推动传统行业二次创业

各级各部门切实做好服务工作,改善全区工业发展环境。相关管理部门和产业协会要充分发挥自身信息资源优势,为工业企业提供更优质高效的市场购销、产品发展趋势等信息服务。积极探索政府支持企业技术创新、管理创新、商业模式创新的新机制。发挥产业基金作用,撬动更多社会资本培育新型产业。将更多扶持给予民营中小企业、新增企业和新兴产业。切实为企业降低用电、物流、融资和人工成本。更好地为企业松绑、解扣,激发企业活力、创新力和竞争力。

改造提升传统优势产业的同时,加快高新技术及战略新兴产业发展。(略)

(四)扩大有效投资,增强对经济增长的拉动作用

一是加大工业投资力度。(略)二是突出抓好统筹推进重大项目。(略)三是进一步激活民间投资活力。(略)

(五)促进外贸回稳向好,增强经济增长的拉动力

在上半年全区进出口降幅收窄的情况下,进一步抓好自治区促进外贸回稳向好33条措施的落地生效,力争进出口形势继续好转。一是推进边境小额贸易增长。加快对边境小额贸易支持政策的兑现,加大通关协调力度,稳定企业信心,调整扩大货源,优化商品结构。二是继续实施"加工贸易倍增计划"。紧紧抓住国家最近出台支持加工贸易向中西部地区转移的政策机遇,立足实际,主动对接,邀请沿海地区加工贸易企业投资落户广西。三是加快外贸综合服务平台建设。加快组建广西外贸综合服务企业,为中小微企业提供融资、物流、通关、结汇、退税等一条龙的供应链服务,实现外贸产业链和供应链的融合。

≫ 简析:这是一篇内容翔实、结构完整的经济活动分析报告。前言部分概述了广西壮族自治区2016年上半年经济运行总体情况,主体部分总结了经济运行的现状、特点,分析了经济运行存在的突出问题,并提出了对策建议。文中综合应用对比分析法、指数分析法、因素分析法等多种分析方法,令人信服。

第五节 可行性研究报告

一、可行性研究报告的概念

可行性研究报告是通过对某一项目的主要内容和配套条件,从经济、技术、生产、供销、法律、社会效应等多方面进行具体调查、研究、分析,从而判断项目是否可行以及如何建设,确定最佳方案和最佳时机,为项目投资者的最终决策提供科学依据的文书。可行性研究报告,又叫可行性论证报告、可行性分析报告。

二、可行性研究报告的特点

(一)综合性

各类可行性研究报告的内容及侧重点因行业不同而差异很大,但一般都应包括投资必要性、技术可行性、财务可行性、组织可行性、经济可行性、社会可行性等方面的分析评价;且分析方法涵盖了静态分析和动态分析、定性分析和定量分析、宏观分析和微观分析等,具有全面性和综合性特征。

(二)科学性

可行性研究报告是项目立项的决策依据,其结论要建立在科学严密的分析论证基础之上,经得起时间的考验。

(三)时效性

可行性研究报告强调现实实用性,报告的编写要求及时而迅速。

三、可行性研究报告的种类

(一)按报告的决策阶段划分

可分为机会可行性研究报告(最初阶段研究)、初步可行性研究报告(前期研究)和可行性研究报告(最终技术经济可行性研究)。此类报告主要用于大中型项目的研究分析。

(二)按报告的内容性质划分

可分为科学研究型可行性研究报告、技术开发型可行性研究报告、项目建设型可行性研究报告等。

四、可行性研究报告的写作

可行性研究报告通常都是独立成册上报的。它的一般格式包括:①封面(题目、项目名称、承担单位、单位负责人、项目负责人、起止日期);②摘要;③目录;④图表清单;⑤术语表;⑥前言;⑦主体;⑧结论和建议;⑨参考文献;⑩附件。下面主要介绍标题、前言、主体、结论和建议、附件的写作要领。

(一)标题

1. 单位名称+项目名称+文种

【例】 安徽××公司年产6000辆重型汽车可行性研究报告

2. 事由+文种

【例】 关于进一步开发老年服装市场的可行性分析报告

(二)前言

主要是概括地介绍可行性研究报告的来龙去脉及其重要内容,包括:项目提出背景,拨款的必要性及项目的战略意义或经济意义,研究工作的依据,采用的主要方法,得出的主要结论等。

(三)主体

可行性研究报告的主体,是结论和建议赖以产生的基础。要求以系统分析为主要方法,以经济效益为核心,围绕影响项目的各种因素,运用大量的数据资料,以论证拟建项目是否可行,或对各种预选项目的方案进行分析、比较、论证和预测,从而说明拟立项目的必要性、可行性。

项目立项可行性论证的目的,无非是为决策提供科学依据。以企业拟上马项目为例,一般说来,论证要从九个方面进行:①需要预测和拟建的规模;②资源、原材料、燃料及公用设施情况;③建厂条件和厂址方案;④设计方案;⑤环境保护、劳动保护与安全防护;⑥企业组织、劳动定员和人员培训;⑦工程实施进度;⑧投资估算和资金筹措;⑨经济效益与社会效益。对于不同项目的可行性研究报告,以上各项内容应有所侧重或增减。

（四）结论和建议

当项目的可行性研究完成了所有方面的分析之后,应对整个可行性研究提出综合性的评价、结论,指出优、缺点,提出建议。

（五）附件

为了说明结论,往往还需要一些附件,例如试验数据、论证材料、计算图表、附图等,以加大可行性报告的说明力度。

【例】

××培训学校项目可行性研究报告模板

中国教育培训产业仍处在起步发展阶段,教育培训市场有着广阔的发展前景,随着这一市场规模的不断扩大,对其提供专业服务的需求也将迅速扩大。同时,大量来自国外的培训机构纷纷进入中国,由于不熟悉中国国情,他们急需寻求当地有影响的服务机构进行合作。因此,国内教育培训服务的产业化和专业化势在必行。

随着培训市场竞争的日趋激烈,培训机构普遍觉得生存压力加大,在这种情况下,谁能另辟蹊径,谁就能争取到新的商机。于是,个性化培训渐成主流。英语培训市场出现了金融英语、猎头英语、酒店英语等"专业户";IT培训市场开始分化为"白领培训"和"蓝领培训"两大阵营;CEO培训则出现了针对女性CEO、CEO太太的培训项目;企业内训分管理培训、项目管理培训、销售培训、技术培训等等。培训项目、课程越来越个性化的发展趋势预示:差异化竞争态势已经开始形成,培训市场细分天下的时代已经来临。

就目前的发展态势观之,差异化竞争之路可以通过课程设置等手段来实现。以个性化课程的逐渐完善和教学质量的进一步提高,逐渐打破培训机构之间的同质化竞争格局。

第一部分　培训学校项目总论

总论作为可行性研究报告的首要部分,要综合叙述研究报告中各部分的主要问题和研究结论,并对项目的可行与否提出最终建议,为可行性研究的审批提供方便。

一、培训学校项目概况

二、项目可行性研究主要结论

三、主要技术经济指标表

四、存在问题及建议

第二部分　培训学校项目建设背景、必要性、可行性

这一部分主要应说明项目发起的背景、投资的必要性、投资理由及项目开展的支撑性条件等等。

一、培训学校项目建设背景

二、培训学校项目建设必要性

三、培训学校项目建设可行性

第三部分　培训学校项目市场分析

市场分析在可行性研究中的重要地位在于：任何一个项目，其生产规模的确定、技术的选择、投资估算甚至厂址的选择，都必须在对市场需求情况有了充分了解以后才能决定。而且市场分析的结果，还可以决定产品的价格、销售收入，最终影响到项目的盈利性和可行性。在可行性研究报告中，要详细研究当前市场现状，以此作为后期决策的依据。

一、培训学校项目产品市场调查

二、培训学校市场预测

第四部分　培训学校项目规划方案

一、培训学校项目产品产能规划方案

二、培训学校项目工艺规划方案

三、培训学校项目产品营销规划方案

第五部分　培训学校项目建设地与土建总规

一、培训学校项目建设地

二、培训学校项目土建总规

第六部分　培训学校项目环保、节能与劳动安全方案

在项目建设中，必须贯彻执行国家有关环境保护、能源节约和职业安全卫生方面的法规、法律，对项目可能对环境造成的近期和远期影响，对影响劳动者健康和安全的因素，都要在可行性研究阶段进行分析，提出防治措施，并对其进行评价，推荐技术可行、经济，且布局合理，对环境的有害影响较小的最佳方案。按照国家现行规定，凡从事对环境有影响的建设项目都必须执行环境影响报告书的审批制度，同时，在可行性研究报告中，对环境保护和劳动安全要有专门论述。

一、培训学校项目环境保护方案
二、培训学校项目资源利用及能耗分析
三、培训学校项目节能方案
四、培训学校项目消防方案
五、培训学校项目劳动安全卫生方案

第七部分　培训学校项目组织计划和人员安排

在可行性研究报告中，根据项目规模、项目组成和工艺流程，研究提出相应的企业组织机构，劳动定员总数及劳动力来源及相应的人员培训计划。

一、培训学校项目组织计划
二、培训学校项目劳动定员和人员培训

第八部分　培训学校项目实施进度安排

项目实施时期的进度安排也是可行性研究报告中的一个重要组成部分。所谓项目实施时期亦可称为投资时间，是指从正式确定建设项目到项目达到正常生产这段时间。这一时期包括项目实施准备，资金筹集安排，勘察设计和设备订货，施工准备，施工和生产准备，试运转直到竣工验收和交付使用等各工作阶段。这些阶段的各项投资活动和各个工作环节，有些是相互影响、前后紧密衔接的，也有些是同时开展、相互交叉进行的。因此，在可行性研究阶段，需将项目实施时期各个阶段的各个工作环节进行统一规划，综合平衡，作出合理又切实可行的安排。

一、培训学校项目实施的各阶段
二、培训学校项目实施进度表
三、培训学校项目实施费用

第九部分　培训学校项目财务评价分析

一、培训学校项目总投资估算
二、培训学校项目资金筹措
三、培训学校项目投资使用计划
四、项目财务评价说明和财务测算假定
五、培训学校项目总成本费用估算
六、销售收入、销售税金及附加和增值税估算
七、损益及利润分配估算
八、现金流估算

第十部分　培训学校项目不确定性分析

在对建设项目进行评价时，所采用的数据多数来自预测和估算。由于资

料和信息的有限性,将来的实际情况可能与此有出入,这对项目投资决策会带来风险。为避免或尽可能减少风险,就要分析不确定性因素对项目经济评价指标的影响,以确定项目的可靠性,这就是不确定性分析。

根据分析内容和侧重面不同,不确定性分析可分为盈亏平衡分析、敏感性分析和概率分析等。

第十一部分 培训学校项目财务效益、经济和社会效益评价

在建设项目的技术路线确定以后,必须对不同的方案进行财务、经济效益评价,判断项目在经济上是否可行,并比选出优秀方案。本部分的评价结论是建议方案取舍的主要依据之一,也是对建设项目进行投资决策的重要依据。

一、财务评价

二、国民经济评价

三、社会效益和社会影响分析

第十二部分 培训学校项目风险分析及风险防控

一、建设风险分析及防控措施

二、法律政策风险及防控措施

三、市场风险及防控措施

四、筹资风险及防控措施

五、其他相关风险及防控措施

第十三部分 培训学校项目可行性研究结论与建议

根据前面各节的研究分析结果,对项目在技术上、经济上进行全面的评价,对建设方案进行总结,提出结论性意见和建议。

第十四部分 附件

凡属于项目可行性研究范围,但在研究报告以外单独成册的文件,均需列为可行性研究报告的附件,所列附件应注明名称、日期、编号。

(根据中国产业竞争情报网 http://www.chinacir.com.cn/相关资料编写)

》简析:这是一篇可行性研究报告模板,因篇幅所限,选用时只保留了其结构主干。报告从项目建设背景、必要性与可行性、项目市场分析、项目组织计划和人员安排、项目实施进度安排、项目财务评价分析、项目风险分析及风险防控等多个层面进行分析、说明与论证,结构完整、条理清晰,为写作可行性研究报告提供了较好的思路与结构。

综合实训

一、判断题

1. 投标文书应具有公开性和竞争性特点。（   ）
2. 广告标语有时与广告标题重合。（   ）
3. 以给付义务是否由双方当事人互付为标准，合同分为有偿合同与无偿合同。（   ）
4. 根据情况，合同中可以用"你方""我方""他方"来指代当事人。（   ）
5. 标的是合同当事人权利义务所共同指向的对象，是合同的基本条款。（   ）
6. 招标书是一种告知性文件，它一般通过大众传媒向社会公开，因此也称作招标广告。（   ）
7. 撰写经济活动分析报告所遵循的内在结构思路是"提出问题—分析问题—解决问题"。（   ）
8. 可行性研究报告是项目开发的决策依据，其结论要建立在科学严密的分析论证基础之上。（   ）
9. 投标书的内容是按照招标书提出的要求和条件而写，内容上具有很强的针对性。（   ）
10. "明天将发生什么（联想集团）"属于广告标题中的直接标题。（   ）

二、改错题

指出下面"合同"存在的问题并加以修改。

建筑工程合同

××建筑公司生产科（乙方）

××食品公司第四车间（甲方）

甲方委托乙方建造厂房一座，为使工程顺利完成，经双方协议，订立本合同。

1. 工程名称：第四车间厂房。
2. 由乙方全面负责建造。

3. 甲方委托乙方建造东厂房一座。全部建造费用共计855000元。
4. 甲方在订立合同后先交一部分建造费用。
5. 其余在厂房建成后抓紧归还所欠部分。
6. 工期待乙方筹备就绪后立即开始。
7. 力争九月中旬开工。
8. 力争明年二月份左右完工。
9. 建筑材料由乙方全面负责筹备。
10. 本合同一式四份,双方各一份,各自上级单位备案一份。

立合同人：××食品公司第四车间(公章)　　　主任：××(私章)
　　　　　××建筑公司生产科(公章)　　　　　科长：××(私章)
　　　　　　　　　　　　　　　　　　　　　　2016年8月1日

三、评析题

1. 阅读下面报道,你认为"凡客体"广告文案引起巨大反响的原因何在？

韩寒篇

爱网络,爱自由；

爱晚起,爱夜间大排档；

爱赛车,也爱29块的T—SHIRT。

我不是什么旗手,

不是谁的代言,

我是韩寒,我只代表我自己。

我和你一样,

我是凡客。

王珞丹篇

爱表演,不爱扮演；

爱奋斗,也爱享受；

爱漂亮衣服,更爱打折标签。

不是米莱,不是钱小样,

不是大明星,我是王珞丹。

我没什么特别,我很特别,

我和别人不一样，我和你一样，
我是凡客。

"凡客体"，即电子商务服装品牌凡客诚品（Vancl）的某系列广告文案文体。2010年7月，凡客诚品邀请了青年作家韩寒和青年演员王珞丹出任形象代言人，一系列的广告铺天盖地地出现在公众的眼帘。该广告系列意在戏谑主流文化，彰显品牌的自我路线和个性形象。以"爱……不爱……不是……我是……"为基本叙述方式的广告一出旋即在网上掀起了PS热潮，各路名人和企业相继成为"被凡客"的主角，凡客诚品的知名度也随之爆炸式提升。以被传播得最广的郭德纲"凡客体"为例，大大的图片旁边配的文字为："爱相声、爱演戏、爱豪宅、爱得瑟、爱谁谁，尤其爱15块一件的老头汗衫。我不喜欢周立波，也没指望他会喜欢上我，我是郭德纲。"

所谓的"凡客体"最早出自前奥美创意总监、远山广告合伙人邱欣宇之手。"我们在研究和剖析Vancl两位代言人的特质和品牌的诉求后认为，韩寒、王珞丹都属于80后靠自我奋斗、努力获得成功的代表，他们的个性既符合现代年轻人的成长心态，也能和Vancl品牌进行很好的融合。"邱欣宇说，"于是，我们想出这种能表达自我且极富个性化的语言。"奥美互动北京总经理陈蓉则解释得更为细致，"这是一条有态度的广告。"她说，"当你看到这些简单直白的生活化的描述，你会感觉它想和你互动、想和你沟通、想和你交朋友。"而这条广告，在互联网上又恰好碰上想交朋友的人，使用社会化交友社区和微博的网友们热衷于传播信息、展示自我、调侃朋友，于是便很愉快地接受了这样的广告形式，"与此同时，从技术上讲也还算容易"。陈蓉最后总结说："一条好的广告要有态度，其实很多感觉，做广告的人一说就都明白了，你明白了吗？"

也许像我们这样的普通人并不容易明白广告创意的灵感所在，但网友们从这一大段"爱什么、不爱什么"的排比句中，还是能看出些"形式即内容"的味道来，这形式本身就显得坦率真诚。有专家认为：极简的语言加上精准的定位，才能在信息传播过度的今时今日搏出位。从广告投放渠道以及文案风格都看得出来，凡客诚品对于他们的定位已经有了极为清醒的认识，他们想要传达的是草根的，有些小坚持的，低价但不廉价的态度。

"凡客体"一词，荣获2010年十大网络流行语。

（根据 http://baike.baidu.com/view/4055632.htm 相关内容编写）

2.阅读下面报道,你了解"定金"与"订金"的区别吗?这则报道提醒我们在拟写及签订合同时应注意些什么。

"定金""订金"扯出纠纷不断

在消费者进行购买房屋、汽车等消费行为时,常常涉及签订合约、交付"定金"或"订金"环节。很多消费者对合约中的"定金"与"订金"辨析不清,导致无法有效保护自己的利益。记者日前从省消协了解到,近来消协受理的涉及"定金"和"订金"方面的投诉与咨询增多,从7月开始已有近百起。

哈尔滨消费者张先生在某新开发楼盘预定了一套二居室住宅,交付了定金5000元,并与开发商签订了《房屋认购协议》书。一周后,张先生如约前来签订《房屋买卖合同》。可售楼员讲,他所定购的住宅已被老板卖给了朋友,让他另选一套。张先生不同意,并要求对方双倍返还定金。多次交涉未果,张先生求助消协。经消协调查核实,认为张先生定购房屋时所缴纳的5000元确为定金,最后经营者被要求双倍返还了张先生定金1万元。

而韩女士的维权结果与张先生的却不一样。哈市消费者韩女士6月份在某汽车经销商处预订了一台30多万元的进口轿车,并付了2000元订金,约定2个月内提车。但直至10月底也未能拿到车。韩女士要求经营者双倍返还"订金",遭到拒绝。经消协调查了解,因市场供不应求,经营者已将韩女士所定轿车卖给了出价更高者。但双方协议表明所交款项为"订金",故经营者只以返还"订金"同时支付利息和合理交通费用了结。

生活中类似事例数不胜数,一旦发生纠纷打起官司往往因"订金"与"定金"的差别而结果各有不同。省消协特发布警示,提醒广大消费者,在购买商品或接受服务时若需交付"定金"或"订金",必须首先弄清这两个法律概念的区别。

(来源:http://china.findlaw.cn/hetongfa/weiyuezeren/yfk/15295.html 2010-01-22)

四、写作题(要求:主旨明确,结构合理,语言得体,格式规范)

1.请为你家乡的风景名胜或土特产撰写一则广告词。

2.请为你所在的学校撰写一则招生广告。

3.某大型超市想在你所在的大学城附近开一家连锁店,请代拟一份可行性研究报告,全面深入地分析一下其盈利的概率和风险。

4.请根据以下材料,以××市××房地产公司的名义,拟写一份工程设计招标书,具体内容可合理想象。

××市××房地产公司经上级批准,准备新建××大厦。建筑面积××平方米,建筑地点在××区××路。有意工程设计者请于××年××月××日到××房地产公司报名,参加资格预审等。联系人:×先生。联系电话:×××××××。

5. 请根据以下报道并参考相关视频资料,为中央电视台《中国诗词大会》节目撰写一份时长约30秒钟的电视广告文案。

《中国诗词大会》是中央电视台继《中国汉字听写大会》《中国成语大会》《中国谜语大会》之后,由中央电视台科教频道(CCTV-10)自主研发的一档大型演播室文化益智节目。

《中国诗词大会》是央视首档全民参与的诗词节目。节目以"赏中华诗词、寻文化基因、品生活之美"为基本宗旨,力求通过对诗词知识的比拼及赏析,带动全民重温那些曾经学过的古诗词,分享诗词之美,感受诗词之趣,从古人的智慧和情怀中汲取营养,涵养心灵。创作组在诗词题目的甄选上注重"普及性和专业性并重",邀请诗词领域的专家学者历时近一年组建诗词题库。入选诗词题目几乎全部出自中小学课本,涵盖豪放、婉约、田园、边塞、咏物、咏怀、咏史等各个类别,聚焦忠孝、仁义、爱国等中华优秀传统文化主题,带领观众在"熟悉的陌生题"中领会中华诗词文化精髓,透过诗词之美传承和弘扬社会主义核心价值观。

首届《中国诗词大会》自2015年10月18日起正式在北京开始录制,于2016年2月12日至4月15日在CCTV-1每周五晚20:00播出。节目共10期,每期90分钟。主持人为董卿,嘉宾有康震、蒙曼、郦波、王立群。

(根据网络相关报道编写)

6. 请根据以下报道并查阅参考相关资料,为合并之后的滴滴和Uber中国撰写一份广告宣传文案,设计新的广告标语。

滴滴和Uber中国合并引发垄断担忧　打车费要上涨?

中新网北京8月2日电(吴涛)"打则惊天动地,合则恩爱到底。"自滴滴和快的2015年合并后,这样的戏码再次上演。不过这次主角换成了滴滴和Uber中国,滴滴1日宣布收购Uber中国。

对于滴滴收购Uber中国,有专家分析指出,此举无疑会加剧中国网约车市场的寡头化,未来网约车价格上涨或不可避免。

并购或受资本推动　都不想再烧钱

1日,滴滴宣布收购Uber中国,并和Uber全球达成战略协议,双方相互持股,成为对方的少数股权股东。Uber全球将持有滴滴5.89%的股权,相当于17.7%的经济权益,Uber中国的其余中国股东将获得合计2.3%的经济权益。

对于此次滴滴和Uber的合作原因,中国互联网协会"互联网+"研究咨询中心副主任李易接受中新网采访时表示,这主要是受到背后双方投资方推动,"都不想再烧钱了"。

7月28日,中国出台了《网络预约出租汽车经营服务管理暂行办法》(以下简称《办法》),禁止提供低于成本价的网约车服务。

1日,网上曝光的Uber创始人Travis Kalanick一篇博文中也提到,Uber中国和滴滴在中国都投入了数十亿美元,且两家公司尚未在该市场实现盈利,实现盈利是打造可持续业务的唯一出路。

并购利好双方盈利　国际市场滴滴和Uber仍存竞争

此次滴滴收购Uber中国对滴滴来说,普遍分析利好双方。李易称,合并后,可以预见的是滴滴有望尽快实现全局盈利。公开资料显示,滴滴曾称在中国400座城市开展了服务,其中过半的城市实现了盈利。

另外,在和Uber全球达成战略合作的同时,滴滴还宣布将加快国际化步伐,从人才结构、技术储备和业务布局上全面开始走向全球化,进一步加快进入日本、韩国、欧洲、俄罗斯等地。

不过李易分析称,Uber把中国业务抛给滴滴,相当于放弃了中国这块市场,所以可能会更加注重海外市场,在海外也不可避免和滴滴产生竞争,并不见得会退让。

那么此次滴滴收购Uber中国,对Uber有什么影响呢?有外媒分析指出,此次Uber抛出Uber中国或有利于IPO——抛出亏损业务,把上市数据做到更好。公开资料显示,2015年,Uber中国在中国市场上"烧"了约10亿美元。

对滴滴而言呢?会不会尽快启动IPO?李易分析称:"目前美国资本市场不好,不少中概股都在寻求退市,滴滴或不会尽快启动IPO程序。"

在2015年2月14日,滴滴和快的合并后,当时快的内部邮件中显示,双方合并后,上市计划会提上日程。

网约车寡头化加剧　易到称竞争未结束

有网友疑问，两者合并会否形成行业垄断？易观互联网交通出行研究中心研究总监、高级分析师张旭对中新网表示，滴滴收购 Uber 中国后，专车市场格局将迎来较大变化，寡头化进一步提升。

中国 IT 研究中心发布的《2016 年 Q1 专车市场研究报告》显示，2016 年第一季度中国专车市场交易规模达 284.5 亿元，其中滴滴出行订单量市场份额达到 85.3%，稳居行业第一，Uber、易到用车、神州专车位列第二、第三、第四位。

"对于其他专车厂商而言，竞争压力将进一步增大，并倒逼竞品企业加快产品和服务创新以增加用户体量和提升现有活跃用户黏性。"张旭说道。

李易也认为，滴滴收购 Uber 中国后，中国的网约车市场将出现"一边倒"的情况，其他的网约车平台将面临较大的发展压力，"要么被打死，要么面临估值缩水被贱卖的下场"。

国内另一家知名专车平台易到用车相关负责人对中新网表示，滴滴和 Uber 中国的合并，绝不意味着出行领域的竞争已经结束。上述负责人说道，"烧钱"的时代将过去，未来是用服务和品质赢得市场的时代，将是易到和滴滴对决。

截至发稿，神州专车尚未对滴滴收购 Uber 中国作出置评。

网约车打车费或上涨　补贴将进一步降低

此次滴滴和 Uber 中国的合并，对普通打车用户将产生什么影响呢？打车费会不会上涨？滴滴方面 1 日晚间表示，移动出行市场仍然是一个完全竞争市场，一些竞争对手的补贴力度还很大。未来相当长的时间内，针对乘客的红包补贴和司机的奖励将继续发放。

不过，交通专家徐康明接受中新网采访时表示："网约车价格上涨不可避免。"滴滴和 Uber 中国合并后，市场进一步高度集中，预计未来滴滴等网约车平台对乘客的补贴将逐步减少，直至消失。

另外，徐康明和李易都提到了"两侧补贴消失"的情况，他们认为，长远看，不单是乘客端补贴将消失，未来网约车平台对驾驶员补贴也会消失。

在网约车价格规范这一块，《办法》规定，网约车平台公司应当公布确定符合国家有关规定的计程计价方式，合理确定网约车运价，实行明码标价。

1 日，交通运输部发布《网络预约出租汽车运营服务规范（征求意见稿）》。征求意见稿规定，网络预约出租汽车经营者须通过本企业网站和客户端应用程序对收费标准、服务价格进行明示。

（来源：中国新闻网 http://www.sd.chinanews.com.cn/2/2016/0802/20543.html）

第六章
社交礼仪文书写作

"礼",本谓敬神,引申为表示敬意的通称;"仪",既指仪式,亦指礼节。"礼仪"是礼节和仪式的总称。社交礼仪文书是人们在人际交往过程中所使用的用于表达礼节、沟通感情的,具有固定格式的应用文书。我国素有"礼仪之邦"的美誉,随着社会文明的不断发展,国家之间、组织之间、个人之间的交往越加密切,礼仪问题越来越受到党政机关、企事业单位、社会团体等各类社会组织和人员的重视,社交礼仪文书的使用也越来越普遍。

第一节 请柬 聘书

※ 请 柬

一、请柬的概念

请柬,又称"请帖",是邀请单位或个人参加会议、庆典等活动时所使用的一种告知性礼仪文书。发送请柬,一方面表示邀请者对被邀请者的尊敬和重视,另一方面也表明活动的正式。

二、请柬的特点

(一)正式性

请柬一般表示举办的会议或活动意义重大、内容重要、形式庄重,因此具有正式性。

(二)通达性

请柬的柬文写作要通顺明白,准确无误,庄重得体。

(三)美观性

请柬的装帧要尽量美观大方,以示对被邀请者的尊重和诚意。

三、请柬的种类

(一)按形式来划分

一般可分为横式请柬和竖式请柬,单面请柬和折叠式请柬。

(二)按用途来划分

一般可分为会议类请柬、典礼仪式类请柬、展览类请柬、宴会类请柬等。

四、请柬的写作

请柬有横式、直式两种,一般由以下几个部分组成:

(一)封面

在封面(正面)居中写或印制"请柬"二字,字体要略大,要醒目美观。普通请柬可以将"请柬"二字和正文合在同一面上。

(二)称谓

首行顶格写被邀请的单位名称或个人的姓名。个人姓名后应加相应的尊称,如"先生""女士""老师""教授"等。发给长辈的请柬可以省略姓名,直接写称谓,如伯父、伯母、舅父、舅母等。

(三)主体

写清邀请的目的、活动内容、时间、地点及应注意的一些问题。为了便于被邀请者赴会,有的还应注明如何接送或乘什么车辆抵达。

(四)结尾

通常写"敬请光临""敬请莅临"或"敬请光临指导"等表示欢迎、恭敬的词语。

（五）落款

写明邀请者的名称和发出邀请的日期。

【例1】

请　柬

佩雷纳女士：

　　兹定于12月30日晚7:00—9:00在××剧院（××区××路××号）举行××公司年会,届时敬请光临。

　　此致

敬礼！

××公司人力资源部
2015年12月22日

>> 简析：这份请柬用简洁明了的语言告知了活动的时间、地点、内容,语气诚恳恭敬,表达出对被邀请者的尊重。

【例2】

请　柬

××公司××经理：

　　兹定于2016年1月20日上午9:00在北京市××大厦三楼多功能厅举办"2015年××画展"颁奖仪式,敬请您的光临指导,并为获奖人员颁奖。

××组委会
2016年1月10日

请您注意以下事项：

1. 颁奖仪式时间：2016年1月20日上午9:00至10:00。请您提前10分钟入场。

2. 颁奖仪式地点：北京市××大厦三楼多功能厅。

3. 届时：组委会将为各位嘉宾准备精美的礼品和丰盛的午餐,请您携带请柬签到入场。

≫ 简析：这份请柬用简洁明晰的语言告知了活动的时间、地点、主题。值得一提的是，请柬注明了具体的注意事项，体现出主办方的细致严谨以及对被邀请者的尊重体贴。

※ 聘 书

一、聘书的概念

聘书，又称"聘请书"，是聘请某些有专业特长或名声威望的人担任某项职务或承接某项工作时所使用的文书。

二、聘书的特点

（一）严肃性和规范性

聘书一旦发出，双方都将承担着特定的法律责任，不到期满，任何一方都不得随意中止聘用关系。除非有特殊的原因，才能以除名或辞职的方式中止这种关系。因此，聘书的制作和发送是件严肃的事情，要合法而规范。

（二）凭据性

聘书是受聘者上岗工作的凭证和保护自己工作权利的依据。当然，它也是用人单位衡量受聘人员是否履行职责、完成任务的依据。如果双方发生纠纷，聘书也是依法解决的重要证据。

（三）明确性

聘书要写明聘谁、担任何职、工作要求和聘用期限等，不能含糊其辞。

三、聘书的种类

（一）临时聘请书

这是一个单位在工作、生产、科研活动中，因为自身力量不足，需要聘请外单位有关人员承担某个职务或某项工作时而使用的凭证。任务完成后，聘请书即告失效。

(二)正式聘请书

一般在实行聘任制的单位中使用。这种聘请书又包括专业技术职务聘书和聘约书。

四、聘书的写作

(一)标题

首页或内页正中写或印制"聘书"或"聘请书"字样。

(二)称谓

首行顶格写被聘者的姓名,也可在正文中写明被聘者的姓名称呼。如:"兹聘请××老师为……"

(三)主体

主要交代聘请的原因,聘任的职务或工作,聘请的期限,聘请的待遇等。

(四)结尾

在主体后面写上表示敬意、祝颂或希望的话语,也可省略。

(五)落款

署上聘请单位名称、发文日期并加盖公章。

【例1】

聘请书

兹聘请××局长为我院档案学专业本科生校外实习指导老师,指导学生的暑期社会实践及毕业实习工作。聘期3年,自2016年3月1日至2019年3月1日。

此聘

××大学××学院(印章)
×年×月×日

>> 简析:这则聘书明确交代了被聘请者所担任的职务、所需完成的工作以及聘用期限,语言简洁明了,落款完整。

【例2】

聘 书

尊敬的××先生/女士:

通过对你的专业技能和工作经历等方面的综合考察,××公司决定正式录用你,你即将成为××大家庭的一员。以下是关于你被录用的岗位、待遇和办理入职手续的具体信息,请仔细阅读。

岗位信息:

你的职位:×× 　　　　　　　　　所属部门:××

合同期限:3年 　　　　　　　　　试用期:1—3个月

税前工资:试用￥××,正式￥××(公司薪酬实施保密政策,请勿向其他人透露自身工资信息);

福利:参照国家相关法规及公司员工福利手册。

报到材料:

在你报到时请提供以下完整资料,方可办理入职手续:

身份证原件及复印件2份;

学历证原件及复印件1份;

1寸白底彩照2张(参考二代身份证照);

原工作单位盖章的离职证明原件(应届生除外);

本人的××本地××银行卡号;

失业证原件(针对××户口员工;失业证的办理:本人携带身份证原件、户口页和1寸白底彩照2张到你户口所在的街道办理)。

你受雇的先决条件是所提供的背景证明真实有效。

报到、时间、地点及联系方式:

请你于×年×月×日前的上午9:00按如下地址到我公司人力资源部报到,若你有任何疑问,敬请联系我公司。

地址:×××××

电话:×××××

传真:×××××

联系人:×××

工作保留及法律责任:

在收到聘书后,如若确认无误,请在回执单上填写你的姓名及日期,发回我公司,本聘书即生效。

当你与我公司签订正式劳动合同后,所有与本聘书相关的内容以正式劳动合同为准。

如你已签订聘书,逾期未至我公司报到的,我公司有权根据本聘书追究你相关法律责任。当你前来报到时,如我公司无正当理由而取消对你的聘用,则我公司将根据法律有关规定承担违约责任,赔付两个月转正月薪的违约金。

预祝你在公司工作愉快!

××公司(印章)
×年×月×日

》简析:这则聘书向被聘用者详尽说明了聘用职位、待遇、聘期、注意事项等事宜,体现出了聘用单位严谨诚恳的态度。不足之处是层次不够清晰,建议采用分条列项的写法。

第二节 答谢辞 祝贺辞 迎送辞

※ 答谢辞

一、答谢辞的概念

答谢辞(词)是指在特定的礼仪场合(如宴会、招待会)宾客对主人的热情款待和帮助表示谢意时所使用的致辞。

二、答谢辞的特点

(一)真挚性

既然是答谢,就应该真挚坦诚,而非矫揉造作、虚情假意。

(二)适度性

致辞不宜妄加评论、说三道四。在答谢评价对方时要恰如其分,不可故意拔高,以免造成"适得其反"的后果。

(三)精练性

致辞应注意所处的特定场合,语言应言简意赅,切忌冗长。

三、答谢辞的种类

依据不同的致谢缘由和致谢内容,答谢辞可划分为两个基本类型:

(一)"谢遇型"答谢辞

"遇",招待,款待。"谢遇型"答谢辞,即用来答谢别人的招待的致辞。它既可用于欢迎仪式、会见仪式上与"欢迎辞"相应,也可用于欢送仪式、告别仪式上与"欢送辞"相应。

(二)"谢恩型"答谢辞

"恩",受到的好处,即别人的帮助。"谢恩型"答谢辞,即用来答谢别人的帮助的致辞。它常用于捐赠仪式或某种送别仪式上。例如,2008年汶川地震的灾民代表在接受各地捐赠物品的仪式上就使用了这种答谢辞。

四、答谢辞的写作

(一)标题

直接写"答谢辞(词)"三个字,也可在其前面加上致辞人姓名、职务、致辞场合。

【例】 ××校长在校级实习基地签约酒会上的答谢辞

(二)称谓

标题下一行顶格写被答谢人的姓名、头衔,既可以是广泛对象,也可以是具体对象。称呼要友好亲切,常在称呼前加上"尊敬的""亲爱的"之类的修饰语。

(三)主体

大体包括对对方的盛情表示感谢;对对方的情况及成就作介绍和评价,

以示尊重;就双方共同关心的问题表达自己的观点和态度;展望双方广阔的合作前景等。

(四)结尾

再一次用简短的语言表示感谢。

(五)落款

署名并标注时间。

【例】
习近平主席在美国总统奥巴马举行的欢迎仪式上的答谢辞
(2015年9月25日,华盛顿)

尊敬的奥巴马总统和夫人,女士们、先生们、朋友们:

在这金秋的美好时节,我和我的夫人怀着愉快的心情来到美丽的华盛顿。首先,我要感谢奥巴马总统对我的盛情邀请和热情接待。在这里,我向美国人民转达13亿多中国人民的诚挚问候和良好祝愿!

中国和美国都是伟大的国家,中国人民和美国人民都是伟大的人民。36年前中美建立外交关系以来,两国关系始终乘风破浪、砥砺前行,取得了历史性进展。

2013年夏天,我同奥巴马总统在安纳伯格庄园共同作出构建中美新型大国关系的战略抉择。两年多来,中美各领域交流合作取得重要进展,受到两国人民和世界人民欢迎。

中美两国携手合作,可以产生一加一大于二的力量。新形势下发展中美关系,应该随时而动、顺势而为。我这次访问美国,是为和平而来,为合作而来,我们愿同美方一道努力,推动中美关系得到更大发展,更多更好造福两国人民和世界人民。

——我们要坚持构建新型大国关系正确方向,使和平、尊重、合作始终成为中美关系的主旋律,确保两国关系沿着健康稳定的轨道不断向前发展。

——我们要坚持增进战略互信,加深相互了解,尊重彼此利益和关切,以宽广的胸怀对待差异和分歧,坚定两国人民友好合作的信心。

——我们要坚持互利共赢的合作理念,创新合作模式,拓宽合作领域,以实际行动和合作成果,给两国人民和世界人民带来更多福祉。

——我们要坚持增进人民友谊,大力推进两国民间交往,鼓励两国社会各界相向而行,不断夯实中美关系的社会基础。

——我们要坚持促进世界和平与发展,加强在重大国际和地区问题上的协调,合力应对全球性挑战,同各国人民一道,建设更加美好的世界。

30年前,我第一次访问美国,住在艾奥瓦州马斯卡廷市的美国老百姓家中。他们是那么热情、真诚、友好。我们亲切交流,临别时紧紧拥抱,这一幕幕情景至今令我难以忘怀。3年前,我再次回到马斯卡廷市,同老朋友重逢。他们对我说,友谊是一件大事。从这些老朋友身上,从很多美国朋友身上,我真切感受到了中美两国人民心灵相通的真挚感情,这让我对中美关系的未来抱有充分的信心。

女士们、先生们、朋友们!

事在人为。中美关系正站在21世纪一个新的历史起点上。合作共赢是中美关系发展的唯一正确选择。让我们坚定信念、携手合作,共同谱写中美关系发展新篇章!

》 简析:2015年9月25日,时任美国总统奥巴马在白宫南草坪举行隆重仪式,欢迎中国国家主席习近平对美国进行国事访问,这是习近平主席在欢迎仪式上的致辞。习主席首先对奥巴马总统的盛情邀请和热情接待表示感谢,向美国人民转达了中国人民的诚挚问候和良好祝愿;然后简单回顾了中美建交的历史;重点阐述了中方在新形势下发展中美关系的五点建议;最后展望了两国关系发展的美好愿景。全文措辞坦诚、真挚、精简,符合外交礼仪场合。尤其在主席提及和美国普通百姓30年的难忘友谊这一细节时,以小及大,令人动容。

※ 祝贺辞

一、祝贺辞的概念

祝贺辞(词)是祝辞(词)与贺辞(词)的合称,二者都是泛指对人、对事表示祝贺的言辞和文章,它们都富于强烈的感情色彩,针对性、场合性也很强。祝辞和贺辞在某些场合可以互用,如祝寿也可以说贺寿,祝事业的祝辞常常也兼有贺辞的意思。

二、祝贺辞的特点

(一)多样性

祝贺辞种类繁多,风格多样。应根据不同的场合和目的选择不同的祝贺辞。

(二)真挚性

祝贺辞要求感情真挚,对对方表示激励和鼓舞,展现出向上的一面。

(三)恰当性

祝贺辞要切合身份,不能逾越了一般礼仪,不可使用不敬或者不切场合的词语。

三、祝贺辞的种类

(一)根据祝贺的内容分

可以分为祝事业、祝酒、祝寿、祝婚、祝节日等类型。

(二)根据表达形式分

可以分为韵文(诗、词)体和散文体两种类型。

四、祝贺辞的写作

(一)标题

直接写"祝贺辞(词)""祝辞(词)""贺辞(词)",也可在其前面加上致辞人姓名、职务、致辞场合。

【例】 ××市长在××市××晚宴上的祝贺辞

(二)称谓

在标题之下第一行顶格书写。另外,要注意称呼的先后顺序和亲切感。

(三)主体

这部分写法比较灵活,针对不同的祝贺对象、不同的祝贺动机,写出相应的祝贺内容。但总的来说,大体应包含下面几层意思:向受祝贺的单位或人员表示祝贺、感谢或问候;说明写祝贺辞的理由或原因;对对方已取得的成就进行适当评价。

(四)结尾

再次表示祝愿、希望、祝贺,也可给被祝者以鼓励。

(五)落款

署名并标注时间。如果在标题部分已注明,此处可省略。

【例1】

迎新晚会祝贺辞

亲爱的各位来宾、同学们:

大家晚上好!

值此爱心社、心理协会、记者协会和文学社四大社团迎新晚会之际,我谨代表学院和各社团指导老师向你们表示热烈的祝贺!

夜幕降临,花灯闪烁,在这里即将上演精彩节目,它将幻化成迎接新社员的美丽音符;金秋时分,收获季节,在这里即将送给大家串串惊喜,它将转变为为新社员刷出的道道起跑线。

一路风雨,一路兼程,我们的社团在努力与创新中进步,我们的社员在拼搏与奋斗中成熟。希望各位的加盟为我们的社团注入新的动力,创造出新的成绩。

"宝剑锋从磨砺出,梅花香自苦寒来"。让我们用爱心来牵手,用快乐健康的心理来迎接每一个挑战,用记者的社会责任感和小小文学家的生花妙笔来抒写人生的每一个文字符号。拼搏、创新、学习、实践会让我们在社团的大家庭里找到更多,学到更多,收获更多。

最后,祝大家有一个愉快的夜晚,有一份美好的心情,有一个似锦的前程!预祝今晚的晚会取得圆满成功!谢谢大家!

×××
2015 年 9 月 12 日

▶ 简析:这是一份预祝晚会成功举办的祝贺辞。正文中首先表示祝贺之意,其次对加盟社团的新同学提出希望,最后再次表达祝贺之情。全文遣词造句中充满着热情和鼓励,富有强烈的感情色彩。

【例2】

××分公司新年祝辞

各位尊敬的领导、同事们:

　　日月开新元,天地又一春。在这喜气祥和的时候,我们迎来了一个充满希望的2016年。过去的一年,是分公司发展史上不平凡的一年,是分公司全体员工团结拼搏的一年,是与时俱进、开拓创新、改革奋进的一年。这其中凝聚着各级领导的亲切关怀,凝聚着公司各部门的大力支持,在此,我谨代表分公司全体员工,向各位领导及各级管理工作者表示最崇高的敬意和最衷心的感谢!并祝愿大家在2016年里,大展宏图,身体健康,阖家欢乐!

　　同志们,在这辞旧迎新之际,希望的风帆已经高扬,让我们携起手来,克服困难,锐意进取,与时俱进,珍惜我们昨天取得的成绩,把握好今天的契机,去迎接××分公司做强做大的灿烂明天!

×××
2016年1月1日

　　» 简析:这是一份新年祝辞。正文中首先对过去一年来公司所取得的成绩表示肯定;其次对公司各位领导和管理工作者表示感谢;最后展望明天,提出寄望。全文用语精练,激情洋溢,引人向上。

※ 迎送辞

一、迎送辞的概念

迎送辞(词)是欢迎辞(词)和欢送辞(词)的总称。它是客人光临或离别时,主人为表示热烈欢迎之意或依依惜别之情在座谈会、宴会、酒会等场合发表的热烈友好的讲话。

二、迎送辞的特点

(一)真挚性

对于欢迎辞而言,用语务必富有激情和表现出致辞人的真诚,只有这样才会给客人一种"宾至如归"的感觉;而欢送辞则要表达对客人离别时的感受,依依惜别之情要溢于言表。但公务交往应尤其注意把握好分别时所用言辞的分寸,格调不宜过于低沉。

(二)口语化

迎送辞是现场当面向宾客口头表达的,所以口语化是其文字上的必然要求。要运用生活化的语言,拉近主人同来宾的关系。

三、迎送辞的种类

(一)根据表现方式分

可以分为现场讲演迎送辞和报刊等发表迎送辞。

(二)根据社交性质分

可以分为私人交往迎送辞和公事往来迎送辞。

四、迎送辞的写作

(一)标题

直接写"欢迎辞(词)"或"欢送辞(词)"三个字,也可在其前面附加致辞人姓名、职务、致辞场合。

(二)称谓

在标题之下第一行顶格书写。一般要在姓名前冠以"尊敬的"等修饰语,在后面加上职务头衔,或加"先生""女士"等称呼。

(三)主体

1.欢迎辞主体内容　一是表达欢迎之意,写明致辞者在什么情况下,代表谁向宾客表示欢迎;二是介绍宾客的主要情况,如领导职务、工作成绩、学术造诣等。可以叙写宾客来访的意义、作用,也可以回忆国家之间、组织之间、个人之间友好交往的历史等。

2.欢送辞主体内容　一是表达欢送之意,写明致辞者在什么情况下,代表谁向宾客表示问候和欢送;二是简要回顾欢送对象来访情况,取得的收获等;三是展望双方未来的合作关系,或者对对方提出希望、要求等。

(四)结尾

结尾再一次表示感谢并表达美好的祝愿或希望,如"我衷心地祝愿大家访学期间身体健康！学习进步！生活愉快！""祝同学们一路顺风！前程似锦！"等。

(五)落款

署名并标注时间。如果在标题部分已注明,此处可省略。

【例1】
宁琦院长在北京大学外国语学院2016级本科新生开学典礼上的欢迎辞

尊敬的各位老师,亲爱的同学们:

很多人都格外钟爱北京的秋天,爱这澄蓝高远的天空,宛若浸透着阳光的深邃的海。今日燕园格外的明媚,为了迎接你们的到来。在这个特别的时刻,请允许我代表北京大学外国语学院全体师生员工,祝贺并欢迎你们成为北大人、外院人！

我和在座的许多老师,在这所园子里学习、执教、生活了许多年,即使时光飞逝,每年都会迎来送往,却从未感觉自己变老。这些都是因为你们,你们即是古老燕园最新鲜的血液,是燕园新秋最悦目的风景。

未来四年,外院将是你成长的原乡。你将获得大师、学者的言传身教,学习语言及其背后的深沉意蕴,体验丰富多彩的校园生活,参与拓展视野的国际交流,投身洞察世界的社会实践……面对即将开始的燕园生活,你真的做好准备了吗？

不管此前同学们曾有过怎样的求学经历:或艰辛用尽洪荒之力、或顺畅全然水到渠成……最终我们是以同龄人之中的佼佼者、成功者的身份来到北大的,但来到燕园第一件需要去做的事情就是将一切归零,光荣属于昨天,梦想刚刚开始。

作为老师,我有四个字要送给你们:听、读、思、行。

所谓"听",是指要学会聆听、倾听。认真聆听来自课堂内外的方方面面的知识,认真聆听你能接触到的所有人的关于人生成败的经验和心得。人生不是必须把自己磕得头破血流才能成长,知识和间接经验的汲取会帮助我们少走很多弯路。仔细倾听自己内心最真实的心愿,仔细倾听你周遭人群的种种经历和苦难,学会感同身受、学会设身处地。2015年诺贝尔文学奖得主、白俄罗斯作家斯维特兰娜·阿列克谢耶维奇不久前曾在北大演讲,在她诸多的成功因素中,一个最重要的因素竟是因为她是一个乐于倾听者。她的故事里的人大多非常普通,有否名字都不重要。然而当如此渺小、虚弱的个体讲述的个人故事汇集在一起,通过作家笔记录下来,却让整个世界为之颤动不已。繁体字的"聽"告诉我们倾听是需要用心的。

所谓"读",是指要学会读书。鲁迅先生曾经说过,读书有两种,一是职业的读书,一是嗜好的读书。职业的读书对于我们的学业应该是必须的,即使做不到像嗜好的读书那样充满兴趣,也应该尽可能地从中找到乐趣和收获。而嗜好的阅读,尽管可以读任意的、各种各样的书,但事实上并不是随便读点什么都能算是阅读,真正的阅读是需要心灵去体悟的,阅读是与伟大思想和精神的促膝谈心,阅读带你穿越苍茫时空去与各色人生进行对话。而今天,我们把太多的时间交给碎片化的信息获取,并认为这是阅读,却距离集合着人类文化与精神的经典越来越远。所以我希望你们能学会真正意义的阅读,通过阅读掌握知识,然后读懂人、读懂世界。记得有位作家曾经说过,书是一种懂得报答的灵性之物,人们用眼睛抚摸它之后,它便把自己在尘世间占有的位置隐缩了,复归并拓展于人的心灵。

所谓"思",是指要学会思考、思辨。前面所言的"听"与"读",若没有思考的加工,将全部变成浮云。思考有两个角度,一个是作为一个独立个体的思考,一个是把自己纳入世界、作为世界的一分子的思考。真知灼见,首先来自多思善疑,使我们聆听到的、阅读过的东西真正成为我们自己的东西。通过思考,我们可以透过事物、现象的表象看到它们的本质,可以去粗取精,能够去伪存真。而且思考必须是独立的,养成批判性思维。这里的批判应该是一个中性的词汇,不是必须站在一个对立的立场上进行鞭笞和批评,而是抛开成见、定势,直抵事物本质的思辨能力。思考应该是自由的,但自由思考的精髓,也不是没有底线和节制的随心所欲,不是天马行空的随想。保持心灵的自由思考同保持独立的人格与做人的尊严紧密相关,这让我们不人云亦云,不见风使舵,始终保持清醒的头脑和最基本的操守。

所谓"行",是指要学会行动、实践。此处要说的就是所思之后的知行合一。曾经读过这样一段话:每个人的人生都有两条路,一条用心走,叫作梦想;一条用脚走,叫作现实。如果心走得太慢,现实就会苍白;而如果脚走得太慢,梦想就不会高飞。人生的精彩,莫过于心走得很美,且与脚步合一、脚踏实地。我们羡慕别人的成就，但其实我们并不知道，在我们看不见的地方，人家都做了些什么。没有无缘无故的成功，每一个优秀的人都有一段被埋没的时光。那段时光，是付出了很多努力，忍受孤独和寂寞，不抱怨不诉苦，不抛弃不放弃，日后说起时，连自己都能被感动的日子。所以，我们需要明白自己要成为怎样的人，然后努力去成为那样的人。初入燕园，面对着快速切换的学习生活模式，感受着身边神队友们的打怪升级，每日披星戴月苦念单词和文法的你们也许会有种淡淡的挫败感。但终有一天，等你站在四年后的未来回头看，你会感谢这段裹挟着挫败感的求学之旅。

在燕园的岁月里，如果你们能够做到这些，你们自然就会变得懂关怀、有情怀、具胸怀，自然会有思想、有格局、有视野，自然会长本领、展才华、能担当，铁肩担起"天地之心、生民之命、往圣绝学"，不断实现人生价值的超越与升华。

你所养成的气质里会藏着你所有听过的故事、读过的书、想过的问题、走过的路和爱过的人。而你的辛苦和坚守，会让你变成无法被淹没的耀眼星辰，照亮更大的世界。作为师长，衷心地祝愿你们在这里，在外院，能收获一切你想收获，成为一切你想成为。四年之后的你们会发现北大特有的魔力，她在你的心灵之中植入北大独有的DNA，并尽最大努力使你成为你自己，而且是更好的那个自己。而北大会以永恒的姿态矗立在你们背后的苍茫之中，以拥抱、以注目、以微笑。

谢谢大家！祝福大家！

2016年9月9日

>> 简析：这是北京大学外国语学院院长宁琦在2016级外院本科新生开学典礼上的致辞。宁院长首先代表全院师生员工对新生表达了热烈祝贺和欢迎之意；接着抛出问题——"面对即将开始的燕园生活，你真的做好准备了吗？"以引起新生们的思索；然后以一个师长的身份提出并阐释了"听、读、思、行"四点极具价值的意见和建议，为学生未来四年的大学生活指明了方向；最后再次表达了美好的祝愿。全文感情真挚，充满激情，抒情与说理有机融合，内涵丰富，容易引发现场听众的共鸣和思考。

【例2】

欢送辞

尊敬的××先生：

再过两小时，您就要起程回国了。我代表×××集团公司，并受×××

副部长之托,向您及您率领的代表团全体成员表示最热烈的欢送!

  我们十分高兴地看到,近一个星期以来,我们双方本着互惠互让的原则,经过多次会谈,达成了四个实质性协议,取得了令人满意的成果。在此,我们对您在洽谈中表现出的诚意和合作态度深表感谢!我衷心地希望我们今后一如既往,为进一步发展我们双方的经济贸易往来而不懈努力!

  我们期待着您和您的同事们明年再来这里访问。

  谨致最美好的祝愿!一路顺风!

×××集团公司总经理×××
2016年7月9日

  》简析:这篇欢送辞首先代表相关单位与领导对来访的客人表达了真挚的欢送之情;其次简要介绍了双方取得的成果并对客人的诚意和合作态度表示感谢;最后展望了双方未来的合作关系并表达了祝愿之意。全文用语简洁,情真意切。

第三节 求职信

一、求职信的概念

  求职信是求职人向用人单位介绍自己情况以求录用的专用性文书,又称"自荐信"或"应聘信"。求职信是随着社会经济的发展而产生的新型日常应用类文体,使用频率极高。

二、求职信的特点

(一)自荐性

  写求职信的目的就是推荐自己,以期成功地得到自己想要的工作岗位,所以应扬长避短,突出自我优势。

(二)针对性

  求职信应针对求职单位的实际情况、用人心理及个人求职目标而写。

（三）真实性

求职信所描述的内容一定要真实可信，绝不可为了求职而造假。

（四）简要性

求职信切忌面面俱到，要突出重点，简要明确。

三、求职信的种类

（一）根据求职者的身份分

可以分为毕业生求职信，待业、下岗人员求职信，在岗者求职信等。

（二）根据求职对象的情况分

可以分为有明确单位的求职信和无确定单位的求职信。

四、求职信的写作

（一）标题

直接标明文种"求职信""自荐信"或"应聘信"。

（二）称谓

求职信的称呼往往比一般书信的称呼更加正规礼貌，如："尊敬的××董事长（总经理）先生""尊敬的公司领导"。称谓要顶格书写。

（三）主体

这是求职信的重点，一般应表明求职的原因和目的；介绍自己所学专业、学习成绩、工作情况、特长、志向、兴趣、性格等，尤其要注意突出自己的优势所在；最后写明希望被录用的愿望等。

（四）结尾

写上简短的表示敬意、祝愿之类的祝词。如"祝贵公司兴旺发达""此致敬礼"等。

（五）落款

署上求职人姓名、日期。

（六）附件

如有相关辅助性材料,可在信函左下角予以注明,如"附件一:个人简介""附件二:体检表"等。个人的联系地址与方式也可在此处标明。

【例1】

求职信

尊敬的领导:

  您好!

  我是××大学法律专业的一名大三学生,对法律行业有着浓厚兴趣,希望这个暑假期间可以在贵公司进行专业实习。以下是我的情况简介:

  我的学校××大学是教育部、××省重点共建高校,法律专业是其传统优势学科。我热爱法律专业并为其投入了巨大的热情和精力。在三年的学习生活中,系统学习了《民法》《刑法》《婚姻法》等专业知识,并于××年×月至×月在××公司进行了为期×个月的实习,通过这次实习我积累了一定的实践经验。

  在过去的三年大学生活中,我抓住一切机会学习各方面知识,锻炼自己各方面的能力,使自己朝着社会所需要的人才发展方向不断努力。我的英语达到六级(cet－6)水平,计算机通过国家二级,连年获得奖学金,并顺利考取了××××证、×××证。

  实习期间,我愿意将所学到的知识全部用在工作岗位中,希望以我的专业知识和踏实的工作态度为贵公司的发展献上一份微薄之力。感谢您在百忙之中给予我的关注,愿贵公司事业蒸蒸日上,屡创佳绩!期盼您的佳音,谢谢!

  我的联系方式及其他材料证明详见附件。

  此致

敬礼!

  附件:××××××××××

求职人:×××
2016 年 5 月 30 日

≫ 简析:这是一封在校大学生的暑期实习求职信。正文开门见山表明求职意愿,随后突出介绍了自己的专业素养与特长,最后再次表达求职的愿望与决心,并祝福公司蒸蒸日上。全文言辞恳切,不卑不亢。附件为正文内容提供了佐证。

【例2】

求职信

尊敬的领导:

您好!

我是一名即将毕业的本科毕业生。我很荣幸有机会向您呈上我的个人资料。在投身社会之际,为了更好地发挥自己的才能,谨向各位领导作一下自我推荐。

我个性开朗活泼,兴趣广泛;思路开阔,办事沉稳;关心集体,责任心强;待人诚恳,工作主动认真,富有敬业精神。在四年的学习生活中,我很好地掌握了专业知识,学习成绩一直名列前茅。在学有余力的情况下,我阅读了大量课外书籍,并熟悉掌握了各种设计软件。美好的大学生活,培养了我科学严谨的思维方法,更造就了我积极乐观的生活态度和开拓进取的创新意识。我相信我的知识和能力正是贵单位所需要的,我真诚渴望能为贵单位的明天奉献自己的青春和热血!

求职信不是广告词,不是通行证。但我知道:一个青年人,可以通过不断的学习来完善自己,可以在实践中证明自己。尊敬的××先生/女士,如果我能喜获您的赏识,我一定会用实际行动向您证明:贵单位的过去,我来不及参与,但贵单位的未来,我愿奉献我毕生的心血和汗水!再次致以我最诚挚的谢意!

此致

敬礼!

附件:××××××××××

求职人:×××

2016 年 6 月 8 日

≫ 简析:这是一封应届大学生的求职信。正文首先表示很荣幸向求职单位作自我推荐,其次介绍了自己的基本情况,最后表达了强烈的求职愿望。

全文结构框架基本合理,语气态度自信而礼貌。该文存在的问题是虽有附件作材料支撑,但正文中缺少对自己毕业的院校和专业特长等情况的基本介绍,给求职单位留下的第一印象不够清晰。

第四节 竞聘辞

一、竞聘辞的概念

竞聘辞(词),又叫"竞聘演讲辞(词)"或"竞聘讲话稿"。它是竞聘者为了竞争某岗位或职位而向领导、评委和听众展示自己优势条件,介绍自己假如受聘之后施政方略的演讲稿。

二、竞聘辞的特点

(一)针对性

竞聘辞是为了取得某岗位或者职位而作,目标明确,阐述要具有针对性、集中性。

(二)竞争性

竞聘辞的内容具有强烈的竞争色彩,必须凸显人无我有、人有我优、人优我特的竞争优势。

(三)客观性

竞聘辞虽然要善于扬己之长,但必须实事求是,客观公正地评价自己,切忌吹牛浮夸。

(四)条理性

竞聘辞所提出的施政方略要条理清晰,不能听起来杂乱无章,让人摸不着边际。

三、竞聘辞的种类

一般按职位类属进行分类,有机关单位干部竞聘辞、企业干部竞聘辞、事业单位干部竞聘辞等。

四、竞聘辞的写作

（一）标题

1. 文种式标题

【例】 竞聘辞（词）

2. 公文式标题

【例】 关于竞聘××大学人事处处长的演讲辞（词）

3. 新闻式标题

【例】 明明白白做人实实在在做事——××学院办公室主任的竞聘辞（词）

（二）称谓

即对评委或听众的称呼。一般用"各位评委""各位听众"或"尊敬的各位领导、同志们"等。

（三）主体

这是竞聘辞的重点和核心，一般围绕以下几个方面展开：首先开门见山叙述自己竞聘的职务和竞聘的缘由，应自然亲切，干净利落；其次介绍自己的基本情况（包括年龄、政治面貌、文凭、专业、工作简历等），重点突出自己优于他人的竞聘条件，如政治素质、业务水平、工作能力等，也可简单地说明自己的劣势；最后提出自己任职后的施政目标、施政构想、施政措施等。

（四）结尾

用简洁的话语表明自己竞聘的决心、信心和请求。

（五）落款

署上竞聘人姓名、日期。

【例】

竞聘辞

各位领导、各位同事：

大家好！

我叫×××，今年37岁，大学本科学历，现在××公司××部做××岗位工作。

首先，感谢公司给我一个展示自我的平台，给我一次学习、锻炼自己的好机会。在这里，我将自己的工作经历作一个简要回顾：（略）

多年的行政工作，培养了我勤于学习、不懂就问的好习惯，养成了我吃苦耐劳、踏实肯干的好作风。这让我在不同的工作岗位上，始终能够保持平和端正的心态，尊重领导，团结同事；能够虚心学习他人的长处，吸纳他人处理工作事务的好方法、好经验；能够积极主动履行工作职责，及时完成领导交办的其他工作任务。我参加综合管理部负责人竞聘的理由很简单：展现自我，挑战自我，超越自我。不想当将军的士兵不是好士兵，不思进取的员工不是好员工。愿意追求进步的员工越多，企业才会有更多的活力和动力。可以这样说：一家企业生存的根本是良好的运作机制，一家企业发展壮大的根本是人才的培养、储备和充分使用。如果这次竞聘能够成功，我将怀着"勤于学习、善于创造、乐于奉献"的思想，本着"维护企业利益、维护企业声誉、维护企业形象"的原则，积极主动地开展综合管理部工作。

一、坚持严于律己，努力做好表率

1. 加强自身业务学习，尽快熟悉综合管理部事务，增强自身工作能力，努力提高自身综合素质。加强队伍建设，推动综合管理部人员业务学习、技能培训工作，充分激发员工活力，调动员工工作积极性，提高行政服务整体素质和业务水平。

2. 正确认识自身的工作和价值，正确处理苦与乐、得与失、个人利益与集体利益的关系。把"耐得平淡、舍得付出"作为一切工作的准则，坚持严谨、细致、脚踏实地、埋头苦干的工作作风。坚持因人安岗、因岗定责、人尽其才，在工作上放心放手，让大家在实践中历练成长，共同进步。

二、认真履行职责，努力做好行政管理工作

综合管理部是综合部门，工作纷繁复杂，只有抓住关键，把握重点，才能取得事半功倍的效果。

1. 协助领导做好行政管理。认真做好公司各项会议的组织、准备和记录工作。

2. 认真做好材料的撰写、打印、信息上报和档案管理工作。做好各种文件的收发、复印工作，及时请领导阅办，规范文件传阅、转发程序。

3. 本着严格、周密、可操作的原则，在原有各项制度的基础上，进一步修订完善综合管理部工作规范、考核制度、保密制度、文件管理制度。明确各岗位工作职责和工作责任。明确程序和质量要求。

4. 协调综合管理部内部工作，合理调配人员，及时、保质保量完成领导交办的工作任务。认真做好员工考勤、考核工作。认真做好电脑、印刷设备的维护和耗材管理工作。

三、强化服务意识，把握服务重心，充分发挥行政服务职能作用

综合管理部所处的地位和所属的工作性质，决定着综合管理部的实质就是一个单位的服务中枢，综合管理部工作的核心就是服务。

1. 从抓学习教育，提高思想认识着手，带领综合管理部同事找准工作位置，明确工作性质，树立行政服务的良好形象。

2. 拓宽视野，广泛收集情报信息，及时上报，为领导决策当好参谋和助手。

3. 高效办事，当好"服务员"。

各位领导、各位同事，我作为公司普通一员，在公司学习、工作将近14年时间了，对公司有着深厚的感情。不管我这次竞聘的结果如何，不管今后处在哪个岗位，我都将一如既往地认真履行工作职责，并为之奉献自己的最大力量。在此，我真心祝愿公司能够打造一支团结协作、奋发向上的管理团队。我相信，只要全公司员工上下一心、携手共进，××公司一定会迎来更加光辉的明天！

我的陈述完毕。谢谢大家！

竞聘人：×××
2017年4月20日

》**简析**：这是一份企业干部竞聘上岗辞。文中首先作了简单的自我介绍，并对公司给自己一个展示的平台表示感谢，很自然地拉近了竞聘者与听众之间的关系；接着简要回顾了自己的工作经历，紧扣所竞聘的综合管理部负责人职位的特点，突出自己所具备的能力素质优势；然后说明自己竞聘的理由；重点阐述施政构想和施政措施；最后表明对竞聘成败的态度，使听众感受到竞聘者的坦诚。全文主题集中，层次清晰，感情真挚。不足之处是有些语言表述尚待雕琢，如："协助领导做好行政管理。认真做好公司各项会议的组织、准备和记录工作。"

综合实训

一、判断题

1. 请柬是一个组织需要邀请外单位的人才担任本组织某个职务或承接某项工作时所使用的一种特殊文书。（   ）
2. 聘书的语言要生动活泼，带有诗意。（   ）
3. 聘书要写明聘谁、担任何职、工作要求和聘用期限等，不能含糊其辞。（   ）
4. 真挚性是答谢辞、祝贺辞、迎送辞的共同特点。（   ）
5. 答谢辞是在迎接宾客的仪式、宴会上或开会伊始时，主人表示欢迎客人到来的讲话稿。（   ）
6. 答谢辞在答谢评价对方时可以故意拔高，以示尊重对方。（   ）
7. 迎送辞一般是当面向宾客口头表达的，所以遣词造句应尽量口语化，以拉近主人同来宾的关系。（   ）
8. 竞聘辞要善于扬己之长，不可提及自己的劣势。（   ）
9. 求职信应针对求职单位的实际情况、用人心理及个人求职目标而写。（   ）
10. 请柬的柬文写作要通顺明白，准确无误。（   ）

二、改错题

指出下面"请柬"存在的问题并加以修改。

请　柬

亲爱的徐院长：

　　您好！

　　我们是图书馆学专业12级毕业班的学生，我们即将毕业走向社会，面对纷繁复杂难以捉摸的社会，我们每个人的人生观、价值观都将受到检验。而我们这一代人应该树立什么样的人生观、价值观呢？为了找到一个明确的答案，我班同学将于5月30日下午2:30分在院阶梯教室举行演讲比赛。您既是院领导,也兼任我们"两课"的任课教师,特邀请您出席并作指导,并请您担任评委,届时恭候您大驾光临!

  此致

敬礼!

2012级图书馆学专业班委会
2016年5月25日

三、评析题

1.下面是一篇在外交场合宣读的著名的"祝酒辞",试分析其写作特色。

周恩来总理在欢迎美国总统尼克松的宴会上的祝酒辞

总统先生,尼克松夫人;女士们,先生们,朋友们:

  首先,我高兴地代表毛泽东主席和中国政府向尼克松总统和夫人,以及其他的美国客人们表示欢迎。

  同时,我也想利用这个机会代表中国人民向远在太平洋彼岸的美国人民致以亲切的问候。尼克松总统应中国政府的邀请,前来我国访问,使两国领导人有机会直接会晤,谋求两国关系正常化,并对共同关心的问题交换意见。这是符合中美两国人民愿望的积极行动,这在中美两国关系史上是一个创举。

  美国人民是伟大的人民。中国人民是伟大的人民。我们两国人民一向是友好的。由于大家都知道的原因,两国人民之间的来往中断了二十多年。现在,经过中美双方的共同努力,友好来往的大门终于打开了。目前,促使两国关系正常化,争取和缓紧张局势,已成为中美两国人民强烈的愿望。人民,只有人民,才是创造世界历史的动力。我们相信,我们两国人民这种共同愿望,总有一天是要实现的。

  中美两国的社会制度根本不同,在中美两国政府之间存在着巨大的分歧。但是,这种分歧不应当妨碍中美两国在互相尊重主权和领土完整、互不侵犯、互不干涉内政、平等互利和和平共处五项原则的基础上建立正常的国家关系,更不应该导致战争。中国政府早在1955年就公开声明,中国人民不想同美国打仗,中国政府愿意坐下来同美国政府谈判。这是我们一贯奉行的方针。我们注意到尼克松总统在来华前的讲话中也说到,"我们必须做到的事情是寻找某种办法使我们可以有分歧而又不成为战争中的敌人"。我们希望,通过双方坦率地交换意见,弄清楚彼此之间的分歧,努力寻找共同点,使我们两国的关系能够有一个新的开始。

最后我提议：

为尼克松总统和夫人的健康，

为其他美国客人们的健康，

为在座的所有朋友和同志们的健康，

为中美两国之间的友谊，

干杯！

(原载《人民日报》,1972-02-22)

2.下文是武汉大学校长李晓红在武汉大学2016届毕业生毕业典礼上的讲话,不仅引发了武汉大学师生们的强烈共鸣,也受到了网友们的热议。你觉得这篇欢送辞写得如何？请说明理由。

李晓红在武汉大学2016届毕业生毕业典礼上的致辞

亲爱的同学们：

大家好！首先,向你们顺利完成学业表示最热烈的祝贺！向养育你们的父母、培养你们的老师表示衷心的感谢！

在去年毕业典礼上,我给上届毕业生的临行寄语是：希望同学们做敢闯善创的开拓者；今天,我送给你们的临别赠言是：做自己人生的"工匠"。

最近,很多人都向我推荐一部电视连续剧——《欢乐颂》,这部剧就像盛夏的天气一样火热,相信在座的很多同学都追过。这部剧由我校中文系99级校友袁子弹改编,讲述了五个背景不同、性格迥异的女生共同遭遇青春迷茫的故事。有人说,本想要成为"精英海归"、过得像"白富美",结果活成工资不够花的"职场小白",最后变成矛盾迷茫的"大龄剩女"。这些情景是同学们从学校走入社会后打拼的真实写照。同学们,谁的青春没有过迷茫？如何找到一条通往成功的路径？这就需要你们在时代洪流中找准人生的坐标与前行的方向,倾心打磨自己,精心雕刻自己,做自己人生的"工匠"。

今年年初,李克强总理在出席钢铁和煤炭行业产能过剩座谈会时,谈到一个让中国人感到震惊而又惭愧的事实：中国人可以造飞机、修高铁,却连圆珠笔上一颗小小的笔珠都要依赖从国外大量进口；相比之下,仅拥有8000万人口的德国,长期执着于对每一个产品精度的不懈追求,打造出了2300多个世界级品牌。这个事实值得我们反思的是：在实施"中国制造2025"、打造"工业4.0"的时代浪潮中,我们不仅需要大力倡导创新创业精神,还迫切需要找回中华文明古国曾引以为豪的"大国工匠"精神。"大国工匠"精神,不仅仅是制造业的需要,也不仅仅是企业家的需要,它代表一个时代的气质,是我们每一个人的事业追求与人生态度。

即将毕业的你们,也要倚靠这种"大国工匠"精神,开创未来,探索成功。我们不可能改变自己的出身,但可以找准前行的方向;我们不可能改变人生的长度,但可以磨炼人生的精度!下面,我讲述两位校友如何做自己人生"工匠"的故事,希望对你们的未来有所启示。

做自己人生的"工匠",专注是首要品质

20世纪90年代,两个超级富翁——巴菲特和比尔·盖茨第一次会面,巴菲特从不喜欢IT人士,而比尔·盖茨对这个只会投资股票的人也不感兴趣。但是,晚宴上有人提出:"人一生中最重要的品质是什么?"两位"大咖"不约而同地给出了相同的答案——专注。

大家每天都要用到电源插座,买插座你首选什么品牌?大多数人都会选"公牛"。同学们可知道,公牛电器的董事长是谁?他就是一位"专注达人",是我们80级机械工程系的阮立平校友。他21年如一日打磨品牌,最终树立起行业标杆,缔造了世界闻名的"公牛"品牌!

创业过程中,阮立平也经历过坎坷和探索。大学毕业后,他被分配到杭州一家机械研究所工作,先后卖过猪肝,卖过桃树,种过草莓,虽小有收获,但这些小打小闹并不能使他满足。后来,他开始推销和修理插座,在这过程中看到了一个可以放手一搏的机会。从家庭作坊开始,他凭两万元贷款起家,先和弟弟合伙批发别人的零配件,后来一步步自己设计、生产、销售插座,直至在行业里树起了自己的品牌。做插座成功后,阮立平还尝试过进军节能灯领域,由于做得不精,结果亏了不少。这让他意识到:"人这一辈子拥有的时间是有限的,能做成的事情也是有限的!一旦认准了的事情,就要心无旁骛地做下去,要做就要做到底。"因此,他把自己的事业最终定位在电器行业,一心一意做插座。因为专注,所以专业,他最终成为"中国插座之王",缔造了年销售额超过20亿元、市场占有率全球第一的"公牛神话"!

阮立平校友的故事告诉我们,认准了的事业,就要专心致志地做下去。其实,人和人之间最小的差距是智力,最大的差别就是专注。专注意味着坚定的热忱,意味着坚持的恒心,意味着坚强的毅力。做自己人生的"工匠",就是要专注,就是要抱元守一,就是要潜心钻研,就是要久久为功,就是要经得起诱惑,就是要耐得住寂寞,就是要咬定青山不放松!

做自己人生的"工匠",求精是永恒追求

大家一定还记得四年前"神舟九号"和"天宫一号"成功对接时令国人激

动的场景，航天员刘旺在景海鹏、刘洋的协助下，精准操作控制手柄，不到七分钟一气呵成，漂亮完成太空中的"百米穿针"，实现了我国航天史上首次手动交会对接。"神九"航天员系统总指挥兼总设计师，就是我校78级数学系校友陈善广将军。"神九"与"天宫"的对接之所以被喻为"百米穿针"，是因为在时速上万公里的飞行状态下，要求宇航员手控操作将两个重量级飞行器接近时的角度偏差保持在1度以内，横向偏差控制在0.2米到0.3米。为了确保万无一失，陈善广带领他的团队模拟太空环境，进行了超过1500次的反复训练，终于创造了令世界瞩目的"中国精度"！

同学们，科学的精度关乎项目的成败，而人生的精度关乎事业的成败。"神九"团队1500次打磨成就了"中国精度"，而将人生这块石头雕琢成玉器又何止1500次！只有历经千锤百炼、矢志追求卓越、不断突破自我，才能最终实现从"量变"到"质变"的飞跃。无论人生的风向将我们带到何处，请始终抱持一颗精益求精的"心"：做老师就要反复打磨教案，不断追求学问水平的"精深"；做医生就要认真琢磨每一个病例，不断追求医术水平的"精湛"；做程序员就要持续钻研编程技艺，不断追求代码产品的"精准"……也许一般人觉得做到99%就很了不起，我们武大人还要继续向前，向99.99%甚至100%冲刺！

做自己人生的"工匠"，心正是"匠人"之魂

阮立平校友创业之初，在他的家乡慈溪已涌现出几百家插座生产作坊，当周围的同行靠着生产劣质插座，赚得荷包满满，他并没有动心，而是坚持研发"用不坏"的插座产品。很多人都觉得他傻："质量这么好，都用不坏，你的产品卖给谁去？"阮立平这样回答："正因为我们的产品用不坏，才会吸引更多人来买！"冒着炎炎烈日，他骑着三轮车，拿着自己设计的插座，挨家挨户地上门推销，终于以质量和诚信打开了市场。从"用不坏"，到"最安全""最节能"，因为将用户放在首位，"公牛"赢到了最后，成为敢同"西门子""松下"等国际大牌PK的国货精品！

同学们，做产品其实就如同做人，心正才是根本。为什么众多产品最后败给了"公牛"？那是因为品格决定品牌！"心正思无邪，意诚言必中"。在自我修炼的过程里，我们需要如"工匠"般时时打磨自我，以端正的品行、高雅的品味、高尚的品格，不断擦亮人生的品牌；在追逐成功的路途上，我们需要坚守诚信、正直与善良，让灵魂紧紧跟上；在实现个人价值的奋斗中，我们需要心系他人、胸怀社会，在关爱和奉献中释放自己的能量！

行久方为执着,品高方能致远。做自己人生的"工匠",就是要用"大国工匠"精神打磨青春、锻造人生,成为行业领袖和国家脊梁,这是时代赋予武大人的使命!顶天地、勇立潮头,武大人舍我其谁?追求卓越、铸造精品,武大人责无旁贷!

在你们即将启程之际,我再送上"四点希望":

第一,希望你们扎根自己的领域王国,像蜗牛一样"一步一步往上爬",不要让"我的青春我做主"成为频繁跳槽的借口;

第二,希望你们勇于挑战极限,不要做"差不多先生"和"还凑合小姐";

第三,希望你们做顶天立地的"小巨人",不要只想着自己的"小确幸"和"小时代";

第四,希望你们"人生的巨轮"永远不沉,不要做玻璃心的"小公举",让"人生的小船"说翻就翻。

最后,愿你们每一个人都能做一位出彩的人生"工匠大师"!

祝你们的明天更加美好!武大永远是你们的家,请你们常回家看看!

四、写作题

1. ××大学将于2016年9月16日—9月18日举行建校100周年庆祝活动,请发挥合理想象,撰写如下礼仪文书。

(1)请代××大学拟写一份请柬给××省教育厅厅长,邀请其作为特别嘉宾出席校庆活动。

(2)请代××省教育厅拟写一封致××大学的祝贺辞。

(3)请代××大学党委书记拟写一份在"欢迎校友回家"酒会上所致的欢迎辞。

(4)××大学学报编辑部拟在校庆期间举行聘请××教授为学报学术顾问的小型仪式,请代拟一份聘书。

2.请结合自己的求学经历(工作经历)及专业特长,给自己心仪的××单位写一封求职信。

3.请拟写一份竞聘××高校学生会主席职位的竞聘辞。

4.下面是一位导游对游客所说的"欢迎辞",请发挥合理想象,为导游撰写一份一周后送别客人时所说的"欢送辞"。

欢迎辞

各位从东北远道而来的朋友们：

　　早上好！我代表××旅行社对大家的到来表示热烈的欢迎！很荣幸能带领大家游览黄山，我姓林，大家就叫我小林吧！坐在驾驶位置上的是我们的司机汪师傅，他的驾驶技术和经验得到广大游客的一致好评，请大家放心！

　　中国有句古话叫："有朋自远方来，不亦乐乎！"能和各位共度美好的一周，在下也是不亦乐乎！想必大家早已听说了："五岳归来不看山，黄山归来不看岳。"小林将会陪伴大家一同领略黄山冠绝中外的美，带领你们品尝皖南的特色美食，相信黄山之行一定会带给您难以忘怀的美好体验。预祝大家玩得开心，游得顺意！

　　下面我再给大家介绍一下行程安排及注意事项……

第七章 申论写作

"申论"一词,源自孔子所说的"申而论之"。"申"为引申、申述,"论"为议论、论证,"申论"则指针对特定话题提出自己的观点,并展开论述。

作为一种应试文体,申论最早出现于 2000 年中央国家机关公务员录用考试之中,现已成为国家公务员录用考试的一门基本科目,日益受到人们的重视。

从考试大纲规定及历年实际出题情况来看,申论考试为应试者提供一系列反映社会问题的文字材料,要求考生仔细阅读这些材料,概括出它们反映的主要问题,并提出解决问题的实际方案,最后再对自己的观点进行较详细的阐述和论证。

申论写作并非简单的应用文或议论文撰写模式,其主要考查应试者对各类社会信息的阅读理解、综合分析、提炼概括能力以及解决实际问题的能力,能够反映出应试者的政策和文字水平。这一考查形式充分体现了信息时代的特征,也与当今国家公务员实际工作的需要相适应。

第一节 阅读理解技巧

阅读理解能力是一名公务员应具备的基本能力。作为一名政府公务员,阅读大量的文字材料,从中准确获取关键信息是最基本的要求。

一、申论给定资料的特点

(一)关系国计民生的社会热点问题

申论材料通常涉及一个或几个特定的社会问题或社会现象,关注重大现实题材。近年来,国家、地方各省市(自治区)的申论命题越来越贴近现实生活,关注社会民生问题,侧重考查考生解决实际问题的能力。以近5年国家公务员申论考试为例:2012年省级试卷的主题是"化解社会道德危机,推进社会道德重建",地市级试卷的主题则是"加强安全文化教育,公共安全";2013年省级试卷的主题是"保护文化遗产,保留文化多样性",地市级试卷的主题则是"维护国家文化安全,促进文化繁荣发展";2014年省级试卷的主题是"倡导慢生活,积极应对社会心理问题",地市级试卷的主题则是"提倡理性、平和的社会心态,引导社会平稳转型";2015年省级试卷的主题是"生命化是合乎伦理的科技发展方向",地市级试卷的主题则是"人文让科学更精彩";2016年省级试卷的主题是"公共素养与大国意识",地市级试卷的主题则是"好政策滋养公民理性、德行"。

(二)具有普遍性和非专业性

申论考试给定的资料内容涉及政治、经济、文化、教育等各个方面热点或大众传媒的焦点问题,基本上不会涉及重大理论问题或专业性极强的问题,具有普遍性和非专业性,有助于为各专业考生提供一个公平竞争的平台。

(三)都有一个中心思想

申论考试中出现的大量背景资料一般不是原始信息,而是经过初步加工的"半成品",需要考生在考试过程中进一步归纳、整理、加工。所提供的资料无论如何复杂、多样,都有一个中心思想,经过细致分析、判断,都可得出正确论断。例如2015年安徽省公务员考试申论(A类)试卷材料从政府人员的惯性思维——发福利、去风景秀美地方开会、公款消费,到个人的惯性思维——买"黄牛党"高价票、托关系搬家、入学、火烧秸秆等等,事例众多,但所有材料的中心指向只有一个:即从政府到社会、个人,都应该打破惯性思维,才能真正改革创新,实现社会进步、个人成长。

二、阅读申论资料的原则

(一)整体性原则

申论材料往往涉及内容很多,如何从整体上把握这些材料并对此进行分析,而不是对材料的一知半解,这是申论考试中的关键。只有全面掌握了材料,才可能全面概括材料,制定全面、有针对性、可行性的对策,进而对问题进行论证。

(二)导向性原则

导向性阅读原则,是指以"问题"为导向的阅读方式。把阅读与作答结合在一起,按试题要求回答的问题去阅读,从而使阅读更具有针对性、导向性。

(三)时限性原则

近年来,申论材料的字数从最初的 2000 字左右一路飙升到今天的 7000—8000 字,个别省份的考试材料甚至保持在 10000 字以上。2014 年开始国家公务员申论考试时间由原来的 2.5 小时延长到 3 小时,给考生阅读的"参考时限"由 40 分钟变为 50 分钟。答题时间虽有所延长,但阅读量增大,对考生的阅读能力及水平提出了更高的要求。

三、阅读理解的技巧

(一)浏览式阅读技巧

浏览式阅读也称"粗读""泛读",它是阅读的起始步。申论给定资料中有 70% 的资料内容是可以通过浏览式阅读来完成的,所以说浏览式阅读是一种重要的阅读方式。浏览式阅读是粗略大概地了解申论试卷整体内容,观察试卷的各个构成部分,把握各个部分的基本特征,如"整个资料内容是由几部分组成""材料反映什么问题""有几道试题"等。

1. 了解申论试卷的整体构成。从试卷整体性方面对试卷的基本构成、注意事项、给定资料、申论要求等各个方面做到心中有数。

2. 摸清给定资料的基本情况。首先,弄清给定资料类型;其次,弄清试题作答基本要求。

3. 阅读速度要略快。因为第一步阅读仅仅是为初步了解申论试卷,因此阅读的速度要比正常的阅读速度快。

4. 在阅读中发现关键词语并作标记。在浏览时一定要注意表示逻辑关系、层次关系、修饰关系、说明关系的重点词语,以及题干中陈述问题时的关键语。如"首先""其次""一方面""另一方面""尤其""特别"等词语。

(二)分析式阅读技巧

分析式阅读也称"精读",就是思考、分解式阅读,是在浏览式阅读之后对申论试卷进行的第二遍阅读。给定资料中大约30％的部分需要分析式阅读。分析式阅读的目的在于全面理解资料的内容和意义,将对资料陈述现象的感性认识上升为理性分析,从对众多问题现象的表述中挖掘出问题最本质的属性。

1.理性阅读资料。理性阅读,就是将资料中表现的种种具体问题上升到问题本质属性的归纳;具体分析、抽象综合;同中求异、异中寻同;由表及里、由此及彼。这种阅读是阅读过程中最重要的一个环节,也是考生最难掌握的一种阅读技巧。

2.从无序到有序、从资料内的阅读到资料外的联系。首先,按照资料之间的内在逻辑性,从无序到有序地阅读;其次,通过阅读资料中的事实联系到资料以外社会现实中与其相关的现象和事物。

3.抓住关键词语、中心句和重点段落进行分析式阅读。

四、阅读过程中容易出现的问题

(一)只见树木,不见森林

很多考生通常只看到一个方面的问题就匆匆下笔,导致因反映问题不够全面而丢分。

(二)深度不够,流于表面

很多考生认为阅读资料只需对字面意思有细致的理解,不懂得抓住文章的主体部分深入阅读,导致后面很难写出有深度的文章。

第二节 归纳概括技巧

申论考试中的"归纳概括要点"要求考生在对材料进行整体把握的基础上,用限定的篇幅提炼出主要内容或中心思想。做好这步工作很关键,它起着承上启下的重要作用,既是前面阅读环节的小结,又是后面提出对策、进行论证的立论基础。

但在申论考试中,概述要点的能力恰恰是许多人所欠缺的。概述要点的能力差,影响考生对申论资料主要问题的"发现"和"提出",进而必然影响申论主要问题的解决。

一、归纳概括的题型分类

(一)归纳概括主要内容或主要观点

即归纳中心思想,写出内容提要。如2014年国家公务员考试申论真题(省级)的题目一是"'给定资料2'揭示了当前社会心理方面存在的若干'缺失',请对此予以归纳概括。要求:全面准确,分条归纳,不超过150字。"

(二)归纳概括主要问题

这是比归纳概括内容更深入的层次,指的是在前者基础之上提炼出材料反映的问题是什么。如2013年国家公务员考试申论真题(地市级)的题目二是"根据'给定资料4—6',请你概括目前汉语生态环境面临的主要问题。要求:紧扣'给定资料',条理清楚,全面准确。不超过200字。"

二、归纳概括的原则

(一)全面

所谓"全面",是指在综合掌握给定资料各个方面内容的基础上,根据作答要求进行全方位概括。若是同一类材料,只要找出其共同点归纳总结即可;若材料反映的问题是多方面的,观点差异很大,就需要概括出各方看法;若材料中的观点包含正反两极,就应注意两极都不容忽视。

(二)准确

所谓"准确",是指通过对复杂的材料进行细致的分析和判断,找到最中肯恰切的句子概括内容和观点。这里的准确包括资料使用准确和语言表述准确。

(三)条理清晰

归纳概括应主次分明、详略得当,注意内在的逻辑顺序。归纳脉络的清晰可以使阅卷人在短时间内对应考者作答内容有一个快速明确的把握。

(四)语言简洁

归纳概括必须按照规定的字数作答(比如说要求不超过 200 字),既要全面准确反映内容,又要高度浓缩精练。

三、归纳概括的技巧

(一)归纳资料的"面"

所谓"面",是指资料内容涉及范围,"面"=时代背景+资料内容+关键词句,即考生的思考方式应为:结合时代背景,通过关键词句分析提升资料内容。

(二)提炼"面"中的"点"

将整理的资料"面"的内容提炼成"点",重点分析理解资料中的关键词句,特别是在平时阅读中很少接触的词句,必须结合现实背景来揣摩其含义与寓意及在资料中的作用,最终概括出资料中所表现的具体问题。

(三)将"点"与"面"结合于一体

将提炼出的"点"与归纳成的"面"结合于一体,重新整理出新的内容,再进行客观、公正、理性、抽象的提炼,阐明资料背后的意义。

(四)借鉴惯用的表达模式

归纳概括常用一些固定的表述模式,可供借鉴。

如:这是一组有关(关于)……的材料,它反映的主要问题是……,主要表现在以下几个方面:……;……;……。这说明……。因此,我们必须(应该)……,积极采取措施解决……。

第三节 提出对策技巧

对策,即解决问题的原则、思路、方法、措施等。提出对策是申论的关键环节,重点是考查应试者思维开阔程度、应变与解决实际问题的能力。考生所思所想应该从试题所要求的特定角度,对各种对策进行优化组合,以期筛选出最符合实际、最具操作性的决策方案。

一、提出对策的原则

(一)针对性与可行性

所谓针对性,是指考生提出的对策必须是针对材料反映的主要问题提出的解决方案,而且提出的方案表述一定要分清主次、突出重点。所谓可行性,是指提出的对策必须是可操作的,不能大而空。切忌如以下考生答题时所写:"针对上述问题,相关部门一定要采取有效措施,健全监督机制,加大惩处力度。"提法无错却没有多少实际操作的意义。

(二)合法、合情、合理

合法,是指合乎我国的法律法规,党和国家的路线、方针、政策;合情,是指合乎国情与实际的情况,从情感上得到认可;合理,是指合乎一定的社会伦理道德规范,有理有据。对于争议较大的材料,更应把握这一原则。

(三)虚实并重,宁多勿少

虚,是指解决问题的根本办法;实,是指根本办法统领下的具体措施。基本原则是有几个具体问题就对应几条具体措施,另外再加根本办法。此外,对策写多了是不会被扣分的。所以,为了保险起见,在限定字数之内对策应该尽量多写。

(四)分条列项,层次清晰

提出对策的作答模式多为分条列项式,即将每一条措施独立成一个自然段,用条款的形式列出来。这样既条理清晰,又方便老师阅卷。

二、提出对策的技巧

(一)明确给定资料中的问题

只有发现问题、确定问题的性质,才能提出有针对性的对策。明确问题是答好申论试卷的重要前提,要解决问题还要明确身份及角度。身份是给考生提供的答题角度或范围,一般有三种类型:一是已设定身份,试题中已经给考生设定好"身份";二是假定身份,即考生根据给定资料中提供的具体内容并结合实际再"虚拟"一个具体身份;三是无身份要求。如2012年国家公务员考试申论真题(地市级)的题目三"'给定材料4'反映了T市市民出行中存在的许多问题,假定你是市交管局聘请的观察员,请就这些问题提出解决建议,呈送市政有关部门参考。要求:(1)对存在的问题概括准确、扼要;(2)所提建议具体简明、有针对性、切实可行;(3)不超过400字"。即是给考生作答设定了身份和角度。

(二)完备对策的几大要素

要素一:"做什么",即解决什么问题;要素二:"谁来做",即解决问题的"归口"、责任者,如政府部门或职能机构等;要素三:"怎么做",即解决问题的方法与必需条件;要素四:"做多久",即解决问题的时间周期。

(三)掌握对策表达的文本形式

试题要求作答的文本样式较为多样。如"提出解决给定资料所反映问题的方案""提出善后处理意见""提出对策建议""写一份关于我市交通拥堵情况的报告"等。这里的"方案""意见""建议""报告"就是具体的文本样式。考生考前应熟练掌握这些文本样式的格式特点及写作要求,将具体的对策以准确的形式表达出来。

第四节　分析论证技巧

分析论证是申论的最后一个环节。它是根据给定材料所反映出的主要问题写一篇文章,要求切中主要问题,阐发自己的观点和见解,实质就是提出问题—分析问题—解决问题的过程。分析论证要求字数较多、分值较高,是对应试者知识、能力、水平的全面检阅。

一、分析论证的原则

(一)主旨明确

申论写作的主旨根据给定资料中的"主要内容"或"主要问题"提炼而来,

必须明确集中。在文中最好使用主旨句,一是方便阅卷者迅速获知文章主要信息;二是方便考生紧紧围绕中心写作,思路清晰。

(二)选材恰当

申论写作要从材料出发,依据材料进行立论。但利用材料时若仅停留在对给定资料的大量复述引用上,忽视自己的分析和论证,则文章既不完整也缺乏深度。因此,必须抓住材料体现出的主要问题,做到分析得当,有理有据,既忠于材料又不过度使用材料。

(三)结构完整

申论正文写作一般采用三段式,即提出问题—分析问题—解决问题。

1. 提出问题应概引材料,略作叙述,开门见山。
2. 分析问题要紧密结合材料,由此及彼,由表及里,详略得当。一般从体制、管理、观念、心理等多方面进行综合分析。
3. 解决问题既要有总体思路,又要列举具体可行的手段或措施。如可对政府、职能部门、个人等多层面提出意见和建议。

(四)语言平实简洁

申论写作重在解决实际问题,一定要便于阅读和接受。申论的语言应平实易懂,简明扼要,表达形式以叙述、说明和议论为主,少用或不用描写、抒情。

二、分析论证的技巧

(一)拟题

申论考试大都要求自拟题目。标题是文章的"眼睛",好的标题可以使自己的文章"先声夺人",引起评卷人阅读的兴趣。常见的标题形式有:

1. 直接揭示主旨。如《建设生态文明,关键在政策执行》《要敢于和洋人打官司》。
2. 概括文章内容。如《社会公平问题之我见》《关于MBA的思考》。
3. 运用设问、比喻或象征等手法。如:《你能承受多大的噪声?》《救救孩子!》。

（二）立意

立意即确立文章的中心论点和分论点，即从哪些角度可以对问题进行论证。立意的基础是联系给定资料内容及社会现实，注意从国家机关工作人员的角度，提炼出对事实的独特观点与见解。

（三）谋篇布局

谋篇布局即酝酿写作提纲，对文章进行整体构思，围绕主题选材，力求结构完整统一。

以某篇标题为《完善社会保障制度保持社会和谐稳定》的申论文章为例，可以作以下布局：首先概述什么是社会保障制度，我国社会保障制度的重要作用及其功能；其次结合给定资料分析我国社会保障制度取得的成就以及存在的问题；最后提出完善我国社会保障制度的对策。

综合实训

2015年安徽省公务员考试《申论》A卷

（满分100分　时限150分钟）

给定材料

1.创客是指利用开源硬件和互联网将各种创意变为实际产品的人，他们将制造业搬到了自己桌面上，电子服装、健康手环、智能手表、导电墨水、食物烹饪器等等，用户能想象到的产品都有可能在创客中实现。创客在带有加工间和工作室功能的软硬件开放实验室（创客空间）将创意变成产品原型，实现从0到1。

对很多中国人而言，"创客"还是个较为陌生的概念，但凭借蓬勃生命力和强劲发展势头，创客正在悄然影响着传统制造业。许多创客空间在产品设计和原型创造基础上，还延伸了兼具产品孵化和企业孵化的功能，在这里不仅可以实现从0到1再到100，即从创意到产品原型再到小批量产品，还能给创客提供创业场地、管理咨询、投融资、渠道销售等服务。在用户体验和互联网推动下，创客产品成为热门的个性化定制商品；也有小部分创客产品经过市场检验获得大众需求的认可，成为工业化生产的大众商品。无论哪种形式，都完成了从创意向创业的转化过程，这种转化也正是创客文化繁荣发展的本质。

创客运动在中国的兴起时间虽短却发展迅猛，国内强大的制造业生态体系、丰富的人力资源、雄厚的资本和艺术积淀是创客扎根成长的肥沃土地，它所迸发出的潜力是未来工业体系和经济发展的重要机遇。深圳是国内创客产业链最完整的城市，被誉为创客天堂。创客在这里可以找到齐全的电子元器件、各类加工厂和技术工程人员，快速完成从创意到产品原型再到小批量生产的全过程；与深圳的务实高效相比，上海的创客显得气定神闲、回归本质，具有国外兴趣使然的创新氛围；北京创客则更具跨界协同创新及创业精神，因此北京是顶尖技术人才、文艺人才和资本机构云集的城市。

创客群体没有职业范围和身份限制，任何有创意且有激情将创意变为现实的人都能成为创客，在创客空间，既看不到高精端的大型仪器设备，也看不到众多发明专利和成果，创客空间里有的是热爱创造的人，他们以兴趣为导向，以创意为起点，以体验为动力，通过自我满足的创业方式将大众群体中蕴藏的巨大创新力挖掘和释放出来。

传统制造业以满足大众基本需求为目标，规模化生产出利润丰厚的热门产品。但随着热门产品的同质化发展和激烈竞争，大众需求会逐渐向个性化需求分解，这是经济发展给消费者选择产品带来的必然趋势。创客在这种趋势利导下产生，引领制造业从中心化和大规模形态朝着个体式和去中心化的方向发展，根据个性化需求来生产小众商品，给个体式制造业带来机遇。

2013年11月，英国《经济学家》刊发一篇题为《中国制造》的文章让"中国创客"成为焦点，该文指出，中国创客的力量不可小觑，其潜在优势就是他们与所谓的山寨制造体系密切联系。企业之所以山寨是因为没有设计和创意，依靠模仿他人产品来生产制造，而创客恰恰是设计和创意的源泉和载体。在互联网时代，软件开源和硬件开源给中国企业提供了难得的平等创新机会，若能将创客的设计和创意嫁接于低端仿造企业，让创客的巨大创造性和制造需求与山寨企业完备的供应链资源和制造能力优势互补，或许能迸发出惊人的能量，这未必不是山寨企业转型的一条出路。

2013年11月4日，清华大学启动创客驻校计划，计划每年聘请国内外知名创客进驻学校创客空间，鼓励学生主动参与创新实践，提升跨学科的技术与创意交流。此外，多所大学甚至一部分中学和职业院校也积极推动创客教育，各具特色、充满活力的教育创客空间盘活了院校科技资源，加强了教学与实践、教育与产业之间联动,培养出具有创新创业精神的一流人才。国内每年毕业的几百万大学生是创客运动的最佳人选,他们能将学业中萌发的创意思想和积累的研究成果衍变为创客项目,用自主创业的方式实现就业。这些创客项目转化为创业公司后,会吸引更多不同层次的社会人才加入其中,麦肯锡2013年研究报告指出,由于机器人和网络技术的突飞猛进,过去10年大型制造企业的雇佣人数持续减少,因为规模制造对自动化生产系统的紧密依赖逐步取代了人工参与。而创客运动引领的个体式制造业根据用户个性化需求来定制生产商品,对技术、工程、艺术等各行各业人工劳动力的需求巨大,必然创造出大量新的就业岗位。

有人感叹:创客啊,耗费了多少脑汁和心思,颠覆了多少传统和习惯,获得了多少惊喜和满足,蕴藏了多少期待和愿景?真让人"爱也难,不爱更难"!

2.伴随着密集出台的反腐禁令,每逢佳节倍思"清",渐渐成为中国官场的新常态,而不少事业单位基层员工和企业白领也没了以往的节日福利。不仅中秋节,过年也是"福利归零"。人们坚决支持中央反腐倡廉,但一些执行者借反腐之名拿掉职工应有福利的做法也引起了争议。以中秋节为例,在"节日反腐令"的背景下,月饼甚至成了一个敏感词。某单位员工小罗说,往年单位在中秋节时还会给员工发月饼,从去年开始就什么都没有了。"没有就没有呗,我觉得无所谓啊。"今年他自己上网订了几盒月饼。在一家国企分公司工作的白领小姚说,以往过中秋节大家喜气洋洋地去领盒月饼,今年就感觉冷冷清清的,"给多少是一回事,哪怕只是一份月饼,也感觉公司想着我们,有种大家庭的感觉,但现在什么都没有了,确实让人很失望。一盒月饼不在价值,没有了,就也没了人情味"。

"谁敢发啊,万一撞到枪口上怎么办?"一家事业单位的中层领导在接受记者采访的时候说,"其实我觉得发几盒月饼问题不算大,不过现在从中央到地方查得这么严,发了不一定有问题,不发肯定没问题,所以,多一事不如少一事啊!"

另一家国企单位领导则表示,反腐败跟发福利完全是两回事,不能泼脏水把孩子也倒掉了,该发的还是要发。记者反问他:如果有的领导趁机给自己多发福利呢?这位领导沉默了一下说:该抓的还是要抓。

3.多年来,很多人已经习惯了到风景秀美的地方开会,并且冬天到南方暖和暖和,夏天到北方凉快凉快,人们形象地称之为"候鸟式开会"。早在1998年,中央就下发了《关于严禁党政机关到风景名胜区开会的通知》,2014年又再次出台规定,明令禁止到21个风景名胜区开会,并且加大监管力度,使不良会风明显好转。但是,仍然有少数地方一时还不适应这种变化,仍习惯于"打擦边球"的老一套做法,比如有意选择在风景名胜区附近的地方开会,方便会后组织所谓的"文化考察"活动。比如为了到某个风景名胜区开会,有意将会议地方安排在途中需要在风景名胜所在地转车或飞机中转的地方,会议名称也可以改头换面,遮人耳目。还有的故意设分会场。如此煞费苦心,无非想借着开会的机会图点儿实惠。原计划明年将在一个旅游城市承办一届行业年会的某单位领导最近很犯难:如果真的能够常抓不懈,使清廉之风形成新的常态,当然很好。但是,冰冻三尺非一日之寒,长期形成的惯性,就像在高速公路上跑时速120公里的车,能一下子刹住吗?

4. 自从开展党的群众路线教育实践活动,贯彻执行中央"八项规定",狠刹"四风"以来,各地公款消费现象得到有效遏制,以致一些酒店、歌厅的生意也大不如前,甚至门庭冷落,让经营者感到很纠结。

钱某开了一家中等规模的海鲜饭店,生意一直都还不错。他最倚重的是每逢周末、节假日,各种同学聚会、生日宴请、结婚喜宴、活动庆典等等,虽然让他忙得不可开交,但也乐在其中,用他的话说,这是饭店的"经济支柱"。然而,这两年的情形有点不大对,这类生意量急剧下降。2014年夏天,高考成绩公布,钱某以为一波接一波的"谢师宴"将会像往年一样闪亮登场,早早备好了每桌1888元到5888元不同档次的菜单,准备赚一笔。可奇怪的是,今年一桌也没有预订出去。一打听,不是学生和家长不请了,而是老师们都纷纷谢绝了。钱某有点费解:"这谢师宴又不是公款消费,学生和家长掏自个儿的腰包感谢老师的培养,这种人之常情难道也有错儿?"

即使跟公款消费毫无关系的顾客自掏腰包的消费,也比过去有了很大的改观。人少菜多、浪费严重的现象越来越少,饭后"打包""光盘"行动日益普遍。"这个嘛……唉!我的钱还怎么赚哪?"钱某摇着头,心情颇为复杂。

5. 互联网的日益普及和开发利用,不断为人们的工作和生活提供方便,网上购物、网上预约、网上咨询等等风靡中国。尤其对年轻人来说,他们更习惯于依靠网络解决各种困难,24岁的小茜对此深有体会。以前逢年过节要回家探亲,买火车票是最让她头疼的事。裹着大衣在寒冷的夜里排队购票、托关系找人购票、买"黄牛党"高价票等等,这些都曾亲身经历过。现在有了网络购票,别提多方便省事了。前不久小茜跟母亲通电话,听说母亲想到当地一家医院看"专家门诊",可是排队很长时间还不一定能挂上号。小茜立刻到网上替母亲挂上了专家号。

贾先生一直为儿子小学毕业上哪所初中犯愁。同事给他支招,赶紧找人托关系打招呼,该花钱就花钱。贾先生知道,这是多年来老百姓为孩子上学求人的"惯例"。谁知今年区里实行了"新政",学区内八成小学生通过电脑派位的形式进入学区初级中学学习。学生可填报两次志愿,第一批次可填报不少于4所学校,第二批次可填报不少于5所学校。第一批次志愿面对全区所有学生,不设身份限制,全区所有优质资源品牌学校将拿出15%的比例用于第一批次派位。第二批次志愿学生只可填报自己所在学区内的中学,电脑根据志愿随机分配。结果,贾先生的儿子顺利进入一所理想的中学。

小林买了一套装修好的二手房,准备利用国庆假期搬家。他的父母特地从老家赶来,还带了舅舅、表哥等三四个人来帮忙。谁知小林早已请好了搬家公司,总共花了800元,半天时间东西全部搬上楼安置妥当。小林在楼下饭店请父母舅舅们吃饭,舅舅说:"没帮上忙,还害你花钱请吃饭。早知道这样我们就不来了。"表哥说:"你们长辈的老习惯今后可以改改了。找亲友帮忙搬家,人累得够呛不说,钱也不少花,光是一顿饭加上烟酒钱,就够付人家搬家费了。"父亲说:"搬新家是喜事,找人帮忙是老习惯,请人吃饭感谢感谢,也是人之常情嘛。不过,要是光算经济账,看来还真不如请搬家公司。"

小辉父母家里的一台老式电视机坏了,要买台新的。早已养成办事"找关系"习惯的小辉父亲,有个经常一起钓鱼的好朋友,儿子在家电商场工作。小辉父亲不知打哪儿听说商场职工买东西可以打九折,就打算请这位朋友吃顿饭,请他的儿子帮忙,能便宜一二百块钱。小辉听说后连忙阻止了父亲。他上网一查,同样一款电视机,网上价格比商场便宜300多块。他从网上订购了一台,第三天电视机就送到家里,父母非常高兴。小辉跟父亲说:"现在不比从前了,像电视机这样的东西,市场供应那么充足,还用得着找关系吗?"

6.南方H市环保志愿者小黄觉得自己每天都生活在苦恼中。他和其他志愿者每个月都会上门向小区居民发放垃圾袋并现场进行分类投放指导。"有督导的时候,分类效果明显就好,但往往过一段时间,乱丢混丢的又多起来。"厨余垃圾处理是一道中国特色的垃圾难题。小黄说:中国菜中汤汤水水的厨余垃圾占垃圾总量的2/3,其中的有机物会使其变臭,而且会污染垃圾中的可回收物。为分出厨余垃圾,要鼓励居民家庭把垃圾分干湿两类。可是即便只分出湿垃圾,准确投放率也不到30%。小黄看过一则简报,其中提到呼和浩特降雨量400毫米,年蒸发量却可达2000毫米,湿垃圾没等处理就干了。"唉,可惜我们市不是呼和浩特啊!"

据估算,目前我国每年再生资源回收量有1.6亿吨,其中约8000万吨来源于生活垃圾,而我国每年产生的生活垃圾有2.5亿吨,生活垃圾的资源回收率达到30%以上。作为垃圾分类的重要环节,废品回收却一直没有被重视。

小黄认为,居民把家中可回收利用的物品卖掉,是良好的生活习惯。但目前可回收物的价格较低,而又常常不能马上处理,居民无处存放,这影响了他们的积极性。由于干湿分类没有做好,被弃置的垃圾当中有很多可利用的资源被湿垃圾污染了,若再进行人工按类分拣,成本很高。

邻居张大妈刚刚把垃圾分类丢入垃圾箱,就看到收垃圾的环卫工人将"可回收"与"不可回收"两箱垃圾混到进运输车。"分好了又被混运,还不如不分。"她对小黄说。

目前,多数地方对垃圾分类的投入很少,就连投入相对多的北京、上海、广州、杭州等地也难以满足需求。小黄以广州为例算了一笔账,"如果这样持续3至4年,仅垃圾袋就需14亿元,以200人配1名指导员计算,广州市1800万人,每年需花费40亿元,这样的投入显然不可持续。"小黄感叹,"唉,中国的垃圾分类到底有没有出路啊?"

小黄的老家就在H市的郊区,去年秋收季节回家,他发现家里跟其他村民一样将地里的秸秆放火烧了,于是跟父母争吵起来。

小黄:烧秸秆浪费资源,污染空气,又会破坏土壤结构,造成农田质量下降,你们不知道吗?

母亲:知道啊,电视广播里年年宣传,怎么不知道呢。

小黄:那你们为什么明知故犯?

父亲:你这孩子,说得轻巧,不烧,你能怎样?每年农忙忙死人,哪有时间来捯饬那么多的秸秆?

小黄:不是说有企业要回收秸秆吗?

母亲:那都是说说的,到现在也没见有人来回收过。我们这里不沤沼气,又不养牛,那么多秸秆怎么办?现在搬进楼房住,家家户户也不烧锅灶了,当柴火都没人要。

小黄:政府不是有专门补贴,用于秸秆加工还田吗?

父亲:要粉碎,买腐化剂,请人帮工,一亩地只补贴10元钱,够吗?

小黄沉默了。他感到很苦恼,在博客中写道:看来光埋怨村民是不能解决问题的,焚烧秸秆是村民多年的习惯做法,省时省力又省心,一时很难改掉。随着PM2.5环境监测的升级,焚烧对空气的负面影响日益显著,田间秸秆的出路究竟在哪里呢？

7.以下是根据一位资深广告人在某会议上的发言录音整理的部分内容：

现在是一个大数据时代，我们被逼跟着数据在走。我们在继续往前走的时候，要倒退到原点回顾一下你当初为什么要做这件事情，这是世界各地尤其是国内比较欠缺的东西。很多中国的企业都在扮演"我跟随"的角色，别的行业有这个东西，我也就要做。

我们都在寻找我们能做什么，其实我们都忽略了很重要的一点，我们更要知道你不能做什么，你不要做什么。我们常常看到很多广告和传播说你要做你自己，这是废话，你除了做你自己还做谁呀，你不能做周杰伦，周杰伦给周杰伦做了，刘德华也不行，你只有做你自己，但你要做得比周杰伦和刘德华还好。

这几年我号称自己是一个下岗的广告民工，我反而看到很多当时我身在广告业中看不到的东西，因为越来越平民化，越来越农民化，我看到的东西都是很小的东西，但这些东西都很可能举足轻重，能够改变很多东西。数据引导我们，我们会本着数据做很多东西，但千万不要把数据变成一个依据，你要在数据中找到有什么东西可以挑战，而不是变成一个护身符，数据说这样，我们就这样，在这个时代，创意的思维方式可能超过以往任何时候。

做任何事情，大到做人、做行业，小到你要做的事情、要找的东西，都应该考虑，到底有没有挑战？不能因为别的企业做了这样的东西，你就也要去做。你要想一想，你做的东西有没有挑战你的企业，会不会挑战你的员工，最主要有没有挑战你本身？尤其现今社会，人类基本上没有自信心。因为我们没有狼牙虎爪，我们连乌龟壳也没有，所以，我们需要包装，我们需要洋房、汽车、美容，再不行把面孔也改了，手机的美化软件就是应此而生。现在的手机我真的试过45度拍，脸真的尖了，现在的手机还可以让你美白，眼睛变大，大家可能也看过那种手机美女和真人对比，把你吓死。

国外一个电视台访问过很多最近新兴的小企业家，你会发现他们有一个共同点，他们都在新的尝试中找到挑战，基本上他做的不是他原来做的东西。所以，一定要在你做的东西中找出你的挑战……不然的话，你如果只是想，尤其在中国大陆只是想明天过得比今天好一点，那太没有意思了。我估计在场每个人的学历和资历都会比我高，但我能有今天就是因为我读书少，在下只有中学的学历，现在再把我送去高考，我还是会考不上，但我有自知之明。我读书少，我不会的东西多，从第一天开始，我到现在仍然有这个习惯，从零开

第七章 申论写作

始。在座各位可能觉得这个理论大家常听说,这个东西可能是任何行业最难做的东西——从零开始。人性的习惯会使你习惯于从你前一个案例尤其是成功的案例去借鉴,你希望做得更好。但是,以我冷眼旁观,这里面有很多问题。最近我被邀请回新加坡,我现在被录到新加坡档案局里,是以一个非典型而被记录,因为以我的背景我不可能有这一天。但是因为这个"零"有很多的意义,因为我什么都不懂,什么都不会,结果这变成我最擅长的一个行业。

所以,各位如果有机会的话,能否像我一样,我每天都逼着让自己客户归零,归零后一般人想出来的东西都和原有立场不一样。

我常常鼓励学生,我也会鼓励任何人不要怕犯错误,错误是一个很大的动力,当你不怕错误的时候,你差不多什么都敢做。我的能量来自什么?我学历不够,我甚至没有修过广告学。不要怕失败,我们常说失败是成功之母。所以,敢于去犯错。我们有很多成语故事教过我们这样做,但我们是否真的从中学到过任何东西呢?

作答要求

(一)"给定资料2—3"反映了在反腐倡廉的背景下,对于改变过去工作生活中某些错误的习惯性做法,一些单位和个人态度不同、表现不一。请用精练的语言依次将这些态度或表现归纳为若干类型。

要求:(1)准确全面;(2)用"①××××型;②××××型……"这样的形式归纳;(3)不超过40字。(15分)

(二)根据"给定资料1",请分析画线部分所说的创客"让人爱也难,不爱更难"的主要原因。

要求:(1)准确全面;(2)"爱也难"与"不爱更难"分开表述;(3)简明扼要,300字左右。(20分)

(三)"给定资料6"中,小黄的"苦恼"反映了基层管理工作所面临的困境。请紧扣"改变不良陋习,改善生活环境"这一主题,并以"环保志愿者小黄"的名义,向H市环保部门写一份建议书。

要求:(1)针对性强,建议合理可行;(2)主题明确,思路清晰;(3)结构完整,语言得体;(4)450—500字。(20分)

(四)"给定资料7"中的"归零"说法,耐人寻味。请你依据自己的心得,自选角度,自拟标题,撰写一篇1000字左右的文章。

要求:(1)观点正确,思想深刻;(2)内容充实,论证有力;(3)思路开阔,条理清晰;(4)结构紧凑,语言流畅。(45分)

2015年安徽省公务员考试《申论》A卷参考答案

(一)"给定资料2—3"反映了在反腐倡廉的背景下,对于改变过去工作生活中某些错误的习惯性做法,一些单位和个人态度不同、表现不一。请用精练的语言依次将这些态度或表现归纳为若干类型。

要求:(1)准确全面;(2)用"①××××型;②××××型……"这样的形式归纳;(3)不超过40字。(15分)

参考答案:

①福利无所谓型

②反腐≠反福利型

③福利一刀切型

④福利与腐利同抓型

⑤会风常抓不懈型

(二)根据"给定资料1",请分析画线部分所说的创客"让人爱也难,不爱更难"的主要原因。

要求:(1)准确全面;(2)"爱也难"与"不爱更难"分开表述;(3)简明扼要,300字左右。(20分)

参考答案:

创客让人爱也难,缘于将创意转化为产品需借助创客空间这类综合性平台,但创客空间本身运行模式仍不专业;创客要以兴趣为导向、以创意为起点才能将创新力释放出来;由创意向创业转化的过程需要资金,这就要求有更多投融资渠道。

但创客又让人不爱更难。因为,创客影响着传统制造业,引领制造业从中心化和大规模形态朝着个体式和去中心化的方向发展,给个体式制造业带来机遇。创客的设计和创意与山寨企业的供应链和制造能力优势互补,可为山寨企业找到转型出路。创客运动加强了教学与实践、教育与产业之间联动,盘活了院校科技资源,培养了创新型人才。创造了大量的就业岗位,缓解了机器人和网络技术发展而造成的雇佣人数减少问题。

(三)"给定资料6"中,小黄的"苦恼"反映了基层管理工作所面临的困境。请紧扣"改变不良陋习,改善生活环境"这一主题,并以"环保志愿者小黄"的名义,向H市环保部门写一份建议书。

要求:(1)针对性强,建议合理可行;(2)主题明确,思路清晰;(3)结构完

整,语言得体;(4)450—500字。(20分)

参考答案:

关于"改变不良陋习　改善生活环境"的建议书

1. 称谓

2. 背景介绍

介绍此建议书的背景就是当前环境治理存在一些问题,垃圾分类处理的做法成效不大,田间秸秆燃烧现象依然严重。垃圾分类面临本土化、废品回收不被重视、政府投入不可持续、村民多年秸秆燃烧习惯难以改变。

3. 具体建议

加强技术支持,及时处理厨余湿垃圾。

加强对环卫工人监督,切实做到垃圾分类运输和处理。

加强资金支持,保障垃圾分类处理可持续。

加大对环保企业支持力度,促进其积极回收厨余垃圾和田间秸秆。

以上是个人的一些建议,希望环保部门予以重视。

4. 落款

(四)"给定资料7"中的"归零"说法,耐人寻味。请你依据自己的心得,自选角度,自拟标题,撰写一篇1000字左右的文章。

要求:(1)观点正确,思想深刻;(2)内容充实,论证有力;(3)思路开阔,条理清晰;(4)结构紧凑,语言流畅。(45分)

参考答案:

以"归零"实现破旧立新

"穷则变,变则通,通则久"。事物是变化发展的,只有顺应变化,不断革新,才能与时俱进,避免被历史潮流所淘汰。目前,我国进入全面深化改革开放的新时期,政治、经济、社会等领域涌现出大量的新情况和新问题,用旧的思维和方法无法解决。在此情况下,必须破旧立新,而"归零"则是成功的关键。

"归零"即放弃过去的经验与模式,从零开始。人具有习惯和惰性,具有趋利避害的本能,而"归零"会带来巨大的风险和挑战,不容易做到,但是,只有"归零",才能获得新的思维,发现新的方向,从而摆脱固有经验和模式的束缚,赢得新生。无论是政府、企业,还是个人,都需要"归零"。

"归零"是政府加强自身建设的需要。改革开放以来,随着政治、经济体制改革的推进,我国政府的职能不断转变,但是目前,仍然存在大量的行政审批、作风问题与贪污腐败现象等,严重损害了政府形象与公信力。党的十八大召开后,以习近平总书记为首的新一届领导集体上台,大力推动简政放权,开展党的群众路线教育实践活动,坚持老虎、苍蝇一起打,积极建设法治政府,政治风气大为好转,民众拍手称快。如果没有超人的勇气,对政府原有的管理体制等加以"归零",这些成绩的取得肯定不可想象。

"归零"是企业持续发展的需要。现在是知识经济时代,科技、模式等创新速度越来越快,竞争越来越激烈,只有不断"归零",才能不断创新,占据竞争优势。纵观手机市场,诺基亚在几年内迅速衰落,而苹果、小米则飞速崛起。仔细分析会发现,诺基亚的失败在于没有不断"归零"旧的产品模式,而苹果、小米的成功则在于通过从零开始,开发出更有设计美感、更吸引人的产品以及营销模式。而近几年,创客的风行对传统制造企业的巨大冲击,也是很好的证明。因此,企业要想持续发展,就必须不断进行生产模式等的"归零"。

"归零"是个人养成良好生活习惯的需要。正所谓:一屋不扫,何以扫天下。生活习惯看似小事,实则对人有重大影响。比如说,长期暴饮暴食,会得胃病;长期不讲个人卫生,会给人留下邋遢的不良印象。垃圾分类也是生活习惯的一个方面。垃圾是放错位置的资源。乱扔垃圾,不仅会浪费资源,而且会污染环境。只有以顽强的意志对不良习惯加以"归零",才能让生活更加健康、更有活力。

"世异则事异,事异则备变"。商鞅对秦国传统政治、军事等制度进行"归零",大力推行变法,使其国力强盛,最终统一六国;而邓小平同志则对计划经济体制进行"归零",实行改革开放,让中国经济走向腾飞。"归零"是破旧立新的金钥匙。政府、企业和个人只有具有"归零"的意识和勇气,才能发展得更好。

2015年国家公务员考试《申论》真题卷
省级以上(含副省级)综合管理类
(满分100分 时限180分钟)

给定资料

1."沃森先生,请立即过来,我需要帮助!"这是1876年3月10日电话发明人亚历山大·贝尔通过电话成功传出的第一句话,电话诞生了,人类通讯史从此掀开了一个全新的篇章。

美国宇航员阿姆斯特朗登上月球刹那所说的名言"对个人来说,这只是一小步;对人类来说,这是迈出一大步",牢牢铭记在地球人的心上。1969年7月20日,全世界5亿电视观众都看到了美国"阿波罗11号"登宇宙飞船降落在月球上的历史瞬间。登月是人类航天科技的一大进步,正如登月者塞尔南所说:"在月球遥望地球,我看不到任何国界,我觉得地球就是一个整体。我的整个思想也就开阔了。"

1969年,互联网的雏形在美国出现。20世纪70年代初,实验人员首次在实验网络上发出第一封电子邮件,这标志着互联网开始与通讯相结合。到了90年代,互联网开始转为商业用途。1995年网络发展迎来第一个高潮,这一年被称为互联网年。

美国科学家富兰克林曾经讲过:"将来人类的知识将会大大增长,今天我们想不到的新发明将会屡屡出现,我有时候几乎后悔我自己出生过早,以致不能知道将要出现的新事物。"他的话说得不错,如果让一个1900年的发明家想象今天的世界,他也许能想象出宇宙飞船、深海潜艇,但对核能、计算机、互联网、基因工程绝对一无所知。现在,知识爆炸给人类带来前所未有的自信和乐观,有位作家这样写道:"我真诚地相信,我们生活在人类历史上最伟大的知识时代,没有任何事物我们不了解","只要是人能想到的事,总有人能做到"。20世纪科技的发展使这句话越来越像真理。20世纪是科学技术空前辉煌的世纪,人类创造了历史上最为巨大的科学成就和物质财富。

《韩非子·五蠹》中说:"世异则事异,事异则备变","事因于世,而备适于事",意思是社会变化了,一切事情也要随之变化,世事变迁,情况因世事不同而有异,而措施也就应适应于当前情况。人类技术在每一历史阶段的迅速发展,正是因应"世异"的结果,从而也对人类社会生活和制度建设等诸多领域带来了深刻的启示。

马克思主义认为,技术创新是社会关系发展变革的物质技术力量。新的生产力的获得,将引起生产方式的改变,并由此引起生产关系的改变,进而引起社会关系的改变。"蒸汽、电力和自动纺织机甚至是比巴尔贝斯、拉斯拜尔和布朗基诸位公民更危险万分的革命家"。"随着一旦已经发生的、表现为工艺革命的生产力革命,还实现着生产关系的革命"。野蛮时代发明的动物驯养技术,不仅为人类提供了较为稳定的食物来源和较丰富的剩余食物,而且为人类开始摆脱从自然界"掠夺式"获取食物提供了现实可能,成为人类社会进一步发展的重要推动力。火药、指南针等发明对瓦解封建制度起了革命性的作用,宣告资产阶级社会的到来,"火药把骑士阶层炸得粉碎,指南针打开了世界市场并建立了殖民地,而印刷术则变成新教的工具,总的来说变成科学复兴的手段,变成对精神发展创造必要前提的最强大的杠杆"。

马克思指出,机械发明及其带来的生产方式的转变,不仅能简化和削弱劳动强度,使人从繁重的体力劳动中解放出来,而且能提高劳动生产率,节约社会必要活动时间。这样,人们可以自由支配的时间越来越多,个人从事创造性活动的时间以及得到充分发展的时间也会越多,从而为人的全面自由发展腾出了时间和创造了手段。按照马克思的理解,一旦"社会必要劳动时间可减少到最低限度,那时,与此相适应,由于给人腾出了时间和创造了手段,个人会在艺术、科学等等方面得到发展"。随着技术创新规模的不断扩大,社会生产力水平不断提高,物质文明成果不断丰富。人们衣食住行、医疗保健逐渐得到改善,生活质量得到提高,从而为人的自由全面发展提供更加坚定的物质基础。

可见,技术创新不仅_____,同时_____,因而_____。

2.新技术有没有可能穿透社会结构的屏障?这是某大学社会学系G教授关心的问题,她比较关注社会当中的普通人怎样生活,怎样面对新技术、新媒体。新技术是促成社会转型的决定性力量。

2014年某研讨会上,G称自己一直比较关注农民工,特别是新生代农民工,比如新生代农民工如何使用信息技术,当时她和她的团队曾经对此抱着很大的希望,认为新技术可能有助于新生代农民工融入城市、融入社会。

"按照常识,如果大家是在同一个社会时空中生存,拥有同样的硬件条件或者数据终端,按道理来说可以平等地获取信息、资源,各种各样的机会,从理论上说,非常有利于消除城乡之间的社会鸿沟、不同社会阶层之间的不平等,有助于促进社会的公正。"她说。

但经过实际研究,她发现,现实没有想象中的那么简单,在新技术的使用中,城乡之间显现出非常明显的马太效应。"马太效应"来自《新约·马太福音》中的一则寓言:"凡有的,还要加给他叫他多余,没有的,连他所有的也要夺过来。"指强者愈强、弱者愈弱的现象,常常被用以描述社会生活领域中普遍存在的两极分化现象。

事实证明,信息技术的发展,只是在一定程度或者相当程度上填平了——比如普通人和彻底掌控信息的垄断者之间的某种鸿沟,但从现在看来,新技术能否穿透社会结构的屏障,还要在未来的研究中继续观察。

不过,G还是认可了信息技术为农民所带来的一些改变。G大体上从三个方面观察农民工使用信息技术的情况,包括新媒体和自媒体。

首先,从他们日常生活的使用情况来看,信息技术确实给他们的生活、交往,特别是给他们就业求职带来了很多的便利,作用非常大。超过2.6亿的农民工"流散"在全国各地,他们中的相当一部分人缺失城市居民能享受到的基本生活内容,是靠信息勾连起的"孤独个体"。他们通过手机、互联网等,获得娱乐、消费甚至精神的寄托和心理抚慰。这些人背井离乡,父母子女、夫妻、兄弟姐妹是分散的,甚至一年见不上一面,基本上是靠通信来维系家庭和亲属关系,更不用说在他们求职、经营自己的小买卖等工作机会方面,信息技术提供了非常大的帮助。从这个角度来讲,技术对他们生活有很大帮助和改变。

第二个方面,从表达的角度来看,一般来说,农民工群体平时没什么表达渠道,在原来状态下,他们的声音基本上是不会被外界听到的,但是有了新媒体技术后,他们不仅扩展了视野,转变了意识,而且有了表达的渠道,G把这种方式视作一种主体性的表达。

第三个方面更为重要。从信息技术和新生代农民工组织化的集体行动角度来看,你会发现信息技术真的非常了不起,比如他们可以即时调用各种所需要的信息、知识以及各种经验,他们也可以利用信息技术。在没有领头人的情况下,用QQ群建立维权组织;同时他们通过信息技术更容易取得外界的声援和帮助。有的农民工说,如果没有自媒体技术,他们自身的权益就不可能得到外界更多的关注。

G认为,也不可因此过度夸大信息技术的作用,因为线上和线下一定要结合起来才会有作用,农民工在互联网上虚拟的团结需要和他们已有的传统人际网络、社会关系产生联系,需要和他们所在工厂、企业的组织管理机构有直接关联。

更重要的是,当农民工从互联网这类新技术中获益的同时,那些拥有更多的财富和资源的人们却有能力从新技术中获得更多的收益。从长远来看,两者之间的效益差距实际上拉大了,而后者所增益的部分,大概有相当一部分就是从农民工身上获得的。

3. 第×届中以中国国际装备制造业博览会暨国家高新技术装备展将在S市国际展览中心盛大开幕。

本届制博会上沈阳机床将展出最新研发、世界首台具有网络智能功能的"i5系列智能机床",精度达到世界领先水平。北方重工的新产品——2500型压裂成套设备也将亮相本届制博会,特变电工沈阳变压器集团公司将展出特高压1000千伏主变压器,沈鼓集团将展出十万空分百万吨乙烯PCL产品,日本山崎马扎克公司等机床名企将展出加工精度世界领先的系列数控卧式、立式加工中心、数控车床、数控系统等新设备。值得一提的是,为了增加自身知名度,日本尼康公司还带来了目前全球精度最高的激光扫描测量仪LK三坐标AL876测量仪,激光扫描能够达到1.6微米的标准。

现如今,没有什么比3D打印技术更能吸引眼球了。为了满足S市"技术宅"人群的需求,本届首次设立了3D打印技术和设备展区,吸引了包括香港缔维、上海泰联、武汉拓迪、华曙高科、沈阳盖恩等60余家企业参展。预订展位150多个。在这个展区,提前在网上预约的观众还可免费体验一次3D激光打印人体模型的机会。

每届制博会中,机器人表演区域都是人满为患。据悉,一大批来自国内外顶尖技术公司生产的智能工业机器人将亮相本次展会。日本松下、上海发那科、沈阳新松、沈阳美达数控科技以及南京熊猫电子装备公司等企业都带来了他们最新研制的工业机器人产品。这些产品代表了当今国际机器人制造的最高水平,展会同时还有日本川崎机器人表演赛,装载机街舞表演秀等活动。

在国家科技部火炬高技术产业开发中心的支持下,本届制博会首设高新技术装备展区,展会期间将举办"高新技术装备展"。一批国家级高新技术园区将亮相本届制博会,展示近年来我国高新技术装备发展取得的显著成果和一批具有自主知识产权的科技成果及技术装备。本届制博会邀请了广东江门、天津滨海以及沈阳、鞍山、营口、阜新等高新技术产业开发区和装备制造业重点高新技术企业参展。其中,沈阳高新区初步规划展位面积540平方米,主要展出机械加工设备、数控系统、IC产业、电子商务等。大连高新区初步规划展位面积396平方米,主要展示软件、集成电路、工业设计等生产性服务业领域的技术和产品。

4.

材料A

2011年7月23日,甬温线永嘉站至温州南站间,北京南至福州D301次列车与杭州至福州南D3115次列车发生追尾事故,这一事件给正在发展中的中国高铁蒙上了阴影,一时间人们对中国高铁充满了质疑和忧虑。然而,中国高铁建设的步伐没有停下来,并在浴火重生的过程中开始走向世界,成为中国自主创新的代表性技术。

2014年7月25日,由中国企业参与建设的安伊高铁(安卡拉—伊斯坦布尔)二期工程顺利通车,这是中国高铁真正"走出去"的第一个项目,得到了土耳其方面从政府领导人到工程队技工的高度赞赏。

中国高铁目前已具备性价比、技术、安全性等三大优势。同时,在发展最快、运营里程最长、运营时速最高、在建规模最大、拥有系统技术最全的高铁网络建设过程中,积累了丰富的经验,具备了"走出去"的硬实力。土耳其安伊高铁二期线,就是中国传递给世界的又一张亮丽名片。

安伊高铁全部采用欧洲标准。监理和业主对技术资料、图纸设计、施工管理、安全质量要求严格。2013年12月27日,土耳其领导人来到高铁工地视察,并参加了萨帕加至科兹卡伊线路的通车测试,测试结果良好。他在机车驾驶座上竖起大拇指。

中国驻土耳其前大使宫先生说,中国高铁走进技术标准高的"准欧洲国家",不仅提升了企业的影响力,也提升了国家的影响力。

材料B

2014年4月15日,在中国国航的一架航班上,一位歌手通过电脑与另一架航班上的朋友实现了实时隔空对唱。

在实际空中飞行中,航班乘客可以通过WiFi接入互联网,和日常生活中的上网体验没有任何区别,在一个多小时的体验中,信号十分稳定,超出预期。这也是全球首次在飞机上使用4G技术,而为这次飞行提供地空宽带系统、地面基站通讯设备的供应商就是中国自己的企业——中兴通讯股份有限公司。

近三年来,中兴手机保持了每年30%以上的稳步增长态势。目前已销往全球160多个国家和地区,在全球的销量已超过5亿部。中兴通讯已跃居为全球第四大手机制造商。中兴通讯副总裁Q先生认为:中兴手机能够在海外取得成绩最大原因是产品有创新、有亮点,能够跟上世界其他同行的步伐,同步推出很多有吸引力的产品。我们这些中国厂商在创新方面,有非常多的新亮点,这也是我们能够赢得世界的一个很重要的地方。

从幕后到台前,从卖产品到创品牌,中兴通讯通过科技创新正一步步地使中国制造"化蛹为蝶"。正如德国第三大运营商EPLUS公司首席技术官所说,中兴通讯公司已不再是单纯的加工制造。今天的中兴既可以产出优质的"中国制造",更可以创出独特的"中国智造"。

材料C

改革开放以来,伴随着工业体系与相关产业链的完备,中国正在从制造业的低端向高端延伸,而作为制造业的核心组成部分的装备制造业,在中国已形成门类齐全、规模较大、具有一定技术水平的产业体系,成为国民经济的重要支柱产业。

统计显示,2013年中国装备制造业产值规模突破20万亿元人民币,占全球装备制造业的比重超过1/3,多数产品产量居世界首位。13家中国大陆装备制造企业进入世界500强行列,国际竞争力明显增强。2013年11月,中国国务院总理李克强在罗马尼亚演讲时表示,中国制造可以说风靡全球,在近些年中国经济的发展中,中国装备在某些领域有了新的成就。中国已经开始拥有比较成熟、完备的装备制造业,而且是相对先进的。特别是在铁路、核电和电力、公路、港口、电信等领域,技术装备实力雄厚,建设运营经验丰富,中国装备是有竞争力的,是值得信赖的。

开山洞、建隧道、修铁路、挖地铁需要一种特殊的设备——掘进机,它用处广泛,但技术复杂,造价不菲。长期以来,掘进机装备制造技术完全被欧美、日本等少数国家所垄断。如今,经过十多年的努力,中国正在成为这一领域的世界巨头。

在河南郑州,交通主干道——中州大道像往常一样,车流穿梭不息,路上行人都没注意到就在自己的脚下,一条100多米长的隧道工程正在紧张施工中,而施工"主角"是两台方头方脑、长相奇特的"大家伙"——中国中铁工程装备集团自主研发的世界上最大的矩形盾构掘进机。该隧道工程项目经理杨先生介绍说,如果用传统方式来开挖这样一条隧道,断路施工至少一年,而用矩形盾构掘进机却只需两个月。在工期大大缩短的同时,最大好处是道路免受"开膛破肚"之苦,交通不会被阻断,也避免了施工尘土和噪音污染。而真正操作这个10米多宽、7米多高、重达400多吨的掘进机的人只有一个,而且还是在地面,根本不用到地下。"我们只需操作这几个按钮就可以了,所有的系统包括下面的设备都是我们自己做的。"

除了性价比高,个性化的定制和服务是中国盾构掘进机与国际"巨头"竞争时的一张"王牌",中国铁建重工集团副总经理C先生表示,他们的服务是全方位的。

2013年,中铁装备收购了长期合作伙伴,同时也是竞争对手的国际知名硬岩掘进机生产商德国维尔特公司。该公司高级代表表示,中铁装备是他们理想的"买家","有几家公司进入我们视线,其中中铁装备是最专业的,它具有雄心壮志。我们相信中铁装备能够以最佳的方式,来发展我们的隧道装备业务,使之发扬光大。"

现在,中铁装备在香港、德国、巴西、澳大利亚建立起四大国际营销中心,同时正在积极开拓伊朗、阿塞拜疆、印度、俄罗斯等市场。对此中国工程院院士杨先生认为:"中铁装备盾构产品的整体技术水平达到了国际先进,个别技术指标达到了国际领先。到目前为止,在中国市场上占有率最高,在全球市场来看也达到了世界第二。"

装备制造业是科学技术和知识转化为生产力最有深度、最具影响的产业,也是国家工业实力的综合体现。随着中国装备制造业水平大幅度提升,装备产品正在缩短与发达工业国家的距离,中国正一步一步向装备制造强国迈进。

5. 塑料的发明曾给人的生活带来了相当大的便利,但也带来了一系列的环境问题。塑料在垃圾中占相当一部分比例,而且大大增加了垃圾处理的难度和费用。由于废塑料几百年都难以降解,若丢弃在自然环境中,会给蚊子、苍蝇和细菌提供生存繁育的温床;若埋在地下,则容易污染地下水,妨碍植物根系生长,破坏土壤品质;若焚烧处理,将产生多种有毒气体。"白色污染"已经成为危害环境的一大公害。

汽车的尾气、空调和电冰箱中的氟利昂都在破坏大气层。埃博拉病毒的爆发和流行也使全世界更加关注生物安全问题,并将其作为国家安全的组成部分,全球数以万计的原子弹更是高悬在人类头上的达摩克利斯之剑。

20世纪的信息技术使人类活动的效率提升到了一个新的高度。但是另一方面,就像著名学者刘易斯·芒福德讲的那样,为了获得更多、更丰富的物质,人们牺牲了时间和当前的快乐,将幸福简单地与拥有汽车、浴缸和其他机械产品的数量画上等号,芒福德将之称为"无目的的物质至上主义"。在计算速度越来越快,人工智能程度越来越高的潮流之下,人类的个性开始被故意忽略和遮蔽,陷入的是追求更高、更快、更强的单向度技术目标的误区。有评论家因此指出:"当发展着的物质科技生产力忽略、脱离开民众精神力的时候,就会丧失它应受人控制并为人服务的真正本质,而变成与人对立的人的异化力量。"

观察家认为,未来科技最关键的发展方向是走人性化之路。闪烁着"人性"之光的产品将越来越多地出现,高科技产品也将被进一步赋予灵动的生命,在科技和人性之间嫁接桥梁。人性化的科技反映的是人类以下的思考:科技产品如何为人服务?它给人们的生活带来了怎样一种新的积极的变化?科技如何人性化?在盲目的物质化导向这一危途中,人性化之路将赋予高科技产品以新的价值观,那就是用大写的人性的光芒去逼视高科技这一之前高贵神秘、自视甚高的怪兽,使其形秽,让普通人也能看到这中间的无知和愚蠢来。

人性化的科技因此是在科技和人文、个性化与大众化、商业目标和社会使命之间去追求平衡,这种平衡不仅是一种美,也是一种智慧和态度。

6. 日前,世界知名未来学家、《连线》杂志创始主编,被看作"网络文化"的发言人和观察者的凯文·凯利接受了采访,其间,凯利围绕着自己的《科技想要什么》等在技术思想领域的重要著作,回答了"新技术"与"人性"的关系等一系列问题,现摘要整理如下:

A. 在《科技想要什么》中我想表达的是,我对技术本质的疑虑以及人与技术的矛盾关系。世界上每天都有新的技术诞生,但我们还没有理论和框架,让我们来理解科技面对的是什么。我们一直在发展科技,但我们是否要考虑:我们会不会有一天被科技征服?科技是宇宙的一部分吗?它是好的那部分吗?我们是该限制它还是要发展它?

B. 正如哲学家海德格尔对于技术的批判理论所描述的那样:这种貌似宿命的技术现实,本质上是人所无法控制的,但获得拯救的机会也恰在于此:"救赎即植根并发育于技术的本质之中"技术元素向共生性发展,这种发展也推动我们去追逐一个古老的梦想:在最大限度发挥个人自主性的同时,使集体的能力最大化。

C. 技术是进化的延伸,就像进化是宇宙的延伸那样。我们会认为技术对生命是种挑战,但事实上科技也是一种生命。技术也有像进化一样的历程,毕竟技术对宇宙、对生命都有积极的好处。技术具有生命的普遍特征,理解了技术的理论也就能理解进化论。

D. 技术元素的确准备操纵物质,包括人类,重组各种内部结构,但是技术将为其注入感知能力和情感,注入更多"非工具性"的东西。我认为我们应该培养科技的感情。目前科技还不具备感情,但我认为今后我们会赋予科技感情。"科技的生命化",已成为现实世界无法根除的特征。科技将具备人性。

E. 科技是一种"新文化",或者说,"科技是第三种文化",这意味着科学家们可以直接和大众进行对话,而不是通过人文知识分子。传统知识分子所占领的媒体一直控制着舆论方向——他们说:"人文是精彩的,科学是呆板的。"今天,倡导"科技是第三种文化"的思想家们却更倾向于绕过中间人,致力于用关注知识的读者们能够理解的形式,向公众传达他们最深邃的思想。

F. 在过去二十年,互联网给人类的生活和知识的认知带来极大变革,而现在,是另一个起点。今天是人类历史上最好的时代,之前的所有成果都是今天的基础。我想激励年轻人现在就是创造新事物最好的时代。不仅是互联网,对所有领域来说,现在都是创造新事物的最好时代,创造新事物,离不开技术创新。我在《科技想要什么》一书中,特别强调一句话:科技想要的,就是人类想要的。

作答要求:

(一)请在给定资料 1 的三处横线上各填一句话,使该资料的结论语义连贯完整。(10 分)

要求:(1)准确、全面、精练;(2)在答题卡上按"可见,技术创新不仅……同时……因而……"的句式作答;(3)总字数不超过 100 字。

(二)新技术的使用能否突破社会结构的屏障,是很多人关心的问题。根据给定资料 2,谈谈你的看法。(20 分)

要求:(1)观点明确,有理有据;(2)论述全面,语言简明;(3)不超过 250 字。

(三)假设你是制博会组委会的工作人员,请根据给定资料 3,就本届制博会的亮点,草拟一份备询要点,供组委会领导在制博会开幕日的记者通气会上使用。(10 分)

要求:(1)内容具体,符合实际;(2)概括准确,分条表述;(3)不超过 200 字。

(四)阅读给定资料 4,谈谈你从中国高铁、中兴通讯和中国装备制造业的发展中分别获得哪些启示。(20 分)

要求:(1)紧扣材料,重点突出;(2)观点明确,表述有理;(3)不超过 500 字。

(五)给定资料 6 中画线句子写道:"'科技的生命化',已成为现实世界无法根除的特征。科技将具备人性。"请结合你对这句话的思考,联系社会实际,自拟题目,写一篇文章。(40 分)

要求:(1)自选角度,见解明确、深刻;(2)参考给定资料,但不拘泥于给定资料;(3)思路明晰,语言流畅;(4)总字数 1000—1200 字。

2015年国家公务员考试《申论》真题卷答案
省级以上(含副省级)综合管理类

(一)请在给定资料1的三处横线上各填一句话,使该资料的结论语义连贯完整。(10分)

要求:(1)准确、全面、精练;(2)在答题卡上按"可见,技术创新不仅……同时……因而……"的句式作答;(3)总字数不超过100字。

参考答案:

可见,技术创新不仅把人从繁重而单调的体力劳动中解放出来,同时又为人的自由全面发展创造着新的物质基础和必需的自由时间,因而是促进人的自由全面发展的根本力量。

(二)新技术的使用能否突破社会结构的屏障,是很多人关心的问题。根据给定资料2,谈谈你的看法。(20分)

要求:(1)观点明确,有理有据;(2)论述全面,语言简明;(3)不超过250字。

参考答案:

新技术的使用,确实可以在一定程度上填平因信息不对称而带来的信息鸿沟,甚至在理论上来讲,也可以对城乡、阶层等社会不平等现象产生一定程度的弥合,在实践中,也能为社会弱势阶层在就业求职、娱乐消费、情感寄托、心理抚慰、主体性表达以及集体性维权产生积极的促进作用。但从根本上来说,依然无法彻底突破社会结构的屏障,因为弱势阶层能从中获得的方便与利益,强势阶层将会获得更多,因而极有可能对社会分化产生推动作用。

(三)假设你是制博会组委会的工作人员,请根据给定资料3,就本届制博会的亮点,草拟一份备询要点,供组委会领导在制博会开幕日的记者通气会上使用。(10分)

要求:(1)内容具体,符合实际;(2)概括准确,分条表述;(3)不超过200字。

参考答案:

第一,将有众多国内外优秀企业参加,参展的很多产品都是最新研发,具备当前世界领先甚至最高水平;

第二,首次设立 3D 打印技术和设备展区,共有来自国内外 60 余家企业参加,还专门为提前在网上预约的观众提供一次免费 3D 打印人体模型的机会;

第三,将举办机器人表演赛和装载机街舞表演秀;

第四,获得了国家科技部的支持,首次设立了高新技术装备展区,将举办"高新技术装备展",一批国家级高新技术园区将亮相。

(四)阅读给定资料4,谈谈你从中国高铁、中兴通讯和中国装备制造业的发展中分别获得哪些启示。(20分)

要求:(1)紧扣材料,重点突出;(2)观点明确,表述有理;(3)不超过500字。

参考答案:

第一,我国对推动自主技术创新要有坚定的决心,不因一时的挫折和质疑而停止前进的步伐,应该抓住机遇,总结经验教训,勇攀高峰;

第二,我国自主技术创新要不畏"强敌",积极开拓国际市场,推动"走出去"战略,但是,在此过程中要执行严格的质量标准,以过硬的实力赢得尊重、扩大影响,提升企业和国家的知名度与国际地位;

第三,我国企业要想在激烈的国际市场竞争中占有份额,获得立足之地,就必须坚持自主创新,以优秀的自主品牌和技术推动企业和产业转型升级,用具有质量过硬和吸引力的产品赢得消费者;

第四,要实现中国从制造业大国向制造业强国的迈进,必须推动装备制造业的大力发展,而通过技术创新,不断提高产品的质量和国际竞争力是其基础。与此同时,在同强大的国际同类企业进行竞争的时候,还要注重产品的个性化与全方位的服务。

(五)给定资料6中画线句子写道:"'科技的生命化',已成为现实世界无法根除的特征。科技将具备人性。"请结合你对这句话的思考,联系社会实际,自拟题目,写一篇文章。(40分)

要求:(1)自选角度,见解明确、深刻;(2)参考给定资料,但不拘泥于给定资料;(3)思路明晰,语言流畅;(4)总字数 1000—1200 字。

参考答案:

让科技闪耀生命之光

实现人的全面自由发展,是人类社会的终极追求。人类生存其间的物质世界，一边以其广博为人类的生存提供了资源基础，以瑰丽的风光为人类带来了赏心悦目的审美体验；一边却也始终以其冷峻、客观而构成了人类追求自由的硬约束。科技，这一人类智慧的结晶，在人与世界矛盾共生的永恒张力中，起着举足轻重的作用，一面显著延长了人类探索世界的触角，增强了人类改造世界的能力；一面又在一种自我演进和强化的逻辑中变成了物质世界异化人类的帮凶。在科技进步日新月异的今天，如何让科技更紧密地站在人类一边，尽可能褪去冷酷的表情，闪耀出生命的光芒，成为人类重要的课题。

科技从其诞生的那一刻起，就规定了其本质属性是为人的。粗陋如石斧，精妙如芯片，无不是为了人类能更好地生存、生产、生活。但是原子能既能为人类带来近乎源源不断的能源，却也能变身为足以毁灭全人类无限次的核弹；通讯技术既能将"天涯若比邻"的美好幻想变为现实，却也能让人们沦为智能手机的奴隶，而恰恰忽略了面对面的情感交流；克隆技术既能带来医疗事业的革命性进展，却也可能为人类带来无法直面的伦理困境；塑料制品在为人们的生活带来极大便利的同时，却也造成了严重的生态危机。为人的科技转身而成人类异化的头号推手，这多少让人觉得有点猝不及防，不过，它终究应该不是必然的。这一切，表面看起来都是科技自身内在的复杂性使然，其实，却不外乎人类自身的选择。是追求科学逻辑的极致，还是人类伦理范围内的合宜；是放任盲目的物质至上主义，还是让物质力量更好服务于人类精神力量的升华，在各种生态、伦理困境不断显露的当下，应该不是一个艰难的抉择。

让科技闪耀生命之光，需要为科技创新，尤其是应用性的技术性创新注入人性的光辉。人的自由是真善美的高度统一。科技成果及产品的创造，必须彻底改变以"求真"为单一目的的单向度演进逻辑，而始终纳入人类生存与发展的宏观背景之下，重要的科技创新必须尊重和服从人类现实的伦理秩序；科技产品不能只是充当人类征服与改造世界的硬件工具，而必须同时有助于满足人类审美的需求，改变整体性价值导向，更加注重个性化的需求，变成人们精神升华的阶梯。

让科技闪耀生命之光，需要合理利用科技成果，摆脱科技对人类的异化困境。科技的腾飞确实为人类带来了变革自然的强大力量，却也正因如此，资源枯竭、环境恶化、电磁辐射、人际冷漠成了高悬于人类头顶的达摩克利斯之剑。因此，人类必须改变对技术力量的"炫耀性"试用，在面对自然时保存一份必要的敬畏，推崇人与自然的和谐、共生和适度消费。在"上天入地"毫无悬念,光速移动伴随生活的同时,在内心里保持一份田园退思,对身边平常的人、事、物多一份关切与爱护。

科技是生命的点缀,永远无法也不应喧宾夺主。但要在利用科技所带来的巨大便利的同时,抵御其异化的诱惑,让科技真正闪耀生命之光,却必需人类共同的觉醒。

(资料来源:国家公务员考试网 http://www.chinagwy.org/html/stzx/gj/201412/14_82407.html)

附录一

党政机关公文处理工作条例
(中办发〔2012〕14号)

第一章　总　则

第一条　为了适应中国共产党机关和国家行政机关(以下简称党政机关)工作需要,推进党政机关公文处理工作科学化、制度化、规范化,制定本条例。

第二条　本条例适用于各级党政机关公文处理工作。

第三条　党政机关公文是党政机关实施领导、履行职能、处理公务的具有特定效力和规范体式的文书,是传达贯彻党和国家方针政策,公布法规和规章,指导、布置和商洽工作,请示和答复问题,报告、通报和交流情况等的重要工具。

第四条　公文处理工作是指公文拟制、办理、管理等一系列相互关联、衔接有序的工作。

第五条　公文处理工作应当坚持实事求是、准确规范、精简高效、安全保密的原则。

第六条　各级党政机关应当高度重视公文处理工作,加强组织领导,强化队伍建设,设立文秘部门或者由专人负责公文处理工作。

第七条　各级党政机关办公厅(室)主管本机关的公文处理工作,并对下级机关的公文处理工作进行业务指导和督促检查。

第二章　公文种类

第八条　公文种类主要有:

（一）决议。适用于会议讨论通过的重大决策事项。

（二）决定。适用于对重要事项作出决策和部署、奖惩有关单位和人员、变更或者撤销下级机关不适当的决定事项。

（三）命令（令）。适用于公布行政法规和规章、宣布施行重大强制性措施、批准授予和晋升衔级、嘉奖有关单位和人员。

（四）公报。适用于公布重要决定或者重大事项。

（五）公告。适用于向国内外宣布重要事项或者法定事项。

（六）通告。适用于在一定范围内公布应当遵守或者周知的事项。

（七）意见。适用于对重要问题提出见解和处理办法。

（八）通知。适用于发布、传达要求下级机关执行和有关单位周知或者执行的事项，批转、转发公文。

（九）通报。适用于表彰先进、批评错误、传达重要精神和告知重要情况。

（十）报告。适用于向上级机关汇报工作、反映情况，回复上级机关的询问。

（十一）请示。适用于向上级机关请求指示、批准。

（十二）批复。适用于答复下级机关请示事项。

（十三）议案。适用于各级人民政府按照法律程序向同级人民代表大会或者人民代表大会常务委员会提请审议事项。

（十四）函。适用于不相隶属机关之间商洽工作、询问和答复问题、请求批准和答复审批事项。

（十五）纪要。适用于记载会议主要情况和议定事项。

第三章　公文格式

第九条　公文一般由份号、密级和保密期限、紧急程度、发文机关标志、发文字号、签发人、标题、主送机关、正文、附件说明、发文机关署名、成文日期、印章、附注、附件、抄送机关、印发机关和印发日期、页码等组成。

（一）份号。公文印制份数的顺序号。涉密公文应当标注份号。

（二）密级和保密期限。公文的秘密等级和保密的期限。

涉密公文应当根据涉密程度分别标注"绝密""机密""秘密"和保密期限。

（三）紧急程度。公文送达和办理的时限要求。根据紧急程度，紧急公文应当分别标注"特急""加急",电报应当分别标注"特提""特急""加急""平急"。

（四）发文机关标志。由发文机关全称或者规范化简称加"文件"二字组成,也可以使用发文机关全称或者规范化简称。

联合行文时,发文机关标志可以并用联合发文机关名称,也可以单独用主办机关名称。

（五）发文字号。由发文机关代字、年份、发文顺序号组成。联合行文时,使用主办机关的发文字号。

（六）签发人。上行文应当标注签发人姓名。

（七）标题。由发文机关名称、事由和文种组成。

（八）主送机关。公文的主要受理机关,应当使用机关全称、规范化简称或者同类型机关统称。

（九）正文。公文的主体,用来表述公文的内容。

（十）附件说明。公文附件的顺序号和名称。

（十一）发文机关署名。署发文机关全称或者规范化简称。

（十二）成文日期。署会议通过或者发文机关负责人签发的日期。联合行文时,署最后签发机关负责人签发的日期。

（十三）印章。公文中有发文机关署名的,应当加盖发文机关印章,并与署名机关相符。有特定发文机关标志的普发性公文和电报可以不加盖印章。

（十四）附注。公文印发传达范围等需要说明的事项。

（十五）附件。公文正文的说明、补充或者参考资料。

（十六）抄送机关。除主送机关外需要执行或者知晓公文内容的其他机关,应当使用机关全称、规范化简称或者同类型机关统称。

（十七）印发机关和印发日期。公文的送印机关和送印日期。

（十八）页码。公文页数顺序号。

第十条　公文的版式按照《党政机关公文格式》国家标准执行。

第十一条　公文使用的汉字、数字、外文字符、计量单位和标点符号等,按照有关国家标准和规定执行。民族自治地方的公文,可以并用汉字和当地通用的少数民族文字。

第十二条　公文用纸幅面采用国际标准 A4 型。特殊形式的公文用纸幅面,根据实际需要确定。

第四章 行文规则

第十三条 行文应当确有必要,讲求实效,注重针对性和可操作性。

第十四条 行文关系根据隶属关系和职权范围确定。一般不得越级行文,特殊情况需要越级行文的,应当同时抄送被越过的机关。

第十五条 向上级机关行文,应当遵循以下规则:

(一)原则上主送一个上级机关,根据需要同时抄送相关上级机关和同级机关,不抄送下级机关。

(二)党委、政府的部门向上级主管部门请示、报告重大事项,应当经本级党委、政府同意或者授权;属于部门职权范围内的事项应当直接报送上级主管部门。

(三)下级机关的请示事项,如需以本机关名义向上级机关请示,应当提出倾向性意见后上报,不得原文转报上级机关。

(四)请示应当一文一事。不得在报告等非请示性公文中夹带请示事项。

(五)除上级机关负责人直接交办事项外,不得以本机关名义向上级机关负责人报送公文,不得以本机关负责人名义向上级机关报送公文。

(六)受双重领导的机关向一个上级机关行文,必要时抄送另一个上级机关。

第十六条 向下级机关行文,应当遵循以下规则:

(一)主送受理机关,根据需要抄送相关机关。重要行文应当同时抄送发文机关的直接上级机关。

(二)党委、政府的办公厅(室)根据本级党委、政府授权,可以向下级党委、政府行文,其他部门和单位不得向下级党委、政府发布指令性公文或者在公文中向下级党委、政府提出指令性要求。需经政府审批的具体事项,经政府同意后可以由政府职能部门行文,文中须注明已经政府同意。

(三)党委、政府的部门在各自职权范围内可以向下级党委、政府的相关部门行文。

(四)涉及多个部门职权范围内的事务,部门之间未协商一致的,不得向下行文;擅自行文的,上级机关应当责令其纠正或者撤销。

(五)上级机关向受双重领导的下级机关行文,必要时抄送该下级机关的另一个上级机关。

第十七条　同级党政机关、党政机关与其他同级机关必要时可以联合行文。属于党委、政府各自职权范围内的工作,不得联合行文。

党委、政府的部门依据职权可以相互行文。

部门内设机构除办公厅(室)外不得对外正式行文。

第五章　公文拟制

第十八条　公文拟制包括公文的起草、审核、签发等程序。

第十九条　公文起草应当做到:

(一)符合国家法律法规和党的路线方针政策,完整准确体现发文机关意图,并同现行有关公文相衔接。

(二)一切从实际出发,分析问题实事求是,所提政策措施和办法切实可行。

(三)内容简洁,主题突出,观点鲜明,结构严谨,表述准确,文字精练。

(四)文种正确,格式规范。

(五)深入调查研究,充分进行论证,广泛听取意见。

(六)公文涉及其他地区或者部门职权范围内的事项,起草单位必须征求相关地区或者部门意见,力求达成一致。

(七)机关负责人应当主持、指导重要公文起草工作。

第二十条　公文文稿签发前,应当由发文机关办公厅(室)进行审核。审核的重点是:

(一)行文理由是否充分,行文依据是否准确。

(二)内容是否符合国家法律法规和党的路线方针政策;是否完整准确体现发文机关意图;是否同现行有关公文相衔接;所提政策措施和办法是否切实可行。

(三)涉及有关地区或者部门职权范围内的事项是否经过充分协商并达成一致意见。

(四)文种是否正确,格式是否规范;人名、地名、时间、数字、段落顺序、引文等是否准确;文字、数字、计量单位和标点符号等用法是否规范。

(五)其他内容是否符合公文起草的有关要求。

需要发文机关审议的重要公文文稿,审议前由发文机关办公厅(室)进行初核。

第二十一条　经审核不宜发文的公文文稿,应当退回起草单位并说明理由;符合发文条件但内容需作进一步研究和修改的,由起草单位修改后重新报送。

第二十二条　公文应当经本机关负责人审批签发。重要公文和上行文由机关主要负责人签发。党委、政府的办公厅(室)根据党委、政府授权制发的公文,由受权机关主要负责人签发或者按照有关规定签发。签发人签发公文,应当签署意见、姓名和完整日期;圈阅或者签名的,视为同意。联合发文由所有联署机关的负责人会签。

第六章　公文办理

第二十三条　公文办理包括收文办理、发文办理和整理归档。

第二十四条　收文办理主要程序是:

(一)签收。对收到的公文应当逐件清点,核对无误后签字或者盖章,并注明签收时间。

(二)登记。对公文的主要信息和办理情况应当详细记载。

(三)初审。对收到的公文应当进行初审。初审的重点是:是否应当由本机关办理,是否符合行文规则,文种、格式是否符合要求,涉及其他地区或者部门职权范围内的事项是否已经协商、会签,是否符合公文起草的其他要求。经初审不符合规定的公文,应当及时退回来文单位并说明理由。

(四)承办。阅知性公文应当根据公文内容、要求和工作需要确定范围后分送。批办性公文应当提出拟办意见报本机关负责人批示或者转有关部门办理;需要两个以上部门办理的,应当明确主办部门。紧急公文应当明确办理时限。承办部门对交办的公文应当及时办理,有明确办理时限要求的应当在规定时限内办理完毕。

(五)传阅。根据领导批示和工作需要将公文及时送传阅对象阅知或者批示。办理公文传阅应当随时掌握公文去向,不得漏传、误传、延误。

(六)催办。及时了解掌握公文的办理进展情况,督促承办部门按期办结。紧急公文或者重要公文应当由专人负责催办。

(七)答复。公文的办理结果应当及时答复来文单位,并根据需要告知相关单位。

第二十五条 发文办理主要程序是:

(一)复核。已经发文机关负责人签批的公文,印发前应当对公文的审批手续、内容、文种、格式等进行复核;需作实质性修改的,应当报原签批人复审。

(二)登记。对复核后的公文,应当确定发文字号、分送范围和印制份数并详细记载。

(三)印制。公文印制必须确保质量和时效。涉密公文应当在符合保密要求的场所印制。

(四)核发。公文印制完毕,应当对公文的文字、格式和印刷质量进行检查后分发。

第二十六条 涉密公文应当通过机要交通、邮政机要通信、城市机要文件交换站或者收发件机关机要收发人员进行传递,通过密码电报或者符合国家保密规定的计算机信息系统进行传输。

第二十七条 需要归档的公文及有关材料,应当根据有关档案法律法规以及机关档案管理规定,及时收集齐全、整理归档。两个以上机关联合办理的公文,原件由主办机关归档,相关机关保存复制件。机关负责人兼任其他机关职务的,在履行所兼职务过程中形成的公文,由其兼职机关归档。

第七章 公文管理

第二十八条 各级党政机关应当建立健全本机关公文管理制度,确保管理严格规范,充分发挥公文效用。

第二十九条 党政机关公文由文秘部门或者专人统一管理。设立党委(党组)的县级以上单位应当建立机要保密室和机要阅文室,并按照有关保密规定配备工作人员和必要的安全保密设施设备。

第三十条 公文确定密级前,应当按照拟定的密级先行采取保密措施。确定密级后,应当按照所定密级严格管理。绝密级公文应当由专人管理。

公文的密级需要变更或者解除的,由原确定密级的机关或者其上级机关决定。

第三十一条 公文的印发传达范围应当按照发文机关的要求执行;需要

变更的,应当经发文机关批准。

涉密公文公开发布前应当履行解密程序。公开发布的时间、形式和渠道,由发文机关确定。

经批准公开发布的公文,同发文机关正式印发的公文具有同等效力。

第三十二条 复制、汇编机密级、秘密级公文,应当符合有关规定并经本机关负责人批准。绝密级公文一般不得复制、汇编,确有工作需要的,应当经发文机关或者其上级机关批准。

复制、汇编的公文视同原件管理。

复制件应当加盖复制机关戳记。翻印件应当注明翻印的机关名称、日期。汇编本的密级按照编入公文的最高密级标注。

第三十三条 公文的撤销和废止,由发文机关、上级机关或者权力机关根据职权范围和有关法律法规决定。公文被撤销的,视为自始无效;公文被废止的,视为自废止之日起失效。

第三十四条 涉密公文应当按照发文机关的要求和有关规定进行清退或者销毁。

第三十五条 不具备归档和保存价值的公文,经批准后可以销毁。销毁涉密公文必须严格按照有关规定履行审批登记手续,确保不丢失、不漏销。个人不得私自销毁、留存涉密公文。

第三十六条 机关合并时,全部公文应当随之合并管理;机关撤销时,需要归档的公文经整理后按照有关规定移交档案管理部门。

工作人员离岗离职时,所在机关应当督促其将暂存、借用的公文按照有关规定移交、清退。

第三十七条 新设立的机关应当向本级党委、政府的办公厅(室)提出发文立户申请。经审查符合条件的,列为发文单位,机关合并或者撤销时,相应进行调整。

第八章 附 则

第三十八条 党政机关公文含电子公文。电子公文处理工作的具体办法另行制定。

第三十九条 法规、规章方面的公文,依照有关规定处理。

外事方面的公文,依照外事主管部门的有关规定处理。

第四十条　其他机关和单位的公文处理工作,可以参照本条例执行。

第四十一条　本条例由中共中央办公厅、国务院办公厅负责解释。

第四十二条　本条例自2012年7月1日起施行。1996年5月3日中共中央办公厅发布的《中国共产党机关公文处理条例》和2000年8月24日国务院发布的《国家行政机关公文处理办法》停止执行。

附录二

党政机关公文格式

(中华人民共和国国家标准 GB/T 9704—2012 代替 GB/T 9704—1999)

1 范围

本标准规定了党政机关公文通用的纸张要求、排版和印制装订要求、公文格式各要素的编排规则,并给出了公文的式样。

本标准适用于各级党政机关制发的公文。其他机关和单位的公文可以参照执行。

使用少数民族文字印制的公文,其用纸、幅面尺寸及版面、印制等要求按照本标准执行,其余可以参照本标准并按照有关规定执行。

2 规范性引用文件

下列文件对于本标准的应用是必不可少的。凡是注日期的引用文件,仅所注日期的版本适用于本标准。凡是不注日期的引用文件,其最新版本(包括所有的修改单)适用于本标准。

GB/T 148 印刷、书写和绘图纸幅面尺寸

GB 3100 国际单位制及其应用

GB 3101 有关量、单位和符号的一般原则

GB 3102(所有部分) 量和单位

GB/T 15834 标点符号用法

GB/T 15835 出版物上数字用法

3 术语和定义

下列术语和定义适用于本标准。

3.1 字 word

标示公文中横向距离的长度单位。在本标准中,一字指一个汉字宽度的距离。

3.2 行 line

标示公文中纵向距离的长度单位。在本标准中,一行指一个汉字的高度

加 3 号汉字高度的 7/8 的距离。

4　公文用纸主要技术指标

公文用纸一般使用纸张定量为 60 g/m² ～ 80 g/m² 的胶版印刷纸或复印纸。纸张白度 80%～90%，横向耐折度≥15 次，不透明度≥85%，pH 值为 7.5～9.5。

5　公文用纸幅面尺寸及版面要求

5.1　幅面尺寸

公文用纸采用 GB/T 148 中规定的 A4 型纸，其成品幅面尺寸为：210 mm×297 mm。

5.2　版面

5.2.1　页边与版心尺寸

公文用纸天头（上白边）为 37 mm±1 mm，公文用纸订口（左白边）为 28mm±1mm，版心尺寸为 156 mm×225 mm。

5.2.2　字体和字号

如无特殊说明，公文格式各要素一般用 3 号仿宋体字。特定情况可以作适当调整。

5.2.3　行数和字数

一般每面排 22 行，每行排 28 个字，并撑满版心。特定情况可以作适当调整。

5.2.4　文字的颜色

如无特殊说明，公文中文字的颜色均为黑色。

6　印制装订要求

6.1　制版要求

版面干净无底灰，字迹清楚无断划，尺寸标准，版心不斜，误差不超过 1 mm。

6.2　印刷要求

双面印刷；页码套正，两面误差不超过 2 mm。黑色油墨应当达到色谱所标 BL100%，红色油墨应当达到色谱所标 Y80%、M80%。印品着墨实、均匀；字面不花、不白、无断划。

6.3 装订要求

公文应当左侧装订,不掉页,两页页码之间误差不超过 4 mm,裁切后的成品尺寸允许误差±2mm,四角成900,无毛茬或缺损。

骑马订或平订的公文应当:

a)订位为两钉外订眼距版面上下边缘各 70 mm 处,允许误差±4mm;

b)无坏钉、漏钉、重钉,钉脚平伏牢固;

c)骑马订钉锯均订在折缝线上,平订钉锯与书脊间的距离为3mm~5mm。

包本装订公文的封皮(封面、书脊、封底)与书芯应吻合、包紧、包平、不脱落。

7 公文格式各要素编排规则

7.1 公文格式各要素的划分

本标准将版心内的公文格式各要素划分为版头、主体、版记三部分。公文首页红色分隔线以上的部分称为版头;公文首页红色分隔线(不含)以下、公文末页首条分隔线(不含)以上的部分称为主体;公文末页首条分隔线以下、末条分隔线以上的部分称为版记。

页码位于版心外。

7.2 版头

7.2.1 份号

如需标注份号,一般用 6 位 3 号阿拉伯数字,顶格编排在版心左上角第一行。

7.2.2 密级和保密期限

如需标注密级和保密期限,一般用 3 号黑体字,顶格编排在版心左上角第二行;保密期限中的数字用阿拉伯数字标注。

7.2.3 紧急程度

如需标注紧急程度,一般用 3 号黑体字,顶格编排在版心左上角;如需同时标注份号、密级和保密期限、紧急程度,按照份号、密级和保密期限、紧急程度的顺序自上而下分行排列。

7.2.4 发文机关标志

由发文机关全称或者规范化简称加"文件"二字组成,也可以使用发文机关全称或者规范化简称。

发文机关标志居中排布,上边缘至版心上边缘为35mm,推荐使用小标宋体字,颜色为红色,以醒目、美观、庄重为原则。

联合行文时,如需同时标注联署发文机关名称,一般应当将主办机关名称排列在前;如有"文件"二字,应当置于发文机关名称右侧,以联署发文机关名称为准上下居中排布。

7.2.5 发文字号

编排在发文机关标志下空二行位置,居中排布。年份、发文顺序号用阿拉伯数字标注;年份应标全称,用六角括号"〔〕"括入;发文顺序号不加"第"字,不编虚位(即1不编为01),在阿拉伯数字后加"号"字。

上行文的发文字号居左空一字编排,与最后一个签发人姓名处在同一行。

7.2.6 签发人

由"签发人"三字加全角冒号和签发人姓名组成,居右空一字,编排在发文机关标志下空二行位置。"签发人"三字用3号仿宋体字,签发人姓名用3号楷体字。

如有多个签发人,签发人姓名按照发文机关的排列顺序从左到右、自上而下依次均匀编排,一般每行排两个姓名,回行时与上一行第一个签发人姓名对齐。

7.2.7 版头中的分隔线

发文字号之下4 mm处居中印一条与版心等宽的红色分隔线。

7.3 主体

7.3.1 标题

一般用2号小标宋体字,编排于红色分隔线下空二行位置,分一行或多行居中排布;回行时,要做到词意完整,排列对称,长短适宜,间距恰当,标题排列应当使用梯形或菱形。

7.3.2 主送机关

编排于标题下空一行位置,居左顶格,回行时仍顶格,最后一个机关名称后标全角冒号。如主送机关名称过多导致公文首页不能显示正文时,应当将主送机关名称移至版记,标注方法见7.4.2。

7.3.3 正文

公文首页必须显示正文。一般用3号仿宋体字,编排于主送机关名称下一行,每个自然段左空二字,回行顶格。文中结构层次序数依次可以用"一、""(一)""1.""(1)"标注;一般第一层用黑体字、第二层用楷体字、第三层和第四层用仿宋体字标注。

7.3.4 附件说明

如有附件,在正文下空一行左空二字编排"附件"二字,后标全角冒号和附件名称。如有多个附件,使用阿拉伯数字标注附件顺序号(如"附件:1.××××")；附件名称后不加标点符号。附件名称较长需回行时,应当与上一行附件名称的首字对齐。

7.3.5 发文机关署名、成文日期和印章

7.3.5.1 加盖印章的公文

成文日期一般右空四字编排,印章用红色,不得出现空白印章。

单一机关行文时,一般在成文日期之上、以成文日期为准居中编排发文机关署名,印章端正、居中下压发文机关署名和成文日期,使发文机关署名和成文日期居印章中心偏下位置,印章顶端应当上距正文(或附件说明)一行之内。

联合行文时,一般将各发文机关署名按照发文机关顺序整齐排列在相应位置,并将印章一一对应、端正、居中下压发文机关署名,最后一个印章端正、居中下压发文机关署名和成文日期,印章之间排列整齐、互不相交或相切,每排印章两端不得超出版心,首排印章顶端应当上距正文(或附件说明)一行之内。

7.3.5.2 不加盖印章的公文

单一机关行文时,在正文(或附件说明)下空一行右空二字编排发文机关署名,在发文机关署名下一行编排成文日期,首字比发文机关署名首字右移二字,如成文日期长于发文机关署名,应当使成文日期右空二字编排,并相应增加发文机关署名右空字数。

联合行文时,应当先编排主办机关署名,其余发文机关署名依次向下编排。

7.3.5.3 加盖签发人签名章的公文

单一机关制发的公文加盖签发人签名章时,在正文(或附件说明)下空二行右空四字加盖签发人签名章,签名章左空二字标注签发人职务,以签名章为准上下居中排布。在签发人签名章下空一行右空四字编排成文日期。

联合行文时,应当先编排主办机关签发人职务、签名章,其余机关签发人职务、签名章依次向下编排,与主办机关签发人职务、签名章上下对齐；每行只编排一个机关的签发人职务、签名章；签发人职务应当标注全称。

签名章一般用红色。

7.3.5.4 成文日期中的数字

用阿拉伯数字将年、月、日标全,年份应标全称,月、日不编虚位(即 1 不编为 01)。

7.3.5.5 特殊情况说明

当公文排版后所剩空白处不能容下印章或签发人签名章、成文日期时,可以采取调整行距、字距的措施解决。

7.3.6 附注

如有附注,居左空二字加圆括号编排在成文日期下一行。

7.3.7 附件

附件应当另面编排,并在版记之前,与公文正文一起装订。"附件"二字及附件顺序号用 3 号黑体字顶格编排在版心左上角第一行。附件标题居中编排在版心第三行。附件顺序号和附件标题应当与附件说明的表述一致。附件格式要求同正文。

如附件与正文不能一起装订,应当在附件左上角第一行顶格编排公文的发文字号并在其后标注"附件"二字及附件顺序号。

7.4 版记

7.4.1 版记中的分隔线

版记中的分隔线与版心等宽,首条分隔线和末条分隔线用粗线(推荐高度为 0.35 mm),中间的分隔线用细线(推荐高度为 0.25 mm)。首条分隔线位于版记中第一个要素之上,末条分隔线与公文最后一面的版心下边缘重合。

7.4.2 抄送机关

如有抄送机关,一般用 4 号仿宋体字,在印发机关和印发日期之上一行、左右各空一字编排。"抄送"二字后加全角冒号和抄送机关名称,回行时与冒号后的首字对齐,最后一个抄送机关名称后标句号。

如需把主送机关移至版记,除将"抄送"二字改为"主送"外,编排方法同抄送机关。既有主送机关又有抄送机关时,应当将主送机关置于抄送机关之上一行,之间不加分隔线。

7.4.3 印发机关和印发日期

印发机关和印发日期一般用 4 号仿宋体字,编排在末条分隔线之上,印发机关左空一字,印发日期右空一字,用阿拉伯数字将年、月、日标全,年份应标全称,月、日不编虚位(即 1 不编为 01),后加"印发"二字。

版记中如有其他要素,应当将其与印发机关和印发日期用一条细分隔线隔开。

7.5 页码

一般用 4 号半角宋体阿拉伯数字,编排在公文版心下边缘之下,数字左右各放一条一字线;一字线上距版心下边缘 7 mm。单页码居右空一字,双页码居左空一字。公文的版记页前有空白页的,空白页和版记页均不编排页码。公文的附件与正文一起装订时,页码应当连续编排。

8 公文中的横排表格

A4 纸型的表格横排时,页码位置与公文其他页码保持一致,单页码表头在订口一边,双页码表头在切口一边。

9 公文中计量单位、标点符号和数字的用法

公文中计量单位的用法应当符合 GB 3100、GB 3101 和 GB 3102(所有部分),标点符号的用法应当符合 GB/T 15834,数字用法应当符合 GB/T 15835。

10 公文的特定格式

10.1 信函格式

发文机关标志使用发文机关全称或者规范化简称,居中排布,上边缘至上页边为 30mm,推荐使用红色小标宋体字。联合行文时,使用主办机关标志。

发文机关标志下 4 mm 处印一条红色双线(上粗下细),距下页边 20 mm 处印一条红色双线(上细下粗),线长均为 170 mm,居中排布。

如需标注份号、密级和保密期限、紧急程度,应当顶格居版心左边缘编排在第一条红色双线下,按照份号、密级和保密期限、紧急程度的顺序自上而下分行排列,第一个要素与该线的距离为 3 号汉字高度的 7/8。

发文字号顶格居版心右边缘编排在第一条红色双线下,与该线的距离为 3 号汉字高度的 7/8。

标题居中编排,与其上最后一个要素相距二行。

第二条红色双线上一行如有文字,与该线的距离为 3 号汉字高度的 7/8。

首页不显示页码。

版记不加印发机关和印发日期、分隔线,位于公文最后一面版心内最下方。

10.2 命令(令)格式

发文机关标志由发文机关全称加"命令"或"令"字组成,居中排布,上边缘至版心上边缘为 20 mm,推荐使用红色小标宋体字。

发文机关标志下空二行居中编排令号,令号下空二行编排正文。

签发人职务、签名章和成文日期的编排见 7.3.5.3。

10.3 纪要格式

纪要标志由"××××× 纪要"组成,居中排布,上边缘至版心上边缘为 35 mm,推荐使用红色小标宋体字。

标注出席人员名单,一般用 3 号黑体字,在正文或附件说明下空一行左空二字编排"出席"二字,后标全角冒号,冒号后用 3 号仿宋体字标注出席人单位、姓名,回行时与冒号后的首字对齐。

标注请假和列席人员名单,除依次另起一行并将"出席"二字改为"请假"或"列席"外,编排方法同出席人员名单。

纪要格式可以根据实际制定。

11 式 样

A4 型公文用纸页边及版心尺寸见图 1;公文首页版式见图 2;联合行文公文首页版式 1 见图 3;联合行文公文首页版式 2 见图 4;公文末页版式 1 见图 5;公文末页版式 2 见图 6;联合行文公文末页版式 1 见图 7;联合行文公文末页版式 2 见图 8;附件说明页版式见图 9;带附件公文末页版式见图 10;信函格式首页版式见图 11;命令(令)格式首页版式见图 12。

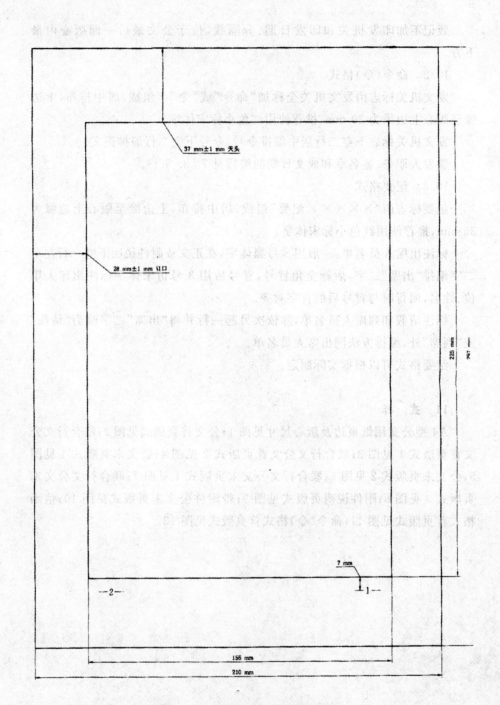

图1　A4型公文用纸页边及版心尺寸

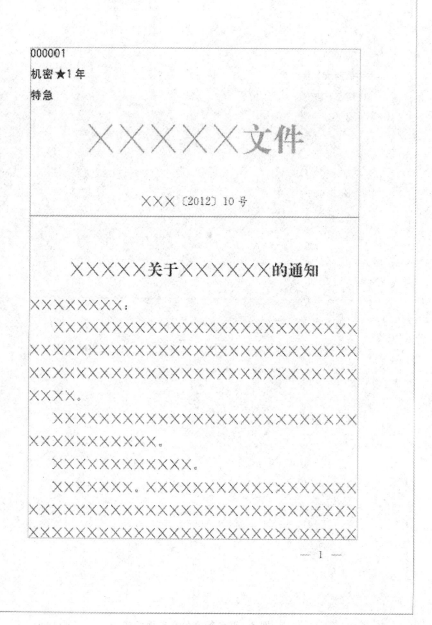

图 2　公文首页版式

注：版心实线框仅为示意，在印制公文时并不印出。

图3 联合行文公文首面版式1

注：版心实线框仅为示意，在印制公文时并不印出。

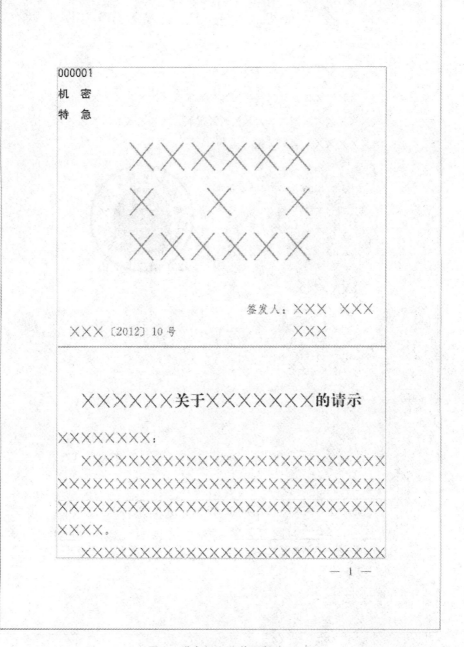

图4 联合行文公首页版式2

注：版心实线框仅为示意，在印制公文时并不印出。

图 5　公文末页版式 1

注：版心实线框仅为示意，在印制公文时并不印出。

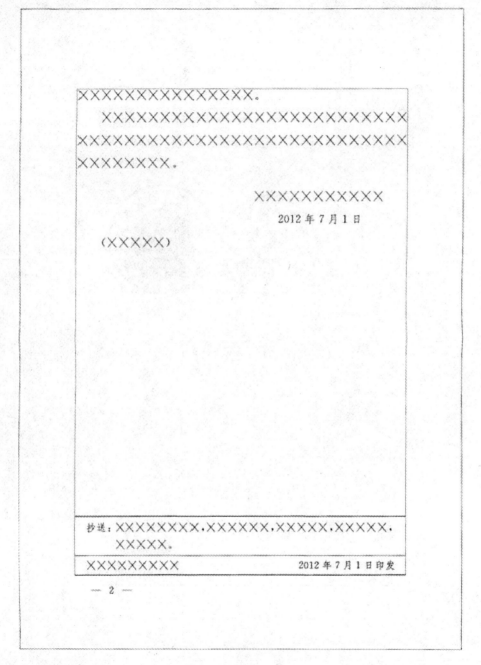

图 6　公文末页版式 2

注：版心实线框仅为示意，在印制公文时并不印出。

图 7　联合行文公文末页版式 1

注：版心实线框仅为示意，在印制公文时并不印出。

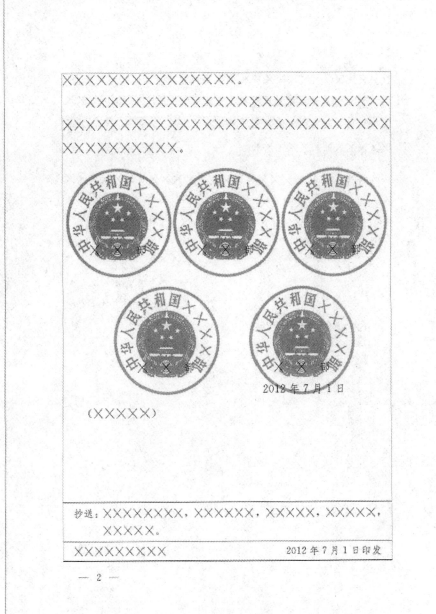

图 8　联合行文公末页版式 2

注：版心实线框仅为示意，在印制公文时并不印出。

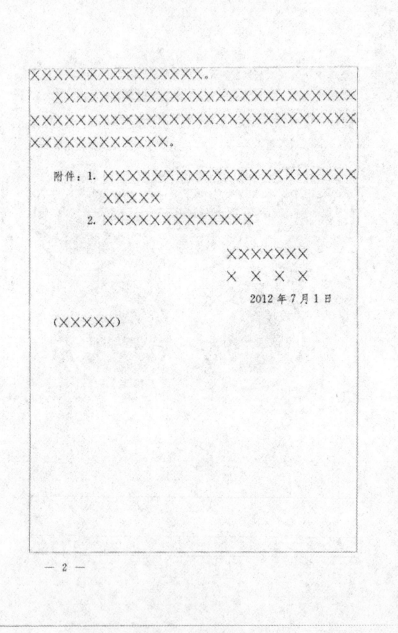

图9　附件说明页版式

注：版心实线框仅为示意，在印制公文时并不印出。

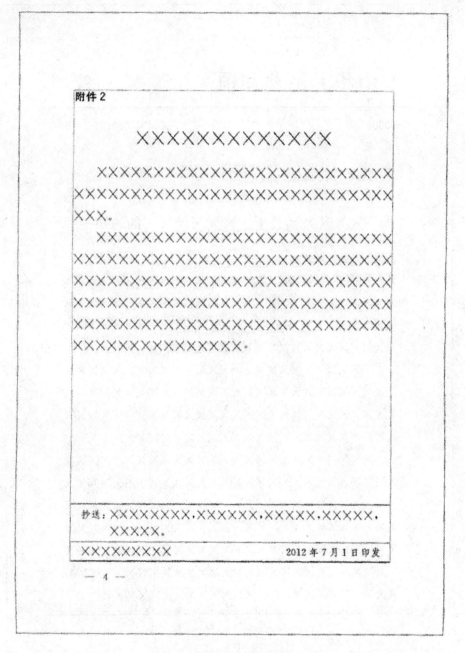

图 10　带附件公文末页版式

注：版心实线框仅为示意，在印制公文时并不印出。

中华人民共和国×××××部

000001　　　　　　　　　　　　×××〔2012〕10号

机　密

特　急

×××××关于×××××××的通知

×××××××：

　　××。

　　××。

　　××。

图11　信函格式首页版式

注：版心实线框仅为示意，在印制公文时并不印出。

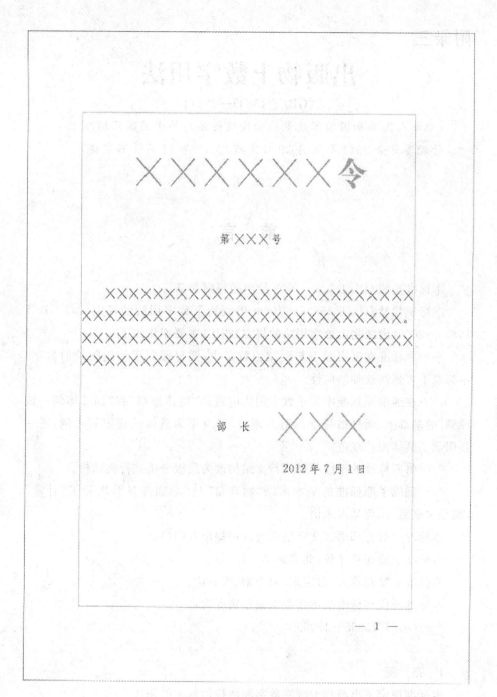

图 12　命令(令)格式首页版式

注：版心实线框仅为示意，在印制公文时并不印出。

附录三

出版物上数字用法

(GB/T 15835—2011)

(中华人民共和国国家质量监督检验检疫总局 中国国家标准化管理委员会 2011 年 7 月 29 日发布，2011 年 11 月 1 日实施)

前　言

本标准按照 GB/T 1.1—2009 给出的规则起草。

本标准代替 GB/T 15835—2009《出版物上数字用法的规定》，与 GB/T 15835—2009《出版物上数字用法的规定》相比，主要变化如下：

——原标准在汉字数字与阿拉伯数字中，明显倾向于使用阿拉伯数字。本标准不再强调这种倾向性。

——在继承原标准中关于数字用法应遵循"得体原则"和"局部体例一致原则"的基础上，通过措辞上的适当调整，以及更为具体的规定和示例，进一步明确了具体操作规范。

——将原标准的平级罗列式行文结构改为层级分类式行文结构。

——删除了原标准的基本术语"物理量"与"非物理量"，增补了"计量""编号""概数"作为基本术语。

本标准由教育部语言文字信息管理司提出并归口。

本标准主要起草单位：北京大学。

本标准主要起草人：詹卫东、覃士娟、曾石铭。

本标准所代替标准的历次版本发布情况为：

——GB/T 15835—1995。

1　范　围

本标准规定了出版物上汉字数字和阿拉伯数字的用法。

本标准适用于各类出版物（文艺类出版物和重排古籍除外）。政府和企事业单位公文，以及教育、媒体和公共服务领域的数字用法，也可参照本标准执行。

2 规范性引用文件

下列文件对于本文件的应用是必不可少的。凡是注日期的引用文件,仅注日期的版本适用于本文件。凡是不注日期的引用文件,其最新版本(包括所有的修改单)适用于本文件。

GB/T 7408—2005 数据元和交换格式 信息交换日期和时间表示法

3 术语和定义

下列术语和定义适用于本文件。

3.1 计量 measuring

将数字用于加、减、乘、除等数学运算。

3.2 编号 numbering

将数字用于为事物命名或排序,但不用于数学运算。

3.3 概数 approximate number

用于模糊计量的数字。

4 数字形式的选用

4.1 选用阿拉伯数字

4.1.1 用于计量的数字

在使用数字进行计量的场合,为达到醒目、易于辨识的效果,应采用阿拉伯数字。

示例1:—125.03 34.05% 63%~68% 1:500 97/108

当数值伴随有计量单位时,如:长度、容积、面积、体积、质量、温度、经纬度、音量、频率等等,特别是当计量单位以字母表达时,应采用阿拉伯数字。

示例2:523.56km(523.56 千米)   346.87L(346.87 升)
　　　 5.34m^2(5.34 平方米)   567mm^3(567 立方毫米)
　　　 605g(605 克)   100~150kg(100~150 千克)
　　　 34~39℃(34~39 摄氏度)   北纬40°(40 度)
　　　 120 dB(120 分贝)

4.1.2 用于编号的数字

在使用数字进行编号的场合,为达到醒目、易于辨识的效果,应采用阿拉伯数字。

  示例:电话号码:98888

  邮政编码:100871

  通信地址:北京市海淀区复兴路11号

  电子邮件地址:x186@186.net

  网页地址:http://127.0.0.1

  汽车号牌:京A00001

  公交车号:302路公交车

  道路编号:101国道

  公文编号:国办发[1987]9号

  图书编号:ISBN 978－7－80184－224－4

  刊物编号:CN11－1399

  章节编号:4.1.2

  产品型号:PH－3000型计算机

  产品序列号:C84XB－JYVFD－P7HC4－6XKRJ－7M6XH

  单位注册号:02050214

  行政许可登记编号:0684D10004－828

4.1.3 已定型的含阿拉伯数字的词语

  现代社会生活中出现的事物、现象、事件,其名称的书写形式中包含阿拉伯数字,已经广泛使用而稳定下来,应采用阿拉伯数字。

  示例:3G手机 MP3播放器 G8峰会 维生素B12 97号汽油

    "5·27"事件 "12·5"枪击案

4.2 选用汉字数字

4.2.1 非公历纪年

  干支纪年、农历月日、历史朝代纪年及其他传统上采用汉字形式的非公历纪年等等,应采用汉字数字。

  示例:丙寅年十月十五日   庚辰年八月五日

    腊月二十三   正月初五   八月十五中秋

    秦文公四十四年   太平天国庚申十年九月二十四日

    清咸丰十年九月二十日 藏历阳木龙年八月二十六日

    日本庆应三年

4.2.2 概数

数字连用表示的概数、含"几"的概数,应采用汉字数字。

示例:三四个月　　　一二十个　　　四十五六岁

　　　五六万套　　　五六十年前　　几千

　　　二十几　　　　一百几十　　　几万分之一

4.2.3 已定型的含汉字数字的词语

汉语中长期使用已经稳定下来的包含汉字数字形式的词语,应采用汉字数字。

示例:万一　　　　　　一律　　　　　　一旦　　　　　　三叶虫

　　　四书五经　　　　星期五　　　　　四氧化三铁　　　八国联军

　　　七上八下　　　　一心一意　　　　不管三七二十一　一方面

　　　二百五　　　　　半斤八两　　　　五省一市　　　　五讲四美

　　　相差十万八千里　八九不离十　　　白发三千丈　　　不二法门

　　　二八年华　　　　五四运动　　　　"一·二八"事变　"一二·九"运动

4.3 选用阿拉伯数字与汉字数字均可

如果表达计量或编号所需要用到的数字个数不多,选择汉字数字还是阿拉伯数字在书写的简洁性和辨识的清晰性两方面没有明显差异时,两种形式均可使用。

示例1:17 号楼(十七号楼)　　　　3 倍(三倍)

　　　第 5 个工作日(第五个工作日)　　100 多件(一百多件)

　　　20 余次(二十余次)　　　约 300 人(约三百人)

　　　40 天左右(四十天左右)　50 上下(五十上下)

　　　50 多人(五十多人)　　　第 25 页(第二十五页)

　　　第 8 天(第八天)　　　　第 4 季度(第四季度)

　　　第 45 页(第四十五页)　　共 235 位同学(共二百三十五位同学)

　　　0.5(零点五)　　　　　　76 岁(七十六岁)

　　　120 周年(一百二十周年)　1/3(三分之一)

　　　公元前 8 世纪(公元前八世纪)　20 世纪 80 年代(二十世纪八十年代)

　　　公元 253 年(公元二五三年)　1997 年 7 月 1 日(一九九七年七月一日)

　　　下午 4 点 40 分(下午四点四十分)　　　4 个月(四个月)

　　　12 天(十二天)

如果要突出简洁醒目的表达效果,应使用阿拉伯数字;如果要突出庄重典雅的表达效果,应使用汉字数字。

示例2:北京时间2008年5月12日14时28分

十一届全国人大一次会议(不写为"11届全国人大1次会议")

六方会谈(不写为"6方会谈")

在同一场合出现的数字,应遵循"同类别同形式"原则来选择数字的书写形式。如果两数字的表达功能类别相同(比如都是表达年月日时间的数字),或者两数字在上下文中所处的层级相同(比如文章目录中同级标题的编号),应选用相同的形式。反之,如果两数字的表达功能不同,或所处层级不同,可以选用不同的形式。

示例3:2008年8月8日　二〇〇八年八月八日(不写为"二〇〇八年8月8日")

第一章　第二章……第十二章(不写为"第一章　第二章……第12章")

第二章的下一级标题可以用阿拉伯数字编号:2.1,2.2,……

应避免相邻的两个阿拉伯数字造成歧义的情况。

示例4:高三3个班　高三三个班(不写为"高33个班")

高三2班　高三(2)班(不写为"高32班")

有法律效力的文件、公告文件或财务文件中可同时采用汉字数字和阿拉伯数字。

示例5:2008年4月保险账户结算日利率为万分之一点五七五零(0.015750%)

35.5元(35元5角　三十五元五角　叁拾伍圆伍角)

5　数字形式的使用

5.1 阿拉伯数字的使用

5.1.1 多位数

为便于阅读,四位以上的整数或小数,可采用以下两种方式分节:

——第一种方式:千分撇

整数部分每三位一组,以","分节。小数部分不分节。四位以内的整数可以不分节。

示例1:624,000　92,300,000　19,351,235.235767　1256

——第二种方式:千分空

从小数点起,向左和向右每三位数字一组,组间空四分之一个汉字,即二分之一个阿拉伯数字的位置。四位以内的整数可以不加千分空。

示例2:55 235 367.346 23　98 235 358.238 368

注:各科学技术领域的多位数分节方式参照 GB 3101—1993 的规定执行。

5.1.2 纯小数

纯小数必须写出小数点前定位的"0",小数点是齐阿拉伯数字底线的实心点"."。

示例:0.46 不写为.46 或 0。46

5.1.3 数值范围

在表示数值的范围时,可采用波浪式连接号"～"或一字线连接号"—"。前后两个数值的附加符号或计量单位相同时,在不造成歧义的情况下,前一个数值的附加符号或计量单位可省略。如果省略数值的附加符号或计量单位会造成歧义,则不应省略。

示例:－36～－8℃　400—429 页　100—150kg　12 500～20 000 元

　　　9 亿～16 亿(不写为 9～16 亿) 13 万元～17 万元(不写为 13～17 万元)

　　　15％～30％(不写为 15～30％)　$4.3×10^6～5.7×10^6$(不写为 $4.3～5.7×10^6$)

5.1.4 年月日

年月日的表达顺序应按照口语中年月日的自然顺序书写。

示例1:2008 年 8 月 8 日　1997 年 7 月 1 日

　　　"年""月"可按照 GB/T 7408—2005 的 5.2.1.1 中的扩展格式,用"－"替代,但年月日不完整时不能替代。

示例2:2008－8－8　1997－7－1　8 月 8 日(不写为 8－8)

　　　2008 年 8 月(不写为 2008－8)

四位数字表示的年份不用简写为两位数字。

示例3:"1990 年"不写为"90 年"

　　　月和日是一位数时,可在数字前补"0"。

示例4:2008－08－08　1997－07－01

5.1.5 时分秒

计时方式既可采用 12 小时制,也可采用 24 小时制。

示例1:11 时 40 分(上午 11 时 40 分)　21 时 12 分 36 秒(晚上 9 时 12 分 36 秒)

时分秒的顺序应按照口语中时、分、秒的自然顺序书写。

示例2:15时40分　14时12分36秒

"时""分"也可按照GB/T 7408—2005的5.3.1.1和5.3.1.2中的扩展格式,用":"替代。

示例3:15:40　14:12:36

5.1.6 含有月日的专名

含有月日的专名采用阿拉伯数字表示时,应采用间隔号"·"将月、日分开,并在数字前后加引号。

示例:"3·15"消费者权益日

5.1.7 书写格式

5.1.7.1 字体

出版物中的阿拉伯数字,一般应使用正体二分字身,即占半个汉字位置。

示例:234　57.236

5.1.7.2 换行

一个用阿拉伯数字书写的数值应在同一行中,避免被断开。

5.1.7.3 竖排文本中的数字方向

竖排文字中的阿拉伯数字按顺时针方向转90度。旋转后要保证同一个词语单位的文字方向相同。

示例:

> 示例一
> 雪花牌BCD188型家用电冰箱容量是一百八十八升,功率为一百二十五瓦,市场售价两千零五十元,返修率仅为百分之零点一五。
>
> 示例二
> 海军112号打捞救生船在太平洋上航行了十三天,于一九九〇年八月六日零时三十分返回基地。

5.2 汉字数字的使用

5.2.1 概数

两个数字连用表示概数时,两数之间不用顿号"、"隔开。

示例:二三米　一两个小时　三五天　一二十个　四十五六岁

5.2.2 年份

年份简写后的数字可以理解为概数时,一般不简写。

示例:"一九七八年"不写为"七八年"

5.2.3 含有月日的专名

含有月日的专名采用汉字数字表示时,如果涉及一月、十一月、十二月,应用间隔号"·"将表示月日的数字隔开,涉及其他月份时,不用间隔号。

示例:"一二·八"事变　"一二·九"运动　五一国际劳动节

5.2.4 大写汉字数字

——大写汉字数字的书写形式

零、壹、贰、叁、肆、伍、陆、柒、捌、玖、拾、佰、仟、万、亿

——大写汉字数字的适用场合

法律文书和财务票据上,应采用大写汉字数字形式记数。

示例:3,504 元(叁仟伍佰零肆圆)　39,148 元(叁万玖仟壹佰肆拾捌圆)

5.2.5 "零"和"〇"

阿拉伯数字"0"有"零"和"〇"两种汉字书写形式。一个数字用作计量时,其中"0"的汉字书写形式为"零",用作编号时,"0"的汉字书写形式为"〇"。

示例:"3052(个)"的汉字数字形式为"三千零五十二"(不写为"三千〇五十二")

"95.06"的汉字数字形式为"九十五点零六"(不写为"九十五点〇六")

"公元 2012(年)"的汉字数字形式为"二〇一二"(不写为"二零一二")

5.3 阿拉伯数字与汉字数字同时使用

如果一个数值很大,数值中的"万""亿"单位可以采用汉字数字,其余部分采用阿拉伯数字。

示例1:我国 1982 年人口普查人数为 10 亿零 817 万 5 288 人。

除上面情况之外的一般数值,不能同时采用阿拉伯数字与汉字数字。

示例2:108 可以写作"一百零八",但不应写作"1 百零 8"、"一百 08"

4000 可以写作"四千",但不应写作"4 千"。

附录四

中华人民共和国国家标准

校 对 符 号 及 其 用 法

GB/T 14706—93

Proofreader's marks and their application

1 主题内容与适用范围

本标准规定了校对各种排版校样的专用符号及其用法。

本标准适用于中文(包括少数民族文字)各类校样的校对工作。

2 引用标准

GB 9851 印刷技术术语

3 术语

3.1 校对符号 proofreader's mark

以特定图形为主要特征的、表达校对要求的符号。

4 校对符号及用法示例

编号	符号形态	符号作用	符号在文中和页边用法示例	说 明
一、字符的改动					
1		改 正	增高出版物质量。 改革开放	改正的字符较多,圈起来有困难时,可用线在页边画清改正的范围 必须更换的损、坏、污字也用改正符号画出
2		删 除	提高出版物物质质量。	
3		增 补	要搞好校工作。	增补的字符较多,圈起来有困难时,可用线在页边画清增补的范围
4		改正上下角	16=4² H₂SO₄ 尼古拉·费欣 0.25+0.25=0.5 举例:2×3=6 X:Y=1:2	

国家技术监督局1993-11-16批准　　　　　　　　　　1994-07-01实施

续表

编号	符号形态	符号作用	符号在文中和页边用法示例	说　明
二、字符方向位置的移动				
5		转　正	字符颠恶要转正。	
6		对　调	认真经验总结。 认真验结经总。	用于相邻的字词 用于隔开的字词
7		接　排	要重视校对工作， 提高出版物质量。	
8		另起段	完成了任务。明年……	
9		转　移	校对工作，提高出 版物质量要重视。 以上引文均见中文新版《 列宁全集》。 编者　年　月 …… 各位编委：	用于行间附近的转移 用于相邻行首末衔接字符的推移 用于相邻页首末衔接行段的推移
10	或	上下移	序号|名称|数量 01|显微镜|2	字符上移到缺口左右水平线处 字符下移到箭头所指的短线处
11	或	左右移	要重视校对工作，提高出版物质量。 3 4 5 6 5 欢呼　歌　唱	字符左移到箭头所指的短线处 字符左移到缺口上下垂直线处 符号画得太小时，要在页边重标

附录四　校对符号及其用法　327

续表

编号	符号形态	符号作用	符号在文中和页边用法示例	说明
12		排齐	校对工作非常重要。必须提高印刷质量，缩短印制周期。｜国家标准	
13		排阶梯形	RH_2	
14		正图		符号横线表示水平位置，竖线表示垂直位置，箭头表示上方

三、字符间空距的改动

编号	符号形态	符号作用	符号在文中和页边用法示例	说明
15	∨ ＞	加大空距	一、校对程序 ／校对胶印读物、影印书刊的注意事项：	表示在一定范围内适当加大空距。横式文字画在字头和行头之间
16	∧ ＜	减小空距	二、校对程序 ／校对胶印读物、影印书刊的注意事项：	表示不空或在一定范围内适当减小空距。横式文字画在字头和行头之间
17	# ‡ ‡ ‡	空 1 字距 空 1/2 字距 空 1/3 字距 空 1/4 字距	第一章校对职责和方法 1. 责任校对	多个空距相同的，可用引线连出，只标示一个符号
18	Y	分开	Goodmorning!	用于外文

续表

编号	符号形态	符号作用	符号在文中和页边用法示例	说明
			四、其 他	
19	△	保留	认真搞好校对工作。	除在原删除的字符下画△外，并在原删除符号上画两竖线
20	○=	代替	○色的程度不同，从淡○色到深○色具有多种层次，如天○色、湖色、海○色、宝○色…… ○=蓝	同页内有两个或多个相同的字符需要改正的，可用符号代替，并在页边注明
21	∘∘∘	说明	第一章 校对的职责 改黑体	说明或指令性文字不要圈起来，在其字下画圈，表示不作为改正的文字。如说明文字较多时，可在首末各三字下画圈

5 使用要求

5.1 校对校样，必须用色笔（墨水笔、圆珠笔等）书写校对符号和示意改正的字符，但是不能用灰色铅笔书写。

5.2 校样上改正的字符要书写清楚。校改外文，要用印刷体。

5.3 校样中的校对引线要从行间画出。墨色相同的校对引线不可交叉。

附 录 A
校对符号应用实例
(参考件)

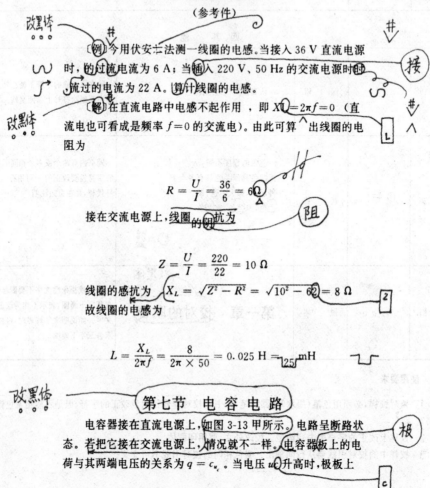

〔例〕今用伏安法测一线圈的电感。当接入 36 V 直流电源时,通过电流为 6 A;当接入 220 V、50 Hz 的交流电源时,流过的电流为 22 A。计算线圈的电感。

〔解〕在直流电路中电感不起作用,即 $X_L = 2\pi f = 0$(直流电也可看成是频率 $f=0$ 的交流电)。由此可算出线圈的电阻为

$$R = \frac{U}{I} = \frac{36}{6} = 6 \, \Omega$$

接在交流电源上,线圈的阻抗为

$$Z = \frac{U}{I} = \frac{220}{22} = 10 \, \Omega$$

线圈的感抗为 $X_L = \sqrt{Z^2 - R^2} = \sqrt{10^2 - 6^2} = 8 \, \Omega$

故线圈的电感为

$$L = \frac{X_L}{2\pi f} = \frac{8}{2\pi \times 50} = 0.025 \, \text{H} = 25 \, \text{mH}$$

第七节 电容电路

电容器接在直流电源上,如图 3-13 甲所示,电路呈断路状态。若把它接在交流电源上,情况就不一样。电容器板上的电荷与其两端电压的关系为 $q = c u_c$。当电压 u_c 升高时,极板上

附加说明:

本标准由中华人民共和国新闻出版署提出。

本标准由全国印刷标准化技术委员会归口。

本标准由人民出版社负责起草。

参考文献

1. 张江艳. 应用写作案例与训练. 北京:北京师范大学出版社,2015.
2. 薛颖. 新案例应用写作教程(第二版). 北京:北京理工大学出版社,2015.
3. 王健. 文书学(第三版). 北京:中国人民大学出版社,2015.
4. 张军,孙旋. 现代应用文书写作教程练习题汇. 武汉:武汉大学出版社,2015.
5. 刘伟伟. 公文写作中最常见的100个错误. 北京:中国人民大学出版社,2015.
6. 岳海翔. 新编公文写作技巧与实用范例. 北京:中共中央党校出版社,2011.
7. 马伟胜. 公文写作、处理与病例评改(修订版). 南宁:广西人民出版社,2013.
8. 刘访. 党政机关公文处理工作条例精解与范例(第二版). 北京:中国法制出版社,2014.
9. 徐秋儿. 现代应用写作实训. 杭州:浙江大学出版社,2005.
10. 傅样,郑珺露. 电子公文制作与传输. 合肥:安徽大学出版社,2009.
11. 李佩英,叶坤妮. 文秘写作教程. 北京:电子工业出版社,2010.
12. 杨忠慧. 应用文写作. 合肥:安徽大学出版社,2011.
13. 张涛,梅灿华. 现代办公实用文体写作. 合肥:安徽大学出版社,2009.
14. 郭其智. 公文与申论写作教程. 合肥:合肥工业大学出版社,2009.
15. 郭庆. 生活礼仪文书写作与范例. 广州:华南理工大学出版社,2003.
16. 杨文丰. 现代应用文书写作. 北京:中国人民大学出版社,2003.
17. 赵映诚. 当代公文写作. 大连:东北财经大学出版社,2006.
18. 陈少夫,丘国新. 应用写作教程. 广州:中山大学出版社,2005.
19. 于成鲲. 现代应用文. 上海:复旦大学出版社,1996.
20. 黄春霞,齐绍平. 公文写作与范例大全. 北京:红旗出版社,2008.

21. 陈子典,李硕豪.应用文写作教程.广州:暨南大学出版社,1993.
22. 张大成.现代礼仪文书写作.北京:首都经济贸易大学出版社,2004.
23. 裴显生.公文写作概论.南京:南京大学出版社,1991.
24. 罗红军.申论 历年真题及华图名师详解.北京:北京联合出版公司,2012.
25. 李永新.历年真题精解 申论.北京:人民日报出版社,2012.